premières découvertes littéraires

premières découvertes littéraires

RICHARD B. GRANT University of Texas at Austin
ALEXANDER HULL Duke University

RANDOM HOUSE NEW YORK

Copyright © 1972 by Random House, Inc.
All rights reserved under International and
Pan-American Copyright Conventions.
Published in the United States by Random
House, Inc., New York, and simultaneously in
Canada by Random House of Canada Limited,
Toronto.

ISBN: 0–394–31117–5

Library of Congress Catalog Card Number:
78–164410

Manufactured in the United States of America
by The Murray Printing Co., Forge Village,
Mass.

Text design by W. P. Ellis

First Edition

9 8 7 6 5 4 3 2 1

acknowledgments

We are grateful to Mrs. Anne Hull, who is responsible for the preparation of the vocabulary.

We should like to express our appreciation to the following publishers for granting their permission to reproduce certain selections in this volume: to Éditions Gallimard, for the poems "Pour toi mon amour," "Le Retour au pays," "Je suis comme je suis," "Familiale," and "Page d'écriture" by Jacques Prévert and "La Vierge à midi" by Paul Claudel, and for the selection from Actuelles *by Albert Camus; to Calmann-Lévy, Éditeur, for* L'École des dupes *by André Roussin and for excerpts from* Le Jardin d'Épicure *by Anatole France; to M. Louis M. van Goitsenhoven for* Intérieur *by Maurice Maeterlinck; to Presses Universitaires de France for the poem "Prière d'un petit enfant nègre" by Guy Tirolien; and to Les Éditions de Minuit for* Acte sans paroles *by Samuel Beckett.*

foreword

This collection of readings is intended for the student of French who has reached the point where for the first time he can strike out beyond the inevitable restrictions of a basic language-learning text and read material, written by some of France's finest authors, that speaks to his mature taste and interests. This moment of liberation into genuine reading will naturally depend on the intensity of the course, but in a rigorous program this book is intended to be usable as early as the second semester of a first-year college course. The text begins with authentic and thoughtful, yet simple, commentaries on human nature set in the form of maxims (and thus using principally the present tense). Following this introductory material, the difficulty of the selections increases gradually, but where the original texts might be too complex, occasional nonessential passages have been shortened or even omitted with an eye to simplification. Finally, ample notes and marginal vocabulary speed the student's reading, so that he can appreciate the French literary tradition at its best, as it explores—in both light and serious tone—the joys and sorrows of individual life and the problems of society past and present, in a variety of forms: plays, poems, essays, and prose fiction.

A note to the teacher: The editors have included varied (and optional) exercises, many of which are designed to help the student master difficult but important grammatical points that appear frequently in the reading selections. If the student can learn to use these structures actively, then he should have little difficulty understanding their meaning when he is reading. Finally, there is in this book, of course, more material than a teacher may need for a given course. This abundance is intentional. It provides the teacher with the opportunity to change the reading from year to year, or to assign some material as outside reading, or simply to choose those selections that he likes best and finds most successful.

CONTENTS

MAXIMES   3
QUESTIONS AND EXERCISES   12

ANATOLE FRANCE, *LE JARDIN D'ÉPICURE*   15
QUESTIONS AND EXERCISES   20

ÉMILE ZOLA, "VOYAGE CIRCULAIRE"   23
QUESTIONS AND EXERCISES   31

JACQUES PRÉVERT, "POUR TOI MON AMOUR"   35
MAURICE MAETERLINCK, *INTÉRIEUR*   37
QUESTIONS AND EXERCISES   53

SAMUEL BECKETT, *ACTE SANS PAROLES*   57
JACQUES PRÉVERT, "LE RETOUR AU PAYS"   63
QUESTIONS AND EXERCISES   65

TWO CATHOLIC POETS: 69
PAUL CLAUDEL, "LA VIERGE À MIDI"   70
CHARLES PÉGUY, "LE PORCHE DU MYSTÈRE DE LA DEUXIÈME VERTU"   72
QUESTIONS AND EXERCISES   78
NOTE ON THE LITERARY PAST TENSES   81

VOLTAIRE, *L'INGÉNU*   83
QUESTIONS AND EXERCISES   99

DENIS DIDEROT, "MME DE LA POMMERAYE ET M. DES ARCIS"	103
JACQUES PRÉVERT, "JE SUIS COMME JE SUIS"	116
QUESTIONS AND EXERCISES	117
GUY DE MAUPASSANT, "DEUX AMIS"	121
JACQUES PRÉVERT, "FAMILIALE"	130
QUESTIONS AND EXERCISES	131
ALBERT CAMUS, *ACTUELLES*	135
QUESTIONS AND EXERCISES	151
ALEXIS DE TOCQUEVILLE, *DE LA DÉMOCRATIE EN AMÉRIQUE*	155
QUESTIONS AND EXERCISES	163
VICTOR HUGO, "AIDE OFFERTE À MAJORIEN"	167
GUY TIROLIEN, "PRIÈRE D'UN PETIT ENFANT NÈGRE"	173
JACQUES PRÉVERT, "PAGE D'ÉCRITURE"	176
QUESTIONS AND EXERCISES	177
ANDRÉ ROUSSIN, *L'ÉCOLE DES DUPES*	181
GUILLAUME APOLLINAIRE, "LES CLOCHES"	207
QUESTIONS AND EXERCISES	209
VOCABULARY	213
GRAMMATICAL INDEX	239

premières découvertes littéraires

MAXIMES

All cultures try to reduce the complexities of human existence to simple formulas that are easily remembered. Yet inevitably these statements capture only part of the truth. Thus, "He who hesitates is lost" is contradicted by "Look before you leap." But despite the oversimplifications inherent in them, proverbs, epigrams, and maxims have never-ending appeal, for we all want to be able to explain life succinctly. The French have had a particularly rich heritage of the **maxime** *(f.), and among the many distinguished practitioners of this art form was the brilliant and witty Duc de la Rochefoucauld (1613–1680), some of whose maxims are included in the selections below. Whatever truth they may contain, however, one should remember La Rochefoucauld's own warning that " Il est plus aisé de connaître l'homme en général que de connaître un homme en particulier."*

De l'individu

1. Tous les observateurs sont tristes et doivent l'être.° Ils regardent vivre. Ils ne sont pas des acteurs, mais des témoins° de la vie. Leur état normal est la sérénité mélancolique. (EDMOND, 1822–1896, et JULES, 1830–1870, DE GONCOURT)

   doivent... must be
   witnesses

2. Dans l'adversité de nos meilleurs amis nous trouvons quelque chose qui ne nous déplaît pas.
   (FRANÇOIS, DUC DE LA ROCHEFOUCAULD, 1613–1680)

3. Le commencement et le déclin de l'amour se font sentir° par l'embarras où l'on est° de se trouver seuls.
   (JEAN DE LA BRUYÈRE, 1645–1696)

   se... can be felt
   l'embarras... the awkwardness one feels

4. Il est triste d'aimer sans une grande fortune. (LA BRUYÈRE)

5. L'amour est de tous les sentiments le plus égoïste.
   (BENJAMIN CONSTANT, 1767–1830)

6. Si nous n'avions point de défauts,° nous ne prendrions pas[1] tant de plaisir à en remarquer° dans les autres.
   (LA ROCHEFOUCAULD)

   Si... If we had no faults
   noticing

7. Les hommes ne veulent pas qu'on les dévoile° et qu'on les fasse° rire du° masque qu'ils portent. (GEORGE SAND, 1804–1876)

   unmask make
   at the

8. Il ne sert à rien° d'être jeune sans être belle, ni belle sans être jeune. (LA ROCHEFOUCAULD)

   Il... It is no use

9. Nous ne trouvons guère° de gens de bon sens que° ceux qui sont de notre avis.° (LA ROCHEFOUCAULD)

   hardly any   except
   ceux... those who agree with us

10. Le courage est comme l'amour, il veut° de l'espérance pour nourriture. (NAPOLÉON Iᴱᴿ, 1769–1821)

    (here) needs

11. L'indifférence morale est la maladie des gens très cultivés.
    (HENRI-FRÉDÉRIC AMIEL, 1821–1881)

12. Donner est un plaisir plus durable que recevoir, car celui des deux qui donne° est celui qui se souvient le plus longtemps.
    (NICOLAS DE CHAMFORT, 1741–1794)

    celui... the giver

---

[1] **nous ne prendrions pas** we would not get.

4 PREMIÈRES DÉCOUVERTES LITTÉRAIRES

13. Rien ne nous rend si grands qu'une grande douleur.
    (ALFRED DE MUSSET, 1810–1857)

14. En amour, écrire est dangereux, sans compter que° c'est inutile.   **sans...** not to mention that
    (ALEXANDRE DUMAS, fils, 1802–1870)

15. On déclame sans fin° contre les passions; on leur impute° toutes   **sans...** endlessly ascribes
    les peines° de l'homme, et l'on oublie qu'elles sont aussi la source   troubles
    de tous ses plaisirs... Il n'y a que les passions,° et les grandes   Il... Only passions
    passions qui puissent° élever l'âme° aux grandes choses.   can   soul
    (DENIS DIDEROT, 1713–1784)

16. La main destructive de l'homme n'épargne rien de ce qui vit;[2] il
    tue° pour se nourrir, il tue pour se vêtir,° il tue pour se parer,° il   kills   dress   adorn
    tue pour attaquer, il tue pour se défendre, il tue pour s'instruire,
    il tue pour s'amuser, il tue pour tuer; roi superbe et terrible, il a
    besoin de tout, et rien ne lui résiste. (JOSEPH DE MAISTRE,
    1753–1821)

17. La méchanceté° dans l'amour, que° cette méchanceté soit°   spitefulness   whether   be
    physique ou morale, est le grand signe de la fin des sociétés.
    (E. et J. DE GONCOURT)

18. Jusqu'à vingt-cinq ans,° les enfants aiment leurs parents; à   **vingt-cinq...** the age of 25
    vingt-cinq ans, ils les jugent; ensuite, ils leur pardonnent.
    (HIPPOLYTE TAINE, 1828–1893)

19. Nous pardonnons souvent à ceux qui nous ennuient,° mais nous   bore, annoy
    ne pouvons[3] pardonner à ceux que nous ennuyons.
    (LA ROCHEFOUCAULD)

20. La haine° des faibles n'est pas si dangereuse que leur amitié.   hatred
    (LUC DE CLAPIERS, MARQUIS DE VAUVENARGUES, 1715–
    1747)

---

[2] **n'épargne ... vit** spares nothing that lives.
[3] **nous ne pouvons** we cannot (*note the frequent omission of* **pas** *with* **pouvoir, savoir, cesser** *and* **oser** *in literary style; the* **ne** *is here negative*).

21. Il faut choisir d'aimer les femmes ou de les connaître. (CHAMFORT)

22. Les femmes préfèrent les hommes qui les prennent sans les comprendre aux hommes qui les comprennent sans les prendre. (MARCEL PRÉVOST, 1862–1941)

23. La figure° d'une femme, quelle que soit° la force ou l'étendue de son esprit, est toujours un obstacle ou une raison dans l'histoire de sa vie; *les hommes l'ont voulu ainsi.*° (MADAME DE STAËL, 1766–1817)

face quelle... whatever may be

that way

24. Faire aisément ce qui est difficile aux autres, voilà le talent; faire ce qui est impossible au talent, voilà le génie. (AMIEL)

25. L'ingratitude la plus odieuse, mais la plus commune et la plus ancienne, est celle des enfants envers° leurs parents. (VAUVENARGUES)

toward

26. Sur° dix personnes qui parlent de nous, neuf disent du mal,° et souvent la seule personne qui en° dit du bien le dit mal. (ANTOINE DE RIVAROL, 1753–1801)

Out of du... bad things **of us**

27. Il faut° beaucoup de mérite pour sentir vivement celui des autres. (DE MAISTRE)

Il... It takes

28. La paix rend les peuples plus heureux, et les hommes plus faibles. (VAUVENARGUES)

29. Les paresseux° ont toujours envie de faire quelque chose. (VAUVENARGUES)

Les... Lazy people

30. Quand un philosophe vous répond, on ne comprend plus ce qu'on lui avait demandé.° (ANDRÉ GIDE, 1869–1951)

avait... had asked

31. La religion ne nous fait pas bons, mais elle nous empêche° de devenir trop mauvais. (VICOMTE LOUIS DE BONALD, 1754–1840)

prevents

32. Tous les hommes naissent° sincères, et meurent trompeurs.°   **are born** (*naître*)   **deceitful**
    (VAUVENARGUES)

33. Il y a peu de passions constantes; il y en a beaucoup de sincères.
    (VAUVENARGUES)

34. Qui craint° de souffrir, il souffre déjà ce qu'il craint.   **Qui...** He who fears
    (MICHEL DE MONTAIGNE, 1533–1592)

35. Il n'y a rien de si infortuné qu'un homme qui n'a jamais souffert.
    (DE MAISTRE)

36. Plus° on aime, plus on souffre. (AMIEL)   **The more**

37. Ce qui est nouveau est rarement vrai; ce qui est vrai est rarement
    nouveau. (GEORG CHRISTOPH LICHTENBERG, 1742–1799)

38. Ce qui nous empêche souvent de nous abandonner à un seul vice
    est que nous en avons plusieurs. (LA ROCHEFOUCAULD)

39. Vivre, c'est triompher sans cesse, c'est s'affirmer contre la destruction, contre la maladie, contre l'annulation et la dispersion de
    notre être° physique et moral. (AMIEL)   **being**

40. Vieillir° est ennuyeux, mais c'est le seul moyen° que l'on ait   **Growing old**   **means**
    trouvé° de vivre longtemps.   **l'on...** has been found
    (CHARLES-AUGUSTIN DE SAINTE-BEUVE, 1804–1869)

41. On ne lit plus, on n'a plus le temps. L'esprit° est appelé à la   **mind**
    fois° de trop de côtés; il faut lui parler vite où il passe.° Mais il y a   **à...** simultaneously   **où...** as it goes by
    des choses qui ne peuvent être dites, ni comprises si vite, et ce
    sont les plus importantes pour l'homme. Cette accélération du
    mouvement qui ne permet de rien méditer, suffirait° seule pour   **would suffice**
    affaiblir et, à la longue,° pour détruire entièrement la raison   **à...** in the long run
    humaine. (FÉLICITÉ DE LAMENNAIS, 1782–1854)

42. Il est plus facile d'être amant° que mari, par la raison qu'il est plus difficile d'avoir de l'esprit° tous les jours que de dire de jolies choses de temps en temps.° (HONORÉ DE BALZAC, 1799–1850)

    lover
    avoir... to be clever
    de... from time to time

43. Il y a quatre sortes de personnes dans le monde : les amoureux, les ambitieux, les observateurs et les imbéciles. Les plus heureux sont les imbéciles. (TAINE)

44. J'aime la vérité. Je crois que l'humanité en a besoin; mais elle a bien plus grand besoin encore du mensonge° qui la flatte, la console, lui donne des espérances infinies. Sans le mensonge, elle périrait° de désespoir et d'ennui.° (ANATOLE FRANCE, 1844–1924)

    lie
    would perish   boredom

45. Il ne suffit pas d'être heureux : il faut encore que les autres ne le soient pas.° (JULES RENARD, 1864–1910)

    il... soient pas it is also necessary that others not be

46. L'espérance, c'est sortir par un beau soleil et rentrer sous la pluie. (J. RENARD)

47. Je sais enfin ce qui distingue l'homme de la bête : ce sont des ennuis° d'argent. (J. RENARD)

    troubles

48. — Quelles sont les dix meilleures années dans le vie d'une femme ? demande un monsieur.
   — Quelle question, répond une jolie personne, entre vingt-huit et trente ans, naturellement. (ANONYME)

49. Le problème c'est que nous ne pouvons pas tomber dans les bras des femmes sans tomber en même temps entre leurs mains.° (SACHA GUITRY, 1885–1957)

    entre... into their hands

De la société

1. L'homme le plus heureux est celui qui fait le bonheur d'un plus grand nombre d'autres. (DIDEROT)

2. La liberté n'est possible que° dans un pays où le droit° l'emporte sur° les passions. (LE PÈRE LACORDAIRE, 1802–1861)

    n'est... is possible only   law
    l'emporte... prevails over

3. Après le pain, l'éducation est le premier besoin du peuple. (GEORGES-JACQUES DANTON, 1759–1794)

4. La nature n'a rien fait d'égal; sa loi souveraine est la subordination et la dépendance. (VAUVENARGUES)

5. Un homme peut n'être pas° l'égal d'un autre homme, mais il est toujours son semblable.° (BONALD)

    peut... may not be
    fellow-man

6. Une erreur est d'autant plus dangereuse qu'elle contient plus de vérité.[4] (AMIEL)

7. Il n'y a qu'un pas° du fanatisme à la barbarie. (DIDEROT)

    step

8. La faiblesse de la force est de ne croire qu'à la force. (PAUL VALÉRY, 1871–1945)

9. Toute nation a le gouvernement qu'elle mérite. (DE MAISTRE)

10. Les hommes, en général, ressemblent aux chiens qui hurlent° quand ils entendent de loin° d'autres chiens hurler. (VOLTAIRE, 1694–1778)

    howl
    in the distance

11. Qui cherche l'injustice n'a pas besoin de lampe. (LICHTENBERG)

12. La justice sans la force est impuissante; la force sans la justice est tyrannique. (BLAISE PASCAL, 1623–1662)

13. La liberté est le droit de faire tout ce que les lois permettent. (CHARLES DE SECONDAT, BARON DE MONTESQUIEU, 1689–1755)

---

[4] **Une erreur ... vérité** The more truth an error contains the more dangerous it is (*d'autant plus ... que* the more so . . . as)

MAXIMES

14. Le monde est un grand bal où chacun est masqué.
    (VAUVENARGUES)

15. Nous avons reçu° le monde comme un héritage qu'il n'est pas permis à aucun de nous° de détériorer, mais que chaque génération au contraire est obligée de laisser meilleur à la postérité.
    (JOSEPH JOUBERT, 1754–1824)

    received
    il... none of us is permitted

16. Tôt ou tard, les hommes qui pensent et qui écrivent gouvernent l'opinion; et l'opinion, comme vous savez, gouverne le monde.
    (JEAN LE ROND D'ALEMBERT, 1717–1783)

17. C'est une expérience éternelle que tout homme qui a du pouvoir° est porté° à en abuser. (MONTESQUIEU)

    power
    inclined

18. La raison du plus fort est toujours la meilleure.
    (JEAN DE LA FONTAINE, 1621–1695)

19. La société est composée de deux grandes classes : ceux qui ont plus de dîners que d'appétit et ceux qui ont plus d'appétit que de dîners. (CHAMFORT)

20. On gouverne mieux les hommes par leurs vices que par leurs vertus. (NAPOLÉON IER)

21. Un empire fondé par les armes a besoin de se soutenir° par les armes. (MONTESQUIEU)

    se... be maintained

22. Le cri du pauvre monte jusqu'à Dieu, mais il n'arrive pas à l'oreille de l'homme. (LAMENNAIS)

23. — Pourquoi me tuez-vous?
    — Eh quoi, ne demeurez°-vous pas de° l'autre côté de l'eau? Mon ami, si vous demeuriez de ce côté, je serais° un assassin et cela serait injuste de vous tuer de la sorte°; mais puisque vous demeurez de l'autre côté, je suis un brave, et cela est juste.
    (PASCAL)

    live on
    would be
    de... in this way

24. Il est évident que ceux qui soutiennent° la peine de mort° ont plus d'affinités avec les assassins que ceux qui la combattent.
(RÉMY DE GOURMONT, 1858–1915)

uphold   peine... death penalty

25. Je me demandais° comment était née° la justice dans le monde. Je passais aujourd'hui sur un quai. Des gamins° jouaient. Le plus grand dit: — Il faut faire un tribunal... C'est moi le tribunal.
(E. et J. DE GONCOURT)

Je... I was wondering   était... had arisen
little boys

26. Dans une société qui serait° une aristocratie, mais une aristocratie de capacités,° ouverte au peuple, se renouvelant et se recrutant[5] largement° jusque dans° les intelligences ouvrières,° je rêverais° un gouvernement qui essayerait de tuer la Misère,° abolirait la fosse commune,° ferait place à° tous les morts comme à tous les vivants, décréterait la justice gratuite,° nommerait des avocats° des pauvres, payés par le seul honneur° de l'être; établirait devant Dieu, à l'église, la gratuité et l'égalité pour le baptême, le mariage, l'enterrement°; un gouvernement qui donnerait dans l'hôpital une hospitalité magnifique à la maladie; un gouvernement qui créerait° un Ministère° de la souffrance publique.
(E. et J. DE GONCOURT)

would be
abilities
widely   jusque... even among
working-class   would dream of
Poverty
fosse... paupers' grave
ferait... would make room for
free   lawyers
par... only by the honor

burial

would create   Ministry

27. Il° n'est aucun gouvernement, excepté le gouvernement despotique, qui puisse s'avouer° contraire à la perfectibilité de l'espèce humaine. (MADAME DE STAËL)

There
admit to being

28. Les gouvernements doivent tendre au° bonheur réel de tous, et les moralistes doivent apprendre aux individus à se passer de° bonheur. (MADAME DE STAËL)

tendre... work toward
se... do without

29. Ce n'est donc qu'avec le concours° de tous, avec la bourgeoisie réactionnaire comme avec la bourgeoisie démocratique, comme avec les socialistes, que le peuple doit se gouverner. Il lui faut°... la lutte pacifique et légale de tous ces éléments divers.
(GEORGE SAND)

cooperation

Il... It requires

---

[5] **se renouvelant et se recrutant** renewing itself and recruiting its members (*these forms are present participles, ending in* **-ant**).

MAXIMES 11

QUESTIONS

1. Pourquoi tous les observateurs de la vie sont-ils tristes?
2. Quand est-il triste d'aimer?
3. L'amour est-il un sentiment égoïste?
4. En quoi le courage est-il comme l'amour?
5. Quelle est la maladie des gens très cultivés?
6. Qu'est-ce qui est dangereux en amour?
7. D'après Diderot, les passions sont-elles bonnes ou mauvaises?
8. Que pensent les enfants de leurs parents?
9. Peut-on connaître et aimer les femmes?
10. Quelle est la différence entre le génie et le talent?
11. Quelle est l'ingratitude la plus commune?
12. Quel effet la paix a-t-elle sur nous?
13. La religion nous rend-elle bons?
14. Est-ce qu'il y a beaucoup de passions constantes?
15. Comment peut-on définir le mot "vivre"?
16. Pourquoi ne lit-on plus?
17. Quelles sont les personnes les plus heureuses du monde?
18. L'homme a-t-il besoin de la vérité?
19. Qu'est-ce qui distingue l'homme de la bête?
20. Comment peut-on être heureux?
21. Quels sont les premiers besoins du peuple?
22. Quand une erreur est-elle particulièrement dangereuse?
23. Comment peut-on dire que les hommes ressemblent aux chiens?
24. Comment Montesquieu définit-il la liberté?
25. Quel pouvoir ont les hommes qui pensent et qui écrivent?
26. Comment gouverne-t-on mieux les hommes?
27. Quand semble-t-il juste de tuer un homme?
28. Quelle sorte de société veulent les Goncourt?
29. Les maximes que vous avez lues sont-elles optimistes sur la nature humaine?
30. Ce pessimisme est-il justifié?

EXERCISES

A. Complete the sentences on page 13 with the appropriate word, chosen from the list below.

assassin	recevoir
avis	seul
égal	triste
ennuie	tué
mensonge	vieillit
paresseux	haine

PREMIÈRES DÉCOUVERTES LITTÉRAIRES

1. Il est mort. Vous l'avez ———. Vous êtes un ———.
2. Je ne suis pas heureux. Je suis ———.
3. Il n'y a personne d'autre ici. Je me trouve ———.
4. Il pense comme nous. Il est de notre ———.
5. Donner est un plaisir plus durable que ———.
6. Je n'aime pas écouter cet homme. Il m'———.
7. Elle n'est plus jeune. Elle ———.
8. Il n'aime pas travailler. Il est ———.
9. Vous ne dites pas la vérité. Vous dites un ———.
10. Il a les mêmes capacités que moi. Il est mon ———.

B. Find three different meanings of the word *peine* in these selections, and two different meanings of the word *esprit*. Write a French sentence to illustrate each (do *not* use the sentences in the text).

C. Study the following example sentences, containing forms of the demonstrative pronoun (*celui, celle, ceux, celles*) followed by the relative *qui* or *que* (meaning "the one who, which" or "those who, which").

Nous pardonnons souvent à ceux qui nous ennuient, mais nous ne pouvons pardonner à ceux que nous ennuyons.
L'homme le plus heureux est celui qui fait le bonheur d'un plus grand nombre d'autres.

Now substitute the appropriate form of the demonstrative pronoun for the underlined nouns in the following sentences.

1. Nous approuvons les gens qui sont de notre avis.
2. Nous aimons les femmes qui nous flattent.
3. Ce pays a le gouvernement qu'il mérite.
4. Cette erreur est moins dangereuse que l'erreur qui contient beaucoup de vérité.
5. Les hommes qui sont les plus heureux sont les imbéciles.

D. Transform the following sentences, substituting *ce sont ceux qui* or *ce sont ceux que* for the underlined third-person pronoun. Remember to use *qui* for the subject, *que* for the object.

Examples: *Ils nous ennuient. Ce sont ceux qui nous ennuient.*
Nous les ennuyons. Ce sont ceux que nous ennuyons.

1. Nous les aimons.
2. Ils nous détestent.
3. Ils nous craignent.
4. Nous les comprenons.
5. Ils nous préfèrent.
6. Nous les connaissons.

E. Study the following example sentences.

Les enfants aiment leurs parents. Ils les aiment.
Les enfants pardonnent à leurs parents. Ils leur pardonnent.
L'enfant aime sa mère. Il l'aime.
L'enfant répond à sa mère. Il lui répond.

Now substitute pronouns for the nouns in the following sentences.

1. Les hommes pardonnent à leurs victimes.
2. Les femmes préfèrent les hommes forts.
3. Les hommes ne comprennent pas les femmes.
4. Le gouvernement tue la misère.
5. La paix rend les peuples heureux.
6. Les faibles obéissent aux forts.

Anatole France
(1844–1924)

Anatole France (a pen name for Anatole Thibault) is an example of a writer who almost seems not to be of his own era. He wrote only occasionally in the heavy style of the late nineteenth-century Realists or Naturalists, and avoided entirely the elusive, emotional, and even at times mystical visions of the Symbolist movement (for an example of the latter, see Maeterlinck's Intérieur, *page 37). Even in his novels, he preferred the analysis of ideas to the exploration of character, and he set forth his views with great charm in a clear and polished style, one reminiscent of the seventeenth- and eighteenth-century writers of the preceding maxims. The following passages are taken from* Le Jardin d'Épicure *(1895), a collection of brief essays and random thoughts.*

Le Jardin d'Épicure

L'ignorance est la condition nécessaire, je ne dis pas du bonheur, mais de l'existence même.° Si nous savions tout, nous ne pourrions° pas supporter° la vie une heure. Les sentiments qui nous la rendent ou douce, ou¹ du moins° tolérable, naissent d'un mensonge et se nourrissent d'illusions.°

   ° ° °

Nous mettons l'infini dans l'amour. Ce n'est pas la faute des femmes.

   ° ° °

« C'est dans les soucis° quotidiens que la mère de famille perd sa fraîcheur° et sa force et se consume jusqu'à la moelle de ses os.² L'éternel retour de la question : « Que faut-il faire cuire° aujourd'hui? » l'incessante nécessité de balayer le plancher,° de battre, de brosser les habits,³ d'épousseter,° tout cela, c'est la goutte d'eau dont la chute constante° finit par ronger⁴ lentement, mais sûrement, l'esprit aussi bien que le corps. C'est devant le fourneau° de cuisine que, par une magie vulgaire,° la petite

° itself
° could bear
° du... at least
° se... are nourished by illusions

° worries
° bloom of youth
° faire... cook
° balayer... sweep the floor
° dust
° dont... whose constant dripping
° stove magie... everyday magic

---

¹ **ou ... ou** either . . . or.
² **jusqu'à ... os** to the marrow of her bones.
³ **battre ... habits** beat and brush the clothes.
⁴ **finit par ronger** finally erodes.

16 PREMIÈRES DÉCOUVERTES LITTÉRAIRES

créature blanche et rose, au rire de cristal,° se change en une
momie° noire et douloureuse. Sur l'autel fumeux⁵ où mijote°
le pot-au-feu,° sont sacrifiées jeunesse, liberté, beauté, joie. » ...
    Tel est le sort,° en effet, de l'immense majorité des femmes.
5 L'existence est dure° pour elles comme pour l'homme. Et si l'on
recherche aujourd'hui pourquoi elle est si pénible, on reconnaît
qu'il n'en peut être autrement sur une planète où les choses
indispensables à la vie sont rares, d'une production difficile ou
d'une extraction laborieuse. Des causes si profondes et qui
10 dépendent de la figure même de la terre, de sa constitution, de sa
flore et de sa faune, sont malheureusement durables et nécessaires.
Le travail, avec quelque équité qu'on le puisse répartir,⁶ pèsera°
toujours sur la plupart des hommes et sur la plupart des femmes, et
peu d'entre elles° auront le loisir de développer leur beauté et leur
15 intelligence dans des conditions esthétiques. La faute en est à la
nature.° Cependant, que devient l'amour? Il devient ce qu'il peut.
La faim est sa grande ennemie. Et c'est un fait incontestable que
les femmes ont faim. Il est probable qu'au XXᵉ siècle comme au
XIXᵉ elles feront la cuisine, à moins que le socialisme ne° ramène
20 l'âge où les chasseurs° dévoraient leur proie° encore chaude et où
Vénus dans les forêts unissait les amants. Alors la femme était
libre. Je vais vous dire : Si j'avais créé° l'homme et la femme, je
les aurais formés° sur un type très différent de celui qui a prévalu°
et qui est celui des mammifères° supérieurs. J'aurais fait les hommes
25 et les femmes, non point à la ressemblance des grands singes° comme
ils sont en effet, mais à l'image des insectes qui, après avoir vécu
chenilles,⁷ se transforment en papillons° et n'ont, au terme de°
leur vie, d'autre souci que d'aimer et d'être beaux. J'aurais mis
la jeunesse à la fin de l'existence humaine. Certains insectes ont,
30 dans leur dernière métamorphose, des ailes° et pas d'estomac. Ils
ne renaissent sous cette forme épurée° que° pour aimer une heure
et mourir...

                  o   o   o

au... with the crystal laugh
momie mummy   **mijote** simmers
pot-au-feu stew
sort fate
dure hard

pèsera will weigh heavily

peu d'entre elles few of them

La... The fault is nature's

à moins que... ne unless
chasseurs hunters   **proie** prey

Si... If I had created
je... I would have shaped them
prévalu prevailed
mammifères mammals
singes monkeys

papillons butterflies
au... at the end of

ailes wings
épurée purified   **ne... que** only

---

⁵ **l'autel fumeux** the smoking altar.
⁶ **avec ... répartir** however equitably one can divide it.
⁷ **vécu chenilles** lived as caterpillars (*vécu: p.p. of vivre*).

Demander une morale° à la science, c'est s'exposer à de cruels mécomptes.° On croyait, il y a trois cents ans,° que la terre était le centre de la création. Nous savons aujourd'hui qu'elle n'est qu'une goutte figée° du soleil. Nous savons quels gaz° brûlent à
5 la surface des plus lointaines étoiles.° Nous savons que l'univers, dans lequel nous sommes une poussière errante,[8] enfante° et dévore dans un perpétuel travail; nous savons qu'il naît sans cesse et qu'il meurt des astres.[9] Mais en quoi notre morale a-t-elle été changée par de si prodigieuses découvertes? Les mères en°
10 ont-elles mieux ou moins bien aimé leurs petits enfants? En sentons-nous plus ou moins la beauté des femmes? Le cœur en bat-il autrement dans la poitrine° des héros? Non! non! que° la terre soit grande ou petite, il n'importe° à l'homme. Elle est assez grande pourvu° qu'on y souffre, pourvu qu'on y aime. La
15 souffrance et l'amour, voilà les deux sources jumelles° de son inépuisable° beauté. La souffrance! quelle divine méconnue°! Nous lui devons° tout ce qu'il y a de bon[10] en nous, tout ce qui donne du prix à la vie°; nous lui devons la pitié, nous lui devons le courage, nous lui devons toutes les vertus. La terre n'est qu'un
20 grain de sable dans le désert infini des mondes. Mais, si l'on ne souffre que sur la terre, elle est plus grande que tout le reste du monde.° Que dis-je? elle est tout, et le reste n'est rien. Car, ailleurs,° il n'y a ni vertu ni génie. Qu'est-ce que le génie, sinon° l'art de charmer° la souffrance? C'est sur le sentiment seul que la
25 morale repose° naturellement. De très grands esprits ont nourri, je le sais, d'autres espérances. Renan[11] s'abandonnait volontiers[12] en souriant° au rêve d'une morale scientifique. Il avait dans la science une confiance à peu près° illimitée. Il croyait qu'elle changerait le monde, parce qu'elle perce les montagnes. Je ne crois
30 pas, comme lui, qu'elle puisse nous diviniser.° A vrai dire,[13] je

---

[8] **une poussière errante** a wandering piece of dust.
[9] **il naît ... des astres** heavenly bodies are ceaselessly born and die (*true subject is* **astres**; *il is impersonal*).
[10] **tout ... bon** everything that is good.
[11] **Ernest Renan**: French historian, believer in science (1823–1892).
[12] **s'abandonnait volontiers** liked to abandon himself.
[13] **A vrai dire** To tell the truth.

n'en ai guère l'envie. Je ne sens pas en moi l'étoffe° d'un dieu, si
petit qu'il soit.¹⁴ Ma faiblesse m'est chère. Je tiens° à mon
imperfection comme à ma raison d'être.

      °   °   °

    Je suis persuadé que l'humanité a de tout temps° la même
somme° de folie et de bêtise° à dépenser. C'est un capital qui doit
fructifier° d'une manière ou d'une autre. La question est de
savoir si, après tout, les insanités consacrées par le temps ne
constituent pas le placement° le plus sage qu'un homme puisse
faire de sa bêtise. Loin de me réjouir° quand je vois s'en aller
quelque vieille erreur,¹⁵ je songe à° l'erreur nouvelle qui viendra
la remplacer, et je me demande avec inquiétude° si elle ne sera
pas plus incommode° ou plus dangereuse que l'autre. A tout bien
considérer,° les vieux préjugés sont moins funestes° que les
nouveaux : le temps, en les usant,° les a polis° et rendus presque
innocents.

      °   °   °

    Nous appelons dangereux ceux qui ont l'esprit° fait autrement
que le nôtre et immoraux ceux qui n'ont point notre morale.
Nous appelons sceptiques ceux qui n'ont point nos propres°
illusions, sans même nous inquiéter° s'ils en ont d'autres.

      °   °   °

    Cet homme aura toujours la foule° pour lui. Il est sûr de lui
comme de l'univers. C'est ce qui plaît à la foule; elle demande des
affirmations et non des preuves.° Les preuves la troublent° et
l'embarrassent.° Elle est simple et ne comprend que la simplicité. Il ne faut lui dire ni comment ni¹⁶ de quelle manière,
mais seulement oui ou non.

---

    ¹⁴ **si petit qu'il soit** even a very small one.
    ¹⁵ **s'en ... erreur** some old error disappearing.
    ¹⁶ **il ne faut ... ni ... ni** one must not . . . either . . . or (*note that* **il ne faut pas** *means* "one must not").

QUESTIONS

1. Quelle est la condition nécessaire de l'existence?
2. Que mettons-nous dans l'amour?
3. Cet infini existe-t-il dans les femmes qui sont aimées des hommes?
4. Comment une mère de famille perd-elle sa fraîcheur et sa force?
5. Perd-elle autre chose aussi?
6. Le travail est-il une condition éternelle de la vie?
7. Quelle meilleure vision de l'homme Anatole France a-t-il?
8. Peut-on demander une morale à la science?
9. En quoi notre morale a-t-elle été changée par des découvertes scientifiques?
10. A quoi devons-nous tout ce qu'il y a de bon en nous?
11. Anatole France veut-il être un dieu?
12. Dans le passage qui commence "Je suis persuadé..." Anatole France semble-t-il croire au progrès de l'homme?
13. Pourquoi appelons-nous d'autres personnes "dangereuses" et "immorales"?
14. Qu'est-ce qui plaît à la foule?
15. Pourquoi la foule aime-t-elle un homme sûr de lui?

EXERCISES

A. Complete the following sentences with the appropriate word, chosen from the list below.

astres	papillons
balayer	quotidien
faute	remplacer
jumelles	rêve
loisir	supporter

1. Cet homme est intolérable. Je ne peux pas le _____.
2. L'accident était inévitable. Ce n'était pas votre _____.
3. L'homme doit travailler tous les jours. Il a son travail _____.
4. Le plancher est couvert de sable. Il faut le _____.
5. Elle travaille tout le temps. Elle n'a pas de _____.
6. Les chenilles se transforment en _____.
7. La lune, le soleil et les étoiles sont des _____.
8. Ces petites filles sont nées le même jour de la même mère. Ce sont des _____.
9. Je n'ai pas bien dormi. J'ai fait un mauvais _____.
10. Quand une vieille erreur s'en va, une nouvelle erreur vient la _____.

B. Study the meaning of the following words. Then make up a sentence to illustrate each (*not* the sentence in the text).

20 PREMIÈRES DÉCOUVERTES LITTÉRAIRES

bêtise	sort
foule	sable
habits	troubler
	user

C. Study the following examples.

Il ne faut pas faire cela. "You must not do that."
Vous n'êtes pas obligé de faire cela. "You don't have to do that."

Now rewrite the following sentences, using *il ne faut pas* or *vous n'êtes pas obligé de*, as appropriate.

Example: *Les femmes ne peuvent pas porter le pantalon ici.*
Il ne faut pas porter le pantalon ici.

1. Ici on ne fume pas pendant le repas.
2. Il n'est pas nécessaire de faire cuire cette viande.
3. Je ne vais pas vous demander de finir ce livre.
4. Cette eau n'est pas bonne à boire.
5. Vous pouvez partir si vous voulez, mais ce n'est pas essentiel.
6. Ne m'interrompez pas pendant que je parle.

D. Study the following example.

Le travail pèsera toujours sur la plupart des hommes et sur la plupart des femmes, et peu d'entre elles auront le loisir de développer leur beauté.

Now complete the sentences below, replacing the English words in parentheses by an expression with *d'entre* and a stressed pronoun (*nous, vous, eux, elles*).

1. Les femmes doivent faire le ménage. (Few of them) ont le temps de se faire belles.
2. Les hommes ont faim. (Most of them) travaillent tous les jours.
3. (Several of us) ont voulu protester.
4. (Many of you) n'ont pas compris.
5. Cet arbre a peu de feuilles. (Most of them) ont été mangées par les chenilles.

E. Study the following example.

Nous savons qu'il naît sans cesse et qu'il meurt des astres.

Now transform the sentences below, using *il* as impersonal subject with a singular verb.

Example: *Des choses extraordinaires me sont arrivées.*
Il m'est arrivé des choses extraordinaires.

1. Un accident lui est arrivé.
2. Quelques idées me viennent à l'esprit.
3. Quelque chose de terrible se passe.
4. Regardez cet arbre! Un serpent en est sorti.
5. Une vieille dame demeure dans cette maison.
6. Vous connaissez ce magasin? Beaucoup de clients y entrent.

ÉMILE ZOLA
(1840–1902)

Émile Zola was one of the great novelists of the late nineteenth century. His reputation was made by such novels as L'Assommoir (1877), *a title difficult to translate but perhaps best rendered as* The Bludgeon, *which traces the disintegration of a poor working-class family under the hammer blows of alcoholism; and* Germinal (1885), *whose title is equally hard to render in English, containing as it does both the idea of germination and the name of a spring month (March–April) in the calendar of the Revolutionary First Republic.* Germinal *is a grim and gripping portrayal of the suffering of workers during an industrial strike. The following tale, "Voyage circulaire," intended by Zola to be entertaining and light in tone, is therefore in a sense atypical of his work, but the astute reader will sense beneath the humor the increasing difficulty and tension that the main characters experience in maintaining their individual freedom and dignity in the face of social pressures toward conformity to a class standard.*

Voyage circulaire

Il y a huit jours que Lucien Bérard et Hortense Larivière sont mariés.[1] Mme veuve° Larivière, la mère, tient, depuis trente ans,[2] un commerce de bimbeloterie,° rue de la Chaussée-d'Antin. C'est une femme sèche et pointue,° de caractère despotique, qui n'a pu[3] refuser sa fille à Lucien, le fils unique° d'un quincaillier du quartier, mais qui entend surveiller de près le jeune ménage.[4] Dans le contrat,[5] elle a cédé la boutique° de bimbeloterie à Hortense, tout en se réservant° une chambre dans l'appartement; et, en réalité, c'est elle qui continue à diriger la maison,° sous le prétexte de mettre les enfants au courant de la vente.°

On est au mois d'août, la chaleur est intense, les affaires vont fort mal. Aussi Mme Larivière est-elle plus aigre que jamais.[6]

widow

novelty goods

angular

only

a... turned over the shop
tout... while keeping for herself
business

mettre... acquaint the children with the (*sales*) business

---

[1] **Il ... mariés** Lucien Bérard and Hortense Larivière have been married for a week (*note use of present tense here and in note 2*).

[2] **tient ... ans** has kept for thirty years.

[3] **n'a pu** could not (*note omission of* **pas** *with* **pouvoir**, *and below with* **oser**, *in literary style*).

[4] **entend ... ménage** intends to keep close watch on the young couple.

[5] **le contrat** the marriage contract (*French families, at the time of marriage, often arrange their financial affairs by means of a legal contract*).

[6] **Aussi ... jamais** So Mrs. Larivière is more peevish than ever (**aussi** *at the beginning of the clause, followed by an inversion, means* "*so, therefore*").

Elle ne tolère point que Lucien s'oublie une seule minute près d'Hortense. Ne les a-t-elle pas surpris, un matin, en train de s'embrasser° dans la boutique! Et cela, huit jours après la noce°! Voilà qui est propre⁷ et qui donne tout de suite une bonne renommée° à une maison! Jamais elle n'a permis à M. Larivière de la toucher du bout des doigts° dans la boutique. Il n'y pensait guère, d'ailleurs.° Et c'était ainsi° qu'ils avaient fondé leur établissement.

Lucien, n'osant° encore se révolter, envoie des baisers° à sa femme, quand sa belle-mère° a le dos tourné. Un jour, pourtant, il se permet de rappeler° que les familles, avant la noce, ont promis de leur payer un voyage, pour leur lune de miel.° Mme Larivière pince ses lèvres minces.°

— Eh bien! leur dit-elle, allez vous promener une après-midi au bois de Vincennes.⁸

Les nouveaux mariés se regardent d'un air consterné.° Hortense commence à trouver sa mère vraiment ridicule. C'est à peine, si, la nuit, elle est seule⁹ avec son mari. Au moindre° bruit, Mme Larivière vient, pieds nus,° frapper à leur porte, pour leur demander s'ils ne sont pas malades. Et lorsqu'ils répondent qu'ils se portent très bien,° elle leur crie :

— Vous feriez mieux° de dormir, alors... Demain, vous dormirez encore dans le comptoir.°

Ce n'est plus tolérable. Lucien cite tous les boutiquiers du quartier qui se permettent de petits voyages, tandis que° des parents ou des commis° fidèles tiennent les magasins. Il y a le marchand de gants du coin de la rue La Fayette qui est à Dieppe,¹⁰ le coutelier° de la rue Saint-Nicolas qui vient de partir pour Luchon,¹¹ le bijoutier° près du boulevard qui a emmené sa femme en Suisse.° Maintenant, tous les gens à leur aise° s'accordent un mois de villégiature.¹²

en... kissing wedding

reputation

du... with his fingertips (hardly)
anyway **c'était...** that's the way

not daring kisses
mother-in-law
il... he ventures to remind her
lune... honeymoon
thin

se... look at each other in dismay

least
pieds... barefoot

ils... they're fine
Vous... You'd do better
dans... behind the counter

tandis... while
clerks

cutler

jeweler
Switzerland **à...** well off

---

⁷ **Voilà qui est propre** That's a fine thing!
⁸ **bois de Vincennes** park on the eastern edge of Paris.
⁹ **C'est ... seule** She's hardly even alone at night.
¹⁰ **Dieppe** city on the coast of the English Channel.
¹¹ **Luchon** resort in the Pyrenees.
¹² **s'accordent ... villégiature** take off a month in the country.

ÉMILE ZOLA 25

— C'est la mort du commerce, monsieur, entendez-vous! crie Mme Larivière. Du temps de M. Larivière,° nous allions à Vincennes une fois par an, le lundi de Pâques,° et nous ne nous en portions pas plus mal...¹³ Voulez-vous que je vous dise¹⁴ une chose? eh bien! vous perdrez° la maison, avec ces goûts de courir le monde.° Oui, la maison est perdue.

— Pourtant, il était bien convenu° que nous ferions un voyage, ose dire Hortense. Souviens-toi, maman, tu avais consenti.°

— Peut-être, mais c'était avant la noce. Avant la noce, on dit comme ça toutes sortes de bêtises... Hein? Soyons° sérieux, maintenant!

Lucien est sorti pour éviter une querelle. Il se sent une envie féroce° d'étrangler sa belle-mère. Mais quand il rentre, au bout de deux heures,° il est tout changé, il parle d'une voix douce à Mme Larivière, avec un petit sourire au coin des lèvres.°

Le soir, il demande à sa femme :

— Est-ce que tu connais la Normandie?¹⁵

— Tu sais bien que non, répond Hortense. Je ne suis jamais allée qu'au¹⁶ bois de Vincennes.

Le lendemain, un coup de tonnerre éclate° dans la boutique de bimbeloterie. Le père de Lucien, le père Bérard, comme on le nomme dans le quartier, où il est connu pour un bon vivant menant rondement les affaires,¹⁷ vient s'inviter à déjeuner. Au café,° il s'écrie :

— J'apporte un cadeau à nos enfants. Et il tire° triomphalement deux tickets de chemin de fer.

— Qu'est-ce que c'est que ça? demande la belle-mère d'une voix étranglée.

— Ça, ce sont deux places de première classe pour un voyage

Du... In Mr. Larivière's day
Easter

will ruin
courir... gadding about
il... it *was* agreed
tu... you had consented

Soyons Let's be

Il... He feels a strong desire
au... two hours later
au... on his lips

un... a bolt of lightning strikes

Au... Over coffee

pulls out

---

¹³ **nous ... mal** we were none the worse off for it.
¹⁴ **Voulez-vous ... dise** Do you want me to tell you (*dise:* present subjunctive of *dire*).
¹⁵ **la Normandie** Normandy (*French province to the northwest of Paris*).
¹⁶ **Je ... qu'au** I've never been farther than the . . . .
¹⁷ **un ... affaires** a man who enjoys living and ~~goes straight to the point.~~ (is a good businessman)

26   PREMIÈRES DÉCOUVERTES LITTÉRAIRES

circulaire en Normandie... Hein? mes petits, un mois au grand air°! Vous allez revenir frais comme des roses.

Mme Larivière est atterrée.° Elle veut protester; mais, au fond, elle ne se soucie pas[18] d'une querelle avec le père Bérard qui a toujours le dernier mot. Ce qui achève de l'ahurir,° c'est que le quincaillier parle de mener tout de suite les voyageurs à la gare. Il ne les lâchera que lorsqu'il les verra dans le wagon.[19]

— C'est bien, déclare-t-elle avec une rage sourde,° enlevez-moi ma fille. J'aime mieux ça, ils ne s'embrasseront plus dans la boutique, et je veillerai à° l'honneur de la maison!

Enfin, les mariés sont à la gare Saint-Lazare, accompagnés du beau-père, qui leur a laissé le temps tout juste de jeter un peu de linge° et quelques vêtements au fond d'une malle.° Il leur pose sur les joues des baisers sonores, en leur recommandant de bien tout regarder, pour lui raconter ensuite ce qu'ils auront vu.° Ça l'amusera!

Sur le quai du départ, Lucien et Hortense se hâtent le long du° train, cherchant un compartiment vide.[20] Ils ont l'heureuse chance° d'en trouver un, ils s'y précipitent[21] et s'arrangent déjà pour un tête-à-tête, lorsqu'ils ont la douleur de voir monter avec eux un monsieur à lunettes° qui, aussitôt assis,° les regarde d'un air sévère. Le train s'ébranle° : Hortense, désolée, tourne la tête et affecte° de regarder le paysage; des larmes montent à ses yeux, elle ne voit pas seulement° les arbres. Lucien cherche un moyen ingénieux de se débarrasser° du vieux monsieur, et ne trouve que des expédients trop énergiques. Un moment, il espère que leur compagnon de route° descendra à Mantes[22] ou à Vernon.[22] Vain espoir, le monsieur va jusqu'au Havre.[22] Alors, Lucien, exaspéré,

---

[18] **au ... pas** at bottom she doesn't like the idea.
[19] **Il ... wagon** He will not abandon them until he sees them on the train (**verra:** *future of* **voir; wagon** *"railroad car"*).
[20] **un compartiment vide** an empty compartment (*French trains of the time were divided into compartments, each with a separate entrance; once on the train, you could not change compartments*).
[21] **ils s'y précipitent** jump in.
[22] **Mantes, Vernon** cities on the line from Paris to **Le Havre,** an important port in Normandy.

ÉMILE ZOLA 27

se décide à prendre la main de sa femme. Après tout, ils sont mariés, ils peuvent bien avouer leur tendresse. Mais les regards du vieux monsieur deviennent de plus en plus° sévères, et il est si évident qu'il désapprouve absolument cette marque d'affection, que la jeune femme, rougissante,° retire° sa main. Le reste du voyage se fait dans un silence gêné.° Heureusement, on arrive à Rouen.[23]

Lucien, en quittant Paris, a acheté un Guide. Ils descendent° dans un hôtel recommandé, et ils sont aussitôt la proie des garçons. A la table d'hôte,° c'est à peine s'ils osent échanger une parole, devant tout ce monde° qui les regarde. Enfin, ils se couchent de bonne heure; mais les cloisons° sont si minces, que leurs voisins, à droite et à gauche, ne peuvent faire un mouvement sans qu'ils l'entendent. Alors, ils n'osent plus remuer, ni même tousser° dans leur lit.

— Visitons la ville, dit Lucien, le matin, en se levant, et partons vite pour Le Havre.

Toute la journée, ils restent sur pieds. Ils vont voir la cathédrale où on leur montre la tour de Beurre, une tour qui a été construite° avec un impôt° dont le clergé avait frappé les beurres de la contrée.[24] Ils visitent l'ancien° palais des ducs de Normandie, les vieilles églises dont on a fait des greniers à fourrage,[25] la place Jeanne-d'Arc, le Musée, jusqu'au° cimetière monumental. C'est comme un devoir° qu'ils remplissent, ils ne se font pas grâce[26] d'une maison historique. Hortense surtout s'ennuie à mourir,° et elle est tellement lasse,° qu'elle dort le lendemain en chemin de fer.

Au Havre, une autre contrariété° les attend. Les lits de l'hôtel où ils descendent sont si étroits, qu'on les loge dans une chambre à deux lits. Hortense voit là une insulte et se met à

---

[23] **Rouen** historic city in Normandy.
[24] **dont ... contrée** which the clergy had placed on the butter of the region.
[25] **dont ... fourrage** which have been turned into storehouses for fodder.
[26] **ils ... grâce** they don't spare themselves.

28 PREMIÈRES DÉCOUVERTES LITTÉRAIRES

pleurer. Il faut que Lucien la console, en lui jurant° qu'ils ne resteront au Havre que le temps de voir la ville. Et les courses folles° recommencent.

Et ils quittent Le Havre, et ils s'arrêtent ainsi quelques jours dans chaque ville importante marquée sur l'itinéraire. Ils visitent Honfleur, Pont-l'Évêque, Caen, Bayeux, Cherbourg,27 la tête pleine d'une débandade° de rues et de monuments, confondant° les églises, hébétés° par cette succession rapide d'horizons qui ne les intéressent pas du tout. Nulle part,° ils n'ont encore trouvé un coin de paix et de bonheur, où ils pourraient s'embrasser loin des oreilles indiscrètes. Ils en sont venus à° ne plus rien regarder, continuant strictement leur voyage, ainsi qu'une corvée° dont ils ne savent comment se débarasser. Puisqu'ils sont partis, il faut bien qu'ils reviennent. Un soir, à Cherbourg, Lucien laisse échapper° cette parole grave : — « Je crois que je préfère ta mère. » Le lendemain, ils partent pour Granville. Mais Lucien reste sombre et jette des regards farouches° sur la campagne, dont les champs se déploient en éventail,28 aux deux côtés de la voie.° Tout d'un coup,° comme le train s'arrête à une petite station, dont le nom ne leur arrive même pas aux oreilles, un trou adorable de verdure° perdu dans les arbres, Lucien s'écrie :

— Descendons, ma chère, descendons vite!

— Mais cette station n'est pas sur le Guide, dit Hortense stupéfaite.

— Le Guide! le Guide! reprend-il, tu vas voir ce que je vais en faire du Guide!29 Allons, vite, descends!

— Mais nos bagages?

— Je me moque bien de nos bagages!

Et Hortense descend, le train file° et les laisse tous les deux dans le trou adorable de verdure. Ils se trouvent en pleine campagne,° au sortir de la petite gare. Pas un bruit. Des oiseaux chantent dans

swearing

courses... mad rushing about

maze confusing
dazed
Nulle... Nowhere

Ils... They've reached the point of
ainsi... like a disagreeable task

laisse... utters

jette... casts grim looks
track
Tout... All at once

un... a wonderful green spot

goes off
en... in the midst of the country

---

27 **Honfleur, Pont-l'Évêque, Caen, Bayeux, Cherbourg** cities in Normandy.

28 **se déploient en eventail** spread out like a fan.

29 **tu ... Guide** you just see what I'm going to do with the guidebook (*note repetition of* **du Guide** *by* **en**, *typical of emphatic colloquial speech*).

ÉMILE ZOLA 29

les arbres, un clair ruisseau coule au fond d'un vallon. Le premier soin° de Lucien est de lancer° le Guide au milieu d'une mare.° Enfin, c'est fini, ils sont libres!

A trois cents pas, il y a une auberge° isolée, dont l'hôtesse leur donne une grande chambre blanchie à la chaux,[30] d'une gaîté printanière.° Les murs ont un mètre d'épaisseur.° D'ailleurs, il n'y a pas un voyageur dans cette auberge, et, seules, les poules° les regardent d'un air curieux.

— Nos billets sont encore valables pour huit jours, dit Lucien; eh bien! nous passerons nos huit jours ici.

Quelle délicieuse semaine! Ils s'en vont dès le matin[31] par les sentiers° perdus, ils s'enfoncent° dans un bois, sur la pente d'une colline,° et là ils vivent leurs journées, cachés au fond des herbes qui abritent° leurs jeunes amours. D'autres fois, ils suivent le ruisseau, Hortense court comme une écolière échappée;° puis, elle ôte ses bottines° et prend des bains de pieds, tandis que Lucien lui fait pousser° de petits cris, en lui posant sur la nuque° de brusques baisers. Leur manque de linge, l'état de dénûment° où ils se trouvent, les égaie beaucoup. Ils sont enchantés d'être ainsi abandonnés, dans un désert où personne ne les soupçonne.° Il a fallu qu'Hortense empruntât[32] du gros linge à l'aubergiste, des chemises de toile° qui lui grattent° la peau et qui la font rire. Leur chambre est si gaie. Ils s'y enferment dès huit heures, lorsque la campagne noire et silencieuse ne les tente° plus. Surtout, ils recommandent qu'on ne les réveille pas. Lucien descend parfois en pantoufles,° remonte lui-même le déjeuner,° des œufs et des côtelettes, sans permettre à personne d'entrer dans la chambre. Et ce sont des déjeuners exquis, mangés au bord du lit, et qui n'en finissent pas,° grâce° aux baisers plus nombreux que les bouchées° de pain.

Le septième jour, ils restent surpris et désolés d'avoir vécu° si vite. Et ils partent sans même vouloir connaître le nom du pays où ils se sont aimés. Au moins, ils auront eu° un quartier de leur

---

[30] **blanchie à la chaux** whitewashed.
[31] **dès le matin** early in the morning.
[32] **empruntât** borrow (*imperfect subjunctive*).

lune de miel. C'est à Paris seulement qu'ils rattrapent° leurs bagages.   *catch up with*

Quand le père Bérard les interroge, ils s'embrouillent.° Ils ont vu la mer à Caen,³³ et ils placent la tour de Beurre au Havre.   *get mixed up*

5 — Mais que diable! s'écrie le quincaillier, vous ne me parlez pas de Cherbourg... et l'arsenal°?   *naval shipyard*

— Oh! un tout petit arsenal, répond tranquillement Lucien. Ça manque° d'arbres.   *lacks*

Alors, Mme Larivière, toujours sévère, hausse° les épaules en   *shrugs*
10 murmurant :

— Si ça vaut la peine° de voyager! Ils ne connaissent seulement pas les monuments... Allons, Hortense, assez de folies, mets-toi au comptoir.   *Si... Just see if it's worthwhile*

QUESTIONS

1. Depuis combien de jours Lucien et Hortense sont-ils mariés?
2. Qui demeure avec le jeune ménage?
3. Pourquoi est-elle contente de vivre avec les enfants?
4. En quel mois sommes-nous?
5. Quelle difficulté le jeune ménage a-t-il?
6. Qu'est-ce que la mère leur a promis?
7. Veut-elle le faire maintenant?
8. Qui les sauve?
9. Quand le train sort de la gare, sont-ils enfin seuls?
10. Où descendent-ils?
11. Sont-ils enfin seuls?
12. Que font-ils le jour suivant?
13. Est-ce qu'ils trouvent ce tourisme intéressant?
14. Quelle difficulté ont-ils au Havre?
15. Que cherchent-ils?
16. Trouvent-ils enfin la solitude qu'ils cherchent?
17. Que fait Lucien avec le Guide qu'il a acheté?
18. Combien de temps passent-ils dans l'auberge?
19. Le temps passe-t-il vite ici?
20. Que font-ils?
21. En rentrant à Paris, ont-ils une idée bien claire de ce qu'ils ont vu?
22. Que dit la mère d'Hortense?

---

³³ Caen is an inland town.

EXERCISES

A. Complete the following sentences with the appropriate word chosen from the list below.

à leur aise	chance
au grand air	ménage
auberge	mince
cadeau	ruisseau
chaleur	unique

1. Ce garçon n'a ni frères ni sœurs. C'est un fils _____.
2. On est au mois d'août. La _____ est intense.
3. On entend tout ce qui se passe à côté. La cloison est trop _____.
4. Il lui a apporté un _____ pour son anniversaire.
5. Quelle heureuse _____ ! Je croyais que je ne le retrouverais jamais.
6. Les gens _____ peuvent s'accorder des vacances.
7. Ces enfants sont trop pâles. Ils doivent prendre un mois _____.
8. Un _____ coule au fond du vallon.
9. Un petit hôtel de campagne s'appelle une _____.
10. Ils viennent de se marier. C'est un jeune _____.

B. Study the meaning of the following words. Then make up a sentence to illustrate each (*not* from the text).

quartier	tirer
magasin	retirer
wagon	désert

C. Study the following examples.

Il y a huit jours que Lucien Bérard et Hortense Larivière sont mariés.
Mme veuve Larivière tient, depuis trente ans, un commerce de bimbeloterie.

Note the use of the present tense for actions which, though starting in the past, are still going on now. Now insert the proper verb forms in the following sentences in place of the English expressions in parentheses.

1. Il y a huit jours qu'ils (have been working) dans la boutique.
2. Il y a huit mois que nous (have been studying) le français.
3. Il y a deux jours qu'ils (have been) dans ce village.
4. Ils (have been traveling) depuis deux semaines.
5. Elle (has known him) depuis un an.
6. Un commis (has been keeping) le magasin depuis leur départ.
7. Nous (have been wanting) prendre des vacances depuis des années.
8. Les gens (have been going) à Luchon depuis cent ans.

D. Study the following example.

Aussi Mme Larivière est-elle plus aigre que jamais.

Now combine the following sentences, using *aussi* in the meaning "so, therefore."

Example: *Elle était malheureuse. Elle a pleuré.*
Elle était malheureuse; aussi a-t-elle pleuré.

1. Le compartiment était vide. Ils y sont entrés.
2. Lucien cherche un coin tranquille. Il est descendu.
3. Le père Bérard voulait voir son fils heureux. Il lui a payé le voyage.
4. Les cloisons sont minces. Les jeunes mariés n'osent pas faire de bruit.
5. Ils n'ont pas de linge. Ils sont obligés d'en emprunter.

E. Study the following example.

Les nouveaux mariés se regardent d'un air consterné.

Now express the following ideas with a single clause, using a reflexive verb with the meaning "each other."

1. Lucien embrasse Hortense et Hortense embrasse Lucien.
2. Lucien parle à Hortense et Hortense parle à Lucien.
3. Lucien aime Hortense et Hortense aime Lucien.
4. Lucien écoute Hortense et Hortense écoute Lucien.
5. Lucien adore Hortense et Hortense adore Lucien.

JACQUES PRÉVERT
(1900–   )

Poet and writer for the cinema, Prévert's first volume of verse (Paroles) appeared in 1946. His importance lies more in the magic of his poetry than in his philosophical positions, for his anti-bourgeois and anti-Church views are commonplace among the French. Refusing the obscurity of much modern writing, he has proved once again that good, even great poetry can be simple (even simple enough to be included in an early reader for foreigners). He uses the ordinary language of the average man, yet creates effective rhythms. His poetry has appealed enough to modern American tastes for Ferlinghetti to have translated some of it. We have included several of his poems throughout this text. The first, "Pour toi mon amour," deals with a very modern theme, one already visible in France's Jardin d'Épicure: *that of man's tendency to exploit women.*

Pour toi mon amour

      Je suis allé au marché aux oiseaux°   marché... (*cage-*)bird market
        Et j'ai acheté des oiseaux
              Pour toi
                mon amour
5   Je suis allé au marché aux fleurs
         Et j'ai acheté des fleurs
              Pour toi
                mon amour
      Je suis allé au marché à la ferraille°   scrap-iron
10   Et j'ai acheté des chaînes
         De lourdes chaînes
              Pour toi
                mon amour
  Et puis je suis allé au marché aux esclaves°   slave
15   Et je t'ai cherchée
        Mais je ne t'ai pas trouvée
             mon amour.

MAURICE MAETERLINCK
(1862–1949)

Although the Belgian-born playwright Maurice Maeterlinck lived until the middle of the twentieth century, his greatest works are his earliest, dating from the 1890s. Best known is the dreamy, haunting Pelléas et Mélisande (*1892*) *which has survived in Debussy's opera. After a period of great popularity, his plays seemed dated and so lost favor, as they appeared too narrowly linked to the Symbolist movement. But a central theme in Maeterlinck's theater— that man cannot control his fate, that even the most secure family or social structure is perishable—might apply to the upheavals of our own day, which has a similar sense of insecurity.* Intérieur (*1894*), *which we have chosen for this textbook, combines the theme of approaching disaster and a haunting, nightmarish, even unreal atmosphere. The text has been very slightly abridged in order to reduce its length.*

Intérieur

Personnages

Dans le Jardin
  Le Vieillard
  L'Etranger
  Marthe
  et Marie } petites-filles° du Vieillard   granddaughters
  Un paysan
  La foule

Dans la Maison
  La Mère
  Le Père
  Les deux Filles } personnages muets°   silent
  L'Enfant

Un vieux jardin planté de saules.° Au fond une maison, dont trois   willow-trees
fenêtres du rez-de-chaussée° sont éclairées.° On aperçoit° assez   ground floor / lighted / can see
distinctement une famille qui fait la veillée° sous la lampe. Le   fait... is spending the evening
père est assis au coin du feu. La mère, un coude° sur la table,   elbow
regarde dans le vide.° Deux jeunes filles, vêtues de blanc,   dans... into space
brodent,° rêvent et sourient à la tranquillité de la chambre. Un   are embroidering
enfant sommeille,° la tête sur l'épaule gauche de la mère. Il   is dozing
semble que lorsque l'un d'eux se lève, marche° ou fait un geste,   walks
ses mouvements soient° graves, lents, rares et comme° spiritualisés   are / as if
par la distance, la lumière et le voile indécis° des fenêtres.   indistinct

Le vieillard et l'étranger entrent avec précaution dans le jardin.

LE VIEILLARD. Nous voici dans la partie du jardin qui s'étend° derrière la maison. Ils n'y viennent jamais. Les portes sont de l'autre côté. — Elles sont fermées et les volets° sont clos. Mais il n'y a pas de volets par ici et j'ai vu de la lumière...
5 Oui; ils veillent° encore sous la lampe. Il est heureux° qu'ils ne nous aient pas entendus°...

L'ÉTRANGER. Qu'allons-nous faire?

LE VIEILLARD. Je voudrais voir, d'abord, s'ils sont tous dans la salle. Oui, j'aperçois le père assis au coin du feu. Il attend, les
10 mains sur les genoux°... la mère s'accoude° sur la table.

L'ÉTRANGER. Elle nous regarde...

LE VIEILLARD. Non; elle ne sait pas ce qu'elle regarde; ses yeux ne clignent° pas. Elle ne peut pas nous voir; nous sommes dans l'ombre des grands arbres. Mais n'approchez pas davantage...
15 Les deux sœurs de la morte° sont aussi dans la chambre. Elles brodent lentement; et le petit enfant s'est endormi. Il est neuf heures à l'horloge° qui se trouve dans le coin... Ils ne se doutent de° rien et ils ne parlent pas.

L'ÉTRANGER. Si l'on pouvait attirer l'attention du père, et lui
20 faire quelque signe? Il a tourné la tête de ce côté. Voulez-vous que je frappe à l'une des fenêtres? Il faut bien que l'un d'eux l'apprenne° avant les autres...

LE VIEILLARD. Je ne sais[1] qui choisir... Il faut prendre de grandes précautions... Le père est vieux et maladif°... La
25 mère aussi; et les sœurs sont trop jeunes... Et tous l'aimaient comme on n'aimera plus... Je n'avais jamais vu de maison plus heureuse... Non, non, n'approchez pas de la fenêtre... Il vaut mieux° l'annoncer le plus simplement que l'on peut°; comme si c'était un événement° ordinaire; et ne pas paraître

---

[1] **Je ne sais** I don't know (*note omission of* **pas**).

trop triste... Allons de l'autre côté du jardin. Nous frapperons à la porte et nous entrerons comme si rien n'était arrivé.°   était... had happened
J'entrerai le premier; ils ne seront pas surpris de me voir; je viens parfois, le soir, leur apporter des fleurs ou des fruits et passer quelques heures avec eux.

L'ÉTRANGER. Pourquoi faut-il que je vous accompagne? Allez seul; j'attendrai qu'on m'appelle... Ils ne m'ont jamais vu... Je ne suis qu'un passant°; je suis un étranger...   passer-by

LE VIEILLARD. Il vaut mieux ne pas être seul. Un malheur qu'on n'apporte pas seul est moins net° et moins lourd... J'y   clear-cut
songeais en venant jusqu'ici... Si j'entre seul, il me faudra°   il... I shall have to
parler dès le premier moment; ils sauront tout en quelques mots et je n'aurai plus rien à dire; et j'ai peur du silence qui suit les dernières paroles qui annoncent un malheur... C'est alors que le cœur se déchire°... Si nous entrons ensemble, je   is broken
leur dis par exemple, après de longs détours°: On l'a trouvée   après... in a roundabout way
ainsi... Elle flottait sur le fleuve et ses mains étaient jointes°...   clasped

L'ÉTRANGER. Vos vêtements sont trempés° et dégouttent° sur   soaked are dripping
les dalles.°   paving stones

LE VIEILLARD. Le bas de mon manteau seul a trempé dans l'eau. — Vous semblez avoir froid. Votre poitrine° est couverte   chest
de terre... Je ne l'avais pas remarqué sur la route, à cause de l'obscurité°...   darkness

L'ÉTRANGER. Je suis entré dans l'eau jusqu'à la ceinture.°   waist

LE VIEILLARD. Y avait-il longtemps que vous l'aviez trouvée°   Y... Had it been a long time since you found her
lorsque je suis venu?

L'ÉTRANGER. Quelques instants à peine. J'allais vers le village; il était déjà tard et la berge° devenait obscure. Je marchais, les   riverbank
yeux fixés sur le fleuve parce qu'il était plus clair que la route, lorsque je vois une chose étrange à deux pas d'une touffe de

40   PREMIÈRES DÉCOUVERTES LITTÉRAIRES

roseaux°... Je m'approche et j'aperçois sa chevelure° qui s'était élevée presque en cercle, au-dessus de sa tête, et qui tournoyait° ainsi, selon le courant...

Dans la chambre, les deux jeunes filles tournent la tête vers la fenêtre.

LE VIEILLARD. Avez-vous vu trembler sur leurs épaules la chevelure de ses deux sœurs?

L'ÉTRANGER. Elles ont tourné la tête de notre côté°... Elles ont simplement tourné la tête. J'ai peut-être parlé trop fort. (*Les deux jeunes filles reprennent leur première position*). Mais déjà elles ne regardent plus... Je suis entré dans l'eau jusqu'à la ceinture et j'ai pu la prendre par la main et l'amener sans efforts sur la rive°... Elle était aussi belle que ses **sœurs**...

LE VIEILLARD. Elle était peut-être plus belle... Je ne sais pas pourquoi j'ai perdu tout courage...

L'ÉTRANGER. De quel courage parlez-vous? Nous avons fait tout ce que l'homme pouvait faire... Elle était morte depuis plus d'une heure°...

LE VIEILLARD. Elle vivait ce matin!... Je l'avais rencontrée au sortir de l'église... Elle m'a dit qu'elle partait; elle allait voir son aïeule° de l'autre côté de ce fleuve où vous l'avez trouvée... Elle ne savait pas quand je la reverrais... Elle doit avoir été sur le point de me demander quelque chose; puis elle n'a pas osé et elle m'a quittée brusquement. Mais j'y songe à présent... Et je n'avais rien vu!... Elle a souri comme sourient ceux qui veulent se taire° ou qui ont peur qu'on ne comprenne pas... Ses yeux n'étaient pas clairs et ne m'ont presque pas regardé...

L'ÉTRANGER. Des paysans m'ont dit qu'ils l'avaient vue errer° jusqu'au soir sur la rive... Ils croyaient qu'elle cherchait des fleurs... Il se peut que° sa mort...

LE VIEILLARD. On ne sait pas... Et qu'est-ce que l'on sait?... Elle était peut-être de celles qui° ne veulent rien dire, et chacun porte en soi° plus d'une raison de ne plus vivre... On ne voit pas dans l'âme comme on voit dans cette chambre. On vit° pendant des mois à côté de quelqu'un qui n'est plus de ce monde et dont l'âme ne peut plus s'incliner°; on lui répond sans y songer : et vous voyez ce qui arrive... Elles parlent en souriant des fleurs qui sont tombées et pleurent dans l'obscurité... Un ange même ne verrait pas ce qu'il faut voir; et l'homme ne comprend qu'après coup°... Hier soir, elle était là, sous la lampe comme ses sœurs... Et cependant,° l'étrange petite âme qu'elle devait avoir°; la pauvre et naïve et inépuisable petite âme qu'elle a eue, mon enfant, si elle a fait ce qu'elle doit avoir fait...

de... one of those who
himself
lives (*vivre*)
make concessions
après... after the event
yet
devait... must have had

L'ÉTRANGER. En ce moment, ils sourient en silence dans la chambre...

LE VIEILLARD. Ils sont tranquilles... Ils ne l'attendaient pas ce soir...

L'ÉTRANGER. Ils sourient sans bouger... mais voici que le père met un doigt sur les lèvres[2]...

LE VIEILLARD. Il désigne° l'enfant endormi sur le cœur de la mère...

is pointing out

L'ÉTRANGER. Elle n'ose pas lever les yeux, de peur de troubler son sommeil...

LE VIEILLARD. Elles ne travaillent plus... Il règne° un grand silence.

Il... There reigns

L'ÉTRANGER. Elles ont laissé tomber l'écheveau° de soie blanche...

skein

---

[2] **voici ... lèvres** see, the father is putting a finger to his lips.

42 PREMIÈRES DÉCOUVERTES LITTÉRAIRES

LE VIEILLARD. Ils regardent l'enfant...

L'ÉTRANGER. Ils ne savent pas que d'autres les regardent...

LE VIEILLARD. On nous regarde aussi...

L'ÉTRANGER. Ils ont levé les yeux...

5 LE VIEILLARD. Et cependant ils ne peuvent rien voir...

L'ÉTRANGER. Ils semblent heureux, et cependant, on ne sait pas ce qu'il y a...

LE VIEILLARD. Ils se croient à l'abri°... Ils ont fermé les portes; et les fenêtres ont des barreaux de fer... Ils ont consolidé les murs de la vieille maison; ils ont mis des verrous° aux trois portes de chêne°... Ils ont prévu° tout ce qu'on peut prévoir...   à... protected / bolts / oak foreseen

L'ÉTRANGER. Il faudra finir par le dire°... Quelqu'un pourrait venir l'annoncer brusquement... Il y avait une foule de paysans dans la prairie° où se trouve la morte... Si° l'un
15 d'eux frappait à la porte.   finir... eventually tell them / meadow suppose

LE VIEILLARD. Marthe et Marie sont aux côtés de la petite morte. Les paysans allaient faire un brancard de feuillages³; et j'ai dit à l'aînée° de venir nous avertir en hâte,° du moment qu'ils se mettraient en marche.° Attendons qu'elle vienne; elle
20 m'accompagnera... Nous n'aurions pas pu les regarder ainsi... Je croyais qu'il n'y avait qu'à° frapper à la porte; à entrer simplement, à chercher quelques phrases et à dire... Mais je les ai vus vivre trop longtemps sous leur lampe.   elder en... in haste / se... would start out / il... all we had to do was to

Entre Marie.

MARIE. Ils viennent, grand-père.

---

³ **brancard de feuillages** stretcher made of leafy branches.

MAURICE MAETERLINCK 43

LE VIEILLARD. Est-ce toi? — Où sont-ils?

MARIE. Ils sont au bas des dernières collines.

LE VIEILLARD. Ils viendront en silence?

MARIE. Je leur ai dit de prier à voix basse. Marthe les accompagne...

LE VIEILLARD. Ils sont nombreux?

MARIE. Tout le village est autour des porteurs. Ils avaient des lumières. Je leur ai dit de les éteindre°...   **put out**

LE VIEILLARD. Par où° viennent-ils?   **Par...** Which way

MARIE. Par les petits sentiers. Ils marchent lentement...

LE VIEILLARD. Il est temps...

MARIE. Vous l'avez dit, grand-père?

LE VIEILLARD. Tu vois bien que nous n'avons rien dit... Ils attendent encore sous la lampe... Regarde, mon enfant, regarde : tu verras quelque chose de la vie...

MARIE. Oh! qu'ils semblent tranquilles!°... On dirait que je les vois en rêve...   **qu'ils...** how calm they seem

L'ÉTRANGER. Prenez garde, j'ai vu tressaillir° les deux sœurs...   **give a start**

LE VIEILLARD. Elles se lèvent...

L'ÉTRANGER. Je crois qu'elles viennent vers les fenêtres...

L'une des deux sœurs dont ils parlent s'approche en ce moment de la première fenêtre, l'autre, de la troisième; et, appuyant les mains sur les vitres,° regardent longuement dans l'obscurité. — windowpanes

LE VIEILLARD. Personne ne vient à la fenêtre du milieu...

MARIE. Elles regardent... Elles écoutent...

LE VIEILLARD. L'aînée sourit à ce qu'elle ne voit pas...

L'ÉTRANGER. Et la seconde a les yeux pleins de crainte...

5 LE VIEILLARD. Prenez garde; on ne sait pas jusqu'où l'âme s'étend° autour des hommes... — **jusqu'où...** how far the soul extends

Un long silence. Marie se blottit° contre la poitrine du vieillard et l'embrasse. — huddles

MARIE. Grand-père!...

LE VIEILLARD. Ne pleure pas, mon enfant... nous aurons notre tour...

Un silence.

10 L'ÉTRANGER. Elles regardent longtemps...

LE VIEILLARD. Elles regarderaient cent mille ans qu'elles n'apercevraient rien,[4] les pauvres sœurs... la nuit est trop obscure... Elles regardent par ici; et c'est par là que le malheur arrive...

15 L'ÉTRANGER. Il est heureux qu'elles regardent par ici... Je ne sais pas ce qui s'avance du côté des prairies.

---

[4] **Elles ... rien** Even if they were to look for a hundred thousand years they would see nothing.

MAURICE MAETERLINCK 45

MARIE. Je crois que c'est la foule... Ils sont si loin qu'on les distingue à peine...

L'ÉTRANGER. Ils suivent les ondulations du sentier... voici qu'ils reparaissent à côté d'un talus° éclairé par la lune...   hillside

5   MARIE. Oh! qu'ils semblent nombreux... Ils accouraient° déjà   were running up
du faubourg° de la ville, lorsque je suis venue... Ils font un   outskirts
grand détour°...   Ils... They're taking the long way around

LE VIEILLARD. Ils viendront malgré tout, et je les vois aussi... Ils sont en marche à travers les prairies... Ils semblent si petits
10   qu'on les distingue à peine entre les herbes... On dirait des   On... They look like children
enfants° qui jouent au clair de lune°; et si elles les voyaient   au... in the moonlight
elles ne comprendraient pas... Elles ont beau leur tourner le
dos,° ils approchent à chaque pas qu'ils font et le malheur   Elles... They turn their back to them in vain
grandit depuis plus de deux heures. Ils ne peuvent l'empêcher
15   de grandir; et ceux-là qui l'apportent ne peuvent plus l'arrêter
... Ils sont tristes mais ils viennent... Ils ont pitié mais ils
doivent avancer...

MARIE. L'aînée ne sourit plus, grand-père...

L'ÉTRANGER. Elles quittent les fenêtres...

20   MARIE. Elles embrassent leur mère...

L'ÉTRANGER. L'aînée a caressé les boucles° de l'enfant qui ne   curls
s'éveille° pas...   waken

MARIE. Oh! voici que le père veut qu'on l'embrasse aussi...

L'ÉTRANGER. Maintenant le silence...

25   MARIE. Elles reviennent aux côtés de° la mère...   aux... beside

L'ÉTRANGER. Et le père suit des yeux le grand balancier° de   pendulum
l'horloge...

46   PREMIÈRES DÉCOUVERTES LITTÉRAIRES

MARIE. On dirait qu'elles prient sans savoir ce qu'elles font...

L'ÉTRANGER. On dirait qu'elles écoutent leurs âmes...

Un silence.

MARIE. Grand-père, ne le dites pas ce soir!...

LE VIEILLARD. Tu perds courage aussi... Je savais bien qu'il ne fallait pas° regarder. J'ai près de quatre-vingt-trois ans et c'est la première fois que la vue de la vie m'a frappé. Je ne sais pas pourquoi tout ce qu'ils font m'apparaît si étrange et si grave... Ils attendent la nuit, simplement, sous leur lampe, comme nous l'aurions attendue sous la nôtre; et cependant je crois les voir du haut d'un autre monde, parce que je sais une petite vérité qu'ils ne savent pas encore... Ils ont trop de confiance en ce monde... Ils sont là, séparés de l'ennemi par de pauvres fenêtres... Ils croient que rien n'arrivera parce qu'ils ont fermé la porte et ils ne savent pas qu'il arrive toujours quelque chose dans les âmes et que le monde ne finit pas aux portes des maisons... Ils sont si sûrs de leur petite vie, et ils ne se doutent point que tant d'autres en savent davantage; et que moi, pauvre vieux, je tiens ici, à deux pas de leur porte, tout leur petit bonheur entre mes vieilles mains que je n'ose pas ouvrir...

il... we shouldn't have (*falloir*)

MARIE. Ayez pitié, grand-père...

LE VIEILLARD. Nous avons pitié d'eux, mon enfant, mais on n'a pas pitié de nous...

MARIE. Dites-le demain, grand-père, dites-le quand il fera clair°... ils ne seront pas aussi tristes...

quand... when it's light

LE VIEILLARD. Peut-être as-tu raison... Il vaudrait mieux laisser tout ceci dans la nuit. Et la lumière est douce à la douleur... Mais que nous diraient-ils demain? Le malheur rend jaloux;

et ceux qu'il a frappés veulent le connaître avant les étrangers. Ils n'aiment pas qu'on le laisse aux mains des inconnus...

L'ÉTRANGER. Il n'est plus temps d'ailleurs; j'entends déjà le murmure des prières...

5   MARIE. Ils sont là... Ils passent derrière les haies°...   hedges

Entre Marthe.

MARTHE. Me voici. Je les ai conduits jusqu'ici. Je leur ai dit d'attendre sur la route. (*On entend des cris d'enfants*). Ah! les enfants crient encore... Je leur avais défendu° de venir...   forbidden
Mais ils veulent voir aussi et les mères n'obéissent pas... Je vais
10 leur dire... Non; ils se taisent.° — Tout est-il prêt? — J'ai   are silent (*se taire*)
apporté la petite bague° qu'on a trouvée sur elle... Je l'ai   ring
couchée moi-même sur le brancard. Elle a l'air de dormir...
J'ai eu bien de la peine; ses cheveux ne voulaient pas m'obéir...
J'ai fait cueillir des violettes°... C'est triste, il n'y avait pas   J'ai... I had some violets picked
15 d'autres fleurs... Que faites-vous ici? Pourquoi n'êtes-vous
pas auprès d'eux... (*Elle regarde aux fenêtres*). Ils ne pleurent
pas?... ils... vous ne l'avez pas dit?

LE VIEILLARD. Marthe, Marthe, il y a trop de vie dans ton âme, tu ne peux pas comprendre...

20 MARTHE. Pourquoi ne comprendrais-je pas?... (*Après un silence et d'un ton de reproche très grave*). Vous ne pouviez pas faire cela, grand-père...

LE VIEILLARD. Marthe, tu ne sais pas...

MARTHE. C'est moi qui vais le dire.

25 LE VIEILLARD. Reste ici, mon enfant, et regarde un instant.

MARTHE. Oh! qu'ils sont malheureux!... Ils ne peuvent plus attendre...

LE VIEILLARD. Pourquoi?

MARTHE. Je ne sais pas... mais ce n'est plus possible!...

LE VIEILLARD. ... Marthe, reste ici... Assieds-toi à côté de ta sœur, sur ce vieux banc de pierre, contre le mur de la maison, et ne regarde pas... Tu es trop jeune, tu ne pourrais plus oublier... Tu ne peux pas savoir ce que c'est qu'un visage au moment où la mort va passer dans ses yeux... Il y aura peut-être des cris... Ne te retourne pas°... Il n'y aura peut-être rien... Surtout, ne te retourne pas si tu n'entendais rien. On ne sait pas d'avance la marche de la douleur... Quelques petits sanglots° aux racines° profondes et c'est tout, d'habitude... Je ne sais pas moi-même ce qu'il me faudra faire° quand je les entendrai... Cela n'appartient plus à cette vie... embrasse-moi, mon enfant, avant que je m'en aille...° *(Il sort).*

Ne... Don't turn around

sobs   roots
ce... what I'll have to do

avant... before I go

Le murmure des prières s'est graduellement rapproché. Une partie de la foule envahit le jardin. On entend courir à pas sourds et parler à voix basse.°

On... Muffled footsteps and low voices can be heard

L'ÉTRANGER, *à la foule.* Restez ici... n'approchez pas des fenêtres... Où est-elle?

UN PAYSAN. Qui?

L'ÉTRANGER. Les autres... les porteurs?...

LE PAYSAN. Ils arrivent par l'allée° qui conduit à la porte.

path

Le vieillard s'éloigne. Marthe et Marie sont assises sur le banc, le dos tourné aux fenêtres. Petites rumeurs° dans la foule.

murmurs

L'ÉTRANGER. Silence!... Ne parlez pas.

La plus grande des deux sœurs se lève et va pousser les verrous de la porte...

MAURICE MAETERLINCK

MARTHE. Elle l'ouvre?

L'ÉTRANGER. Au contraire, elle la ferme.

Un silence.

MARTHE. Grand-père n'est pas entré?

L'ÉTRANGER. Non... Elle revient s'asseoir à côté de la mère...
5 les autres ne bougent pas et l'enfant dort toujours...

Un silence.

MARTHE. Ma petite sœur, donne-moi donc tes mains...

MARIE. Marthe!

Elles s'enlacent° et se donnent un baiser.   embrace

L'ÉTRANGER. Il doit avoir frappé... Ils ont levé la tête en
même temps... ils se regardent...

10 MARTHE. Oh! oh! ma pauvre sœur... Je vais crier aussi!...

Elle étouffe° ses sanglots sur l'épaule de sa sœur.   stifles

L'ÉTRANGER. Il doit frapper encore... Le père regarde l'horloge... Il se lève.

MARTHE. Ma sœur, ma sœur, je veux entrer aussi... Ils ne
peuvent plus être seuls...

15 MARIE. Marthe, Marthe!...

Elle la retient.

L'ÉTRANGER. Le père est à la porte... Il tire les verrous... Il
ouvre prudemment...

MARTHE. Oh!... vous ne voyez pas le...

L'ÉTRANGER. Quoi?

MARTHE. Ceux qui portent...

L'ÉTRANGER. Il ouvre à peine... Je ne vois qu'un coin de la
5 pelouse° et le jet d'eau.° Il ne lâche pas la porte... il recule°...   lawn fountain backs up
Il a l'air de dire : « Ah! c'est vous!... » Il lève les bras... Il
referme la porte avec soin... Votre grand-père est entré dans
la chambre...

*La foule s'est rapprochée des fenêtres. Marthe et Marie se lèvent
d'abord à demi, puis se rapprochent aussi, étroitement enlacées.
On voit le vieillard s'avancer dans la salle. Les deux sœurs de
la morte se lèvent; la mère se lève également, après avoir assis,
avec soin, l'enfant dans le fauteuil qu'elle vient d'abandonner;
de sorte que,° du dehors, on voit dormir le petit, la tête un peu*   de... in such a way that
penchée, au milieu de la pièce.° La mère s'avance au-devant du[5]   room
*vieillard et lui tend la main, mais la retire avant qu'il ait le
temps de la prendre. Une des jeunes filles veut enlever le
manteau du visiteur et l'autre lui avance un fauteuil. Mais le
vieillard fait un petit geste de refus. Le père sourit d'un air
étonné. Le vieillard regarde du côté des fenêtres.*

L'ÉTRANGER. Il n'ose pas le dire... Il nous a regardés...

Rumeurs dans la foule.

10 L'ÉTRANGER. Taisez-vous!...

*Le vieillard, en voyant des visages aux fenêtres, a vivement détourné
les yeux. Comme une des jeunes filles lui avance toujours le*

---

[5] **s'avance au-devant du** goes forward to meet.

MAURICE MAETERLINCK

*même fauteuil, il finit par s'asseoir et se passe à plusieurs
reprises° la main droite sur le front.*   à... several times

L'ÉTRANGER. Il s'asseoit...

*Les autres personnes qui se trouvent dans la salle, s'asseoient
également, pendant que le père parle avec volubilité. Enfin le
vieillard ouvre la bouche et le son de sa voix semble attirer
l'attention. Mais le père l'interrompt. Le vieillard reprend la
parole et peu à peu les autres s'immobilisent. Tout à coup, la
mère tressaille et se lève.*

MARTHE. Oh! la mère va comprendre!...

*Elle se détourne et se cache le visage dans les mains. Nouvelles
rumeurs dans la foule. On se bouscule.° Des enfants crient*   se... jostle each other
*pour qu'on les lève afin qu'ils voient aussi. La plupart des
mères obéissent.*

L'ÉTRANGER. Silence!... Il ne l'a pas encore dit...

*On voit que la mère interroge le vieillard avec angoisse. Il dit
quelques mots encore; puis brusquement, tous les autres se
lèvent aussi et semblent l'interpeller.° Il fait alors de la tête*   to question
un lent signe d'affirmation.

L'ÉTRANGER. Il l'a dit... Il l'a dit tout d'un coup!...

5 VOIX DANS LA FOULE. Il l'a dit!... Il l'a dit!...

L'ÉTRANGER. On n'entend rien...

*Le vieillard se lève aussi; et sans se retourner, montre du doigt la
porte qui se trouve derrière lui. La mère, le père et les deux
jeunes filles se jettent sur cette porte, que le père ne parvient°*   succeed
*pas à ouvrir immédiatement. Le vieillard veut empêcher la
mère de sortir.*

VOIX DANS LA FOULE. Ils sortent! Ils sortent!...

Bousculade dans le jardin. Tous se précipitent de l'autre côté de la maison et disparaissent à l'exception de l'Etranger qui demeure° aux fenêtres. Dans la salle, la porte s'ouvre enfin à deux battants°; tous sortent en même temps. On aperçoit le ciel étoilé, la pelouse et le jet d'eau sous le clair de lune, tandis qu'au milieu de la chambre abandonnée, l'enfant continue de dormir paisiblement dans le fauteuil. — Silence. °remains

°à... wide (*both sides*)

L'ÉTRANGER. L'enfant ne s'est pas éveillé!...

Il sort aussi.

QUESTIONS

Prévert

1. Quelle est l'idée centrale de ce poème?
2. Quelle réaction la femme a-t-elle quand l'homme lui achète ces choses?
3. Quels trois objets montrent l'évolution du poème?

Maeterlinck

4. Qu'est-ce qu'on voit au commencement de la pièce?
5. Le vieillard peut-il voir ce qui se passe dans la maison?
6. Décrivez la scène à l'intérieur de la maison.
7. Quelle heure est-il?
8. Quel problème le vieillard et l'étranger ont-ils?
9. Pourquoi le vieillard ne veut-il pas être seul quand il annoncera la mauvaise nouvelle?
10. Comment la jeune fille est-elle morte?
11. Les deux hommes sont-ils trempés?
12. Lequel des deux l'a trouvée?
13. Qui est la morte?
14. Sait-on pourquoi elle est morte?
15. La famille sait-elle que tout n'est pas bien?
16. Y a-t-il d'autres personnes qui savent ce qui est arrivé?
17. Qui est Marie?
18. A-t-on l'impression que la famille dans la maison commence à sentir que tout n'est pas bien?

19. Quel avantage y a-t-il à attendre le jour pour annoncer la nouvelle?
20. Quel désavantage y a-t-il à attendre le jour pour annoncer la nouvelle?
21. Qui est Marthe?
22. Qui vient derrière elle?
23. Qu'est-ce qui se passe dans la maison?
24. Que fait le vieillard?
25. Quelle semble être l'idée principale de cette pièce?

EXERCISES

A. Substitute the appropriate French word for the English expressions in the following sentences.

1. Ils habitent au (ground floor).
2. Voulez-vous fermer les (shutters), s'il vous plaît.
3. Ils ne (suspect) rien.
4. Est-ce que vous l'avez (noticed)?
5. Il est dans l'eau jusqu'à la (waist).
6. Le professeur (points out) le nouveau vocabulaire.
7. Je ne veux pas être ton (slave).
8. Oh! Ce paquet est (heavy).

B. Study the meaning of the following words and expressions. Then write a sentence to illustrate the meaning of each (*not* from the text).

détour	horloge
obscurité	errer
marché	tout d'un coup

C. Study the following examples.

J'ai acheté des chaînes, de lourdes chaînes.
Il a dit des paroles inutiles.

Note the use of *de* alone for the partitive when a plural adjective *precedes* the nouns. Now insert *des* or *de*, as appropriate, in the sentences below.

1. J'ai acheté _____ fleurs.
2. J'ai acheté _____ belles fleurs.
3. J'ai acheté _____ fleurs rouges.
4. Cette maison a _____ fenêtres.
5. Cette maison a _____ fenêtres énormes.
6. Cette maison a _____ grandes fenêtres.
7. Le brancard est porté par _____ paysans.
8. Le brancard est porté par _____ vieux paysans.

D. Change the verbs in the following sentences to the future tense.

1. Tu vois quelque chose de la vie.
2. Nous avons notre tour.
3. Il faut parler dès le premier moment.
4. Ils savent tout.
5. Il vaut mieux attendre.
6. Ils sont surpris de me voir.
7. J'entre le premier.
8. Vous le leur dites quand vous êtes dans la maison.

E. Study the use of the auxiliary verbs in the following examples of the *passé composé* or past indefinite tense.

Je suis allé au marché aux oiseaux et j'ai acheté des oiseaux.
Je suis entré dans l'eau jusqu'à la ceinture et j'ai pu la prendre par la main.

Remember that the auxiliary verb is *être* with many verbs of motion toward a goal. Now change the following sentences to the *passé composé*.

1. Elle va à la gare et elle prend un billet.
2. J'entre dans la maison et je dis bonjour.
3. Il cherche le mot mais il ne le trouve pas.
4. Ils viennent dans le jardin et ils regardent les fenêtres éclairées.
5. Il tourne la tête mais il ne peut pas nous voir.
6. Elle ne sort pas; elle ferme la porte.

samuel beckett
(1906–   )

Born in Dublin, Beckett now lives in Paris and in recent years has written primarily in French. He became famous in 1952 with his play En attendant Godot, *in which two tramps wait in the middle of nowhere for the arrival of someone named Godot, who never appears and whose significance is never explained. Beckett has denied that Godot represents God and that his play has any systematic meaning; hence his work is considered part of today's "Theater of the Absurd."* Acte sans paroles *is more of a scenario than a play, in that it contains no dialogue at all, and although it too is in the tradition of the Absurd, the message that it communicates concerning our human predicament is quite clear. In comparing this text with Zola's "Voyage circulaire" and Maeterlinck's* Intérieur, *the reader will notice that the sense of comic frustration of the former and the agonized despair of the latter are cleverly blended.*

Acte sans paroles

PERSONNAGE:
Un homme. Geste familier : il plie° et déplie° son mouchoir.   **folds   unfolds**

SCÈNE:
Désert. Eclairage éblouissant.°   **Eclairage... Dazzling light**

ACTION:
Projeté à reculons° de la coulisse droite,[1] l'homme trébuche,°   **Projeté... flung out backward / stumbles**
tombe, se relève aussitôt, s'époussette,° réfléchit.   **dusts himself off**
5 Coup de sifflet° coulisse droite.   **Coup... A whistle blows**
Il réfléchit, sort à droite.
Rejeté° aussitôt en scène, il trébuche, tombe, se relève aussitôt,   **Thrown back**
    s'époussette, réfléchit.
Coup de sifflet coulisse gauche.
10 Il réfléchit, sort à gauche.
Rejeté aussitôt en scène, il trébuche, tombe, se relève aussitôt,
    s'époussette, réfléchit.
Coup de sifflet coulisse gauche.
Il réfléchit, va vers la coulisse gauche, s'arrête avant de l'atteindre,°   **reaching**
15 se jette en arrière, trébuche, tombe, se relève aussitôt, s'épous-
    sette, réfléchit.

---

[1] **coulisse droite** right wing (*offstage*).

Un petit arbre descend des cintres,° atterrit.° Une seule branche à trois mètres du sol° et à la cime° une maigre touffe de palmes qui projette une ombre légère.

Il réfléchit toujours.°

5 Coup de sifflet en haut.

Il se retourne, voit l'arbre, réfléchit, va vers l'arbre, s'assied à l'ombre, regarde ses mains.

Des ciseaux de tailleur° descendent des cintres, s'immobilisent devant l'arbre à un mètre du sol.

10 Il regarde toujours ses mains.

Coup de sifflet en haut.

Il lève la tête, voit les ciseaux, réfléchit, les prend et commence à se tailler les ongles.°

Les palmes se rabattent° contre le tronc, l'ombre disparaît.

15 Il lâche les ciseaux, réfléchit.

Une petite carafe,° munie° d'une grande étiquette° (rigide) portant l'inscription EAU, descend des cintres, s'immobilise à trois mètres du sol.

Il réfléchit toujours.

20 Coup de sifflet en haut.

Il lève les yeux, voit la carafe, réfléchit, se lève, va sous la carafe, essaie en vain de l'atteindre, se détourne, réfléchit.

Un grand cube descend des cintres, atterrit.

Il réfléchit toujours.

25 Coup de sifflet en haut.

Il se retourne, voit le cube, le regarde, regarde la carafe, prend le cube, le place sous la carafe, en éprouve° la stabilité, monte dessus, essaie en vain d'atteindre la carafe, descend, rapporte le cube à sa place, se détourne, réfléchit.

30 Un second cube plus petit descend des cintres, atterrit.

Il réfléchit toujours.

Coup de sifflet en haut.

Il se retourne, voit le second cube, le regarde, le place sous la carafe, en éprouve la stabilité, monte dessus, essaie en vain

35 d'atteindre la carafe, descend, veut rapporter le cube à sa place, se ravise,° le dépose,° va chercher le grand cube, le place sur le petit, en éprouve la stabilité, monte dessus, le

flies (*space over stage*)   touches the ground
ground   top

Il... He continues to think

ciseaux... tailor's shears

se... cut his fingernails

fold back

decanter   bearing   label

tests

changes his mind   puts down

SAMUEL BECKETT 59

grand cube glisse, il tombe, se relève aussitôt, s'époussette, réfléchit.

Il prend le petit cube, le place sur le grand, en éprouve la stabilité, monte dessus et va atteindre la carafe lorsque celle-ci° remonte légèrement et s'immobilise hors d'atteinte.°

    it (*the latter*)
    hors... out of reach

Il descend, réfléchit, rapporte les cubes à leur place, l'un après l'autre, se détourne, réfléchit.

Un troisième cube encore plus petit° descend des cintres, atterrit.

    encore... even smaller

Il réfléchit toujours.

Coup de sifflet en haut.

Il se retourne, voit le troisième cube, le regarde, réfléchit, se détourne, réfléchit.

Le troisième cube remonte et disparaît dans les cintres.

A côté de la carafe, une corde à nœuds° descend des cintres, s'immobilise à un mètre du sol.

    à... knotted

Il réfléchit toujours.

Coup de sifflet en haut.

Il se retourne, voit la corde, réfléchit, monte à la corde et va atteindre la carafe lorsque la corde se détend° et le ramène au sol.

    becomes slack

Il se détourne, réfléchit, cherche des yeux les ciseaux, les voit, va les ramasser,° retourne vers la corde et entreprend° de la couper.

    pick up   undertakes

La corde se tend,° le soulève,° il s'accroche,° achève de couper la corde, retombe, lâche les ciseaux, tombe, se relève aussitôt, s'époussette, réfléchit.

    becomes taut   pulls up
    clings

La corde remonte vivement et disparaît dans les cintres.

Avec son bout° de corde il fait un lasso dont il se sert pour essayer d'attraper° la carafe.

    (*here*) piece
    catch

La carafe remonte vivement et disparaît dans les cintres.

Il se détourne, réfléchit.

Lasso en main il va vers l'arbre, regarde la branche, se retourne, regarde les cubes, regarde de nouveau° la branche, lâche le lasso, va vers les cubes, prend le petit et le porte sous la branche, retourne prendre le grand et le porte sous la branche, veut° placer le grand sur le petit, se ravise, place le petit sur le grand, en éprouve la stabilité, regarde la branche, se détourne et se baisse° pour reprendre le lasso.

    de... again

    tries

    stoops

La branche se rabat le long du tronc.
Il se redresse,° le lasso à la main, se retourne, constate.°   straightens up again / notes (what has happened)
Il se détourne, réfléchit.
Il rapporte les cubes à leur place, l'un après l'autre, enroule°   rolls up
5   soigneusement le lasso et le pose sur le petit cube.
Il se détourne, réfléchit.
Coup de sifflet coulisse droite.
Il réfléchit, sort à droite.
Rejeté aussitôt en scène, il trébuche, tombe, se relève aussitôt,
10   s'époussette, réfléchit.
Coup de sifflet coulisse gauche.
Il ne bouge pas.
Il regarde ses mains, cherche des yeux les ciseaux, les voit, va les
    ramasser, commence à se tailler les ongles, s'arrête, réfléchit,
15   passe le doigt sur la lame° des ciseaux, l'essuie° avec son   blade   wipes
    mouchoir, va poser ciseaux et mouchoir sur le petit cube, se
    détourne, ouvre son col,° dégage° son cou° et le palpe.°   collar   bares   neck   feels
Le petit cube remonte et disparaît dans les cintres emportant lasso,
    ciseaux et mouchoir.
20 Il se retourne pour reprendre les ciseaux, constate, s'assied sur le
    grand cube.
Le grand cube s'ébranle,° le jetant par terre, remonte et disparaît   gives a jerk
    dans les cintres.
Il reste allongé sur le flanc,[2] face à la salle,° le regard fixe.°   audience   le... with a fixed stare
25 La carafe descend, s'immobilise à un demi-mètre de son corps.
Il ne bouge pas.
Coup de sifflet en haut.
Il ne bouge pas.
La carafe descend encore, se balance° autour de son visage.   dangles
30 Il ne bouge pas.
La carafe remonte et disparaît dans les cintres.
La branche de l'arbre se relève, les palmes se rouvrent, l'ombre
    revient.
Coup de sifflet en haut.

---

[2] **allongé sur le flanc** stretched out on his side.

SAMUEL BECKETT

Il ne bouge pas.
L'arbre remonte et disparaît dans les cintres.
Il regarde ses mains.
RIDEAU

"Le Retour au pays" fits in well with the Beckett scenario in that both manage to combine humor with something rather bitterly absurd.

JACQUES PRÉVERT
Le Retour au pays

C'est un Breton[1] qui revient au pays natal°
Après avoir fait plusieurs mauvais coups°
Il se promène devant les fabriques° à Douarnenez[2]
Il ne reconnaît personne
5 Personne ne le reconnaît
Il est très triste.
Il entre dans une crêperie° pour manger des crêpes°
Mais il ne peut pas en manger
Il a quelque chose qui les empêche de passer
10 Il paye
Il sort
Il allume une cigarette
Mais il ne peut pas la fumer.
Il y a quelque chose
15 Quelque chose dans sa tête
Quelque chose de mauvais
Il est de plus en plus triste
Et soudain il se met à se souvenir :

pays... country of his birth
mauvais... evil deeds
(*here*) canneries

pancake restaurant   pancakes
   (*a Breton specialty*)

---

[1] **Breton** inhabitant of Brittany, province of northwestern France. Because it is generally poor, many Bretons have emigrated to Paris and elsewhere.
[2] **Douarnenez** Breton port, with sardine canneries.

Quelqu'un lui a dit quand il était petit
« Tu finiras sur l'échafaud° »   gallows
Et pendant des années
Il n'a jamais osé rien faire
5 Pas même traverser la rue
Pas même partir sur la mer
Rien absolument rien.
Il se souvient.
Celui qui avait tout prédit° c'est l'oncle Grésillard   avait... had predicted it all
10 L'oncle Grésillard qui portait malheur à tout le monde
La vache°!   La... The swine! (**vache**: *cow*)
Et le Breton pense à sa sœur
Qui travaille à Vaugirard
À son frère mort à la guerre
15 Pense à toutes les choses qu'il a vues
Toutes les choses qu'il a faites.
La tristesse se serre contre lui°   se... presses up close to him
Il essaie une nouvelle fois
D'allumer une cigarette
20 Mais il n'a pas envie de fumer
Alors il décide d'aller voir l'oncle Grésillard.
Il y va
Il ouvre la porte
L'oncle ne le reconnaît pas
25 Mais lui le reconnaît[3]
Et il lui dit :
  « Bonjour oncle Grésillard »
Et puis il lui tord le cou.°   lui... strangles him
Et il finit sur l'échafaud à Quimper[4]
30 Après avoir mangé deux douzaines de crêpes
Et fumé une cigarette.

---

[3] **Mais lui le reconnaît** But *he* recognizes *him* (**lui**: *stressed form replacing* **il**).

[4] **Quimper** Breton city.

QUESTIONS

Beckett

1. Où se passe l'action?
2. Combien de personnages y a-t-il?
3. Au commencement, qu'est-ce qui arrive à l'homme?
4. Qu'est-ce qui l'a fait tomber?
5. Qu'est-ce qu'on entend?
6. Qui donne des coups de sifflet?
7. Qu'est-ce qui descend des cintres?
8. Que fait l'homme?
9. Ensuite qu'est-ce qui arrive à cette ombre?
10. Qu'est-ce qui descend des cintres après l'arbre?
11. L'homme veut-il boire?
12. L'homme peut-il boire?
13. Essaie-t-il d'atteindre la carafe?
14. Que fait-il à la fin?
15. Quelle est la signification de l'action?

Prévert

16. Pourquoi l'homme est-il triste?
17. Que fait-il pour se venger?
18. Quelle est la fin ironique du poème?

EXERCISES

A. Give the opposite of the underlined expressions in the following sentences, and make any other necessary changes.

Example: Il *arrive*.
Il *part*.

1. Il est en bas. *en haut*
2. Il se redresse.
3. Il le dépose. *reprendre*
4. La corde se tend.
5. Le cube paraît. *disparaître*
6. Il tombe. *se lever*
7. Il reconnaît quelqu'un. *ne personne*
8. Il entre dans la crêperie. *sort de*

B. Note that the prefix *re-* or *r-* is often attached to a verb with the meaning "again" or "back." In the following sentences, replace the expression *de nouveau* by this prefix.

Example: *Je l'ai vu de nouveau.*
Je l'ai revu.

1. Je me suis levé de nouveau.
2. Elle est montée de nouveau.
3. Nous allons ouvrir la fenêtre de nouveau.
4. Apportez de nouveau ce livre.
5. Vous allez descendre de nouveau après?

Now find three verbs beginning with *re-* (*r-*) in the text which do *not* have this meaning. Make up sentences to illustrate their use.

C. Study the following example sentence.

Il ne reconnaît personne; personne ne le reconnaît.
Now translate the expressions below.

1. No one is coming.
2. I see no one.
3. No one can reach it.
4. He is talking to no one.
5. No one remembers.
6. I am thinking of no one.
7. No one is moving.
8. He is looking at no one.

D. Study the word order of the negative expressions in the following examples.

Il n'a jamais osé rien faire.
Il n'a jamais rien fait.
Il ne peut pas la fumer.
Il n'a pas pu la fumer.
Il n'a rien fait.
Il ne va rien faire.
Il n'a vu personne.
Nous n'allons voir personne.

Now change the following sentences to the negative.

Example: *Je fais quelque chose. Je ne fais rien.*

1. J'ai fait quelque chose.
2. J'ai entendu quelqu'un.
3. J'ai toujours fumé.
4. Je peux faire cela.
5. Je peux faire quelque chose.
6. Je vais voir quelqu'un.
7. J'ai voulu voir quelqu'un.
8. J'ai pu voir quelque chose.

9. J'ai toujours dit quelque chose.
10. J'ai toujours parlé à quelqu'un.

E. Note the use of *de* before the adjective in the following example sentences.

Il y a quelque chose de mauvais dans sa tête.
Il n'y a rien de bon ici.

Now substitute the appropriate French expression for the English words in parentheses.

1. J'ai (something good) pour vous.
2. Je ne ferai (anything bad).
3. Donnez-moi (something interesting).
4. Je n'apprends (anything important) dans ce cours.
5. J'ai envie de (something hot).
6. Elle n'a (anything old) dans sa maison.

TWO CATHOLIC POETS

To view the world as Absurd has been one reaction to the uncertainties and violence of the twentieth century. Another has been a return to the Christian faith. Paul Claudel (1868–1955)—a diplomat, poet, and playwright—and Charles Péguy (1873–1914)—a journalist, poet, and essayist—are perhaps the two most distinguished of this group. Claudel's poem, "La Vierge à midi," was published in 1915, during World War I. Péguy's is taken from Le Porche du mystère de la deuxième vertu *(1911), a long poetic monologue. Péguy was killed at the front in the war.*

As the length of the poetic line in their verse is often irregular, rhythm cannot be created in the manner of the traditional verse of ten or twelve syllables. Both Claudel and Péguy solved the problem by adapting the prayers and litanies of Roman Catholic liturgy, and in so doing, they reverted to the oldest of human literary traditions, in which poetry and prayer were indistinguishable.

paul claudel

La Vierge à midi

Il est midi. Je vois l'église ouverte. Il faut entrer.
Mère de Jésus-Christ, je ne viens pas prier.

Je n'ai rien à offrir et rien à demander.
Je viens seulement, Mère, pour vous regarder.

5 Vous regarder, pleurer de bonheur, savoir cela
Que je suis votre fils et que vous êtes là.

Rien que° pour un moment pendant que tout s'arrête.   **Rien...** Just
Midi!
Être avec vous, Marie, en ce lieu où vous êtes.

10 Ne rien dire, regarder votre visage,
Laisser le cœur chanter dans son propre langage,

Ne rien dire, mais seulement chanter parce qu'on a le cœur trop
    plein,
Comme le merle qui suit son idée en ces espèces de couplets
15   soudains.[1]

---

[1] **Comme ... soudains** Like the blackbird who goes off on his own in those unexpected couplets of his. (*The* **merle** *or European blackbird is a good singer, related to the American robin.*)

Parce que vous êtes belle, parce que vous êtes immaculée,
La femme dans la Grâce enfin restituée,[2]

La créature[3] dans son honneur premier° et dans son épanouisse-   original
    ment° final,   glory (*literally,* "*blossoming out*")
5 Telle qu'elle est sortie de Dieu au matin de sa splendeur originale.

Intacte ineffablement parce que vous êtes la Mère de Jésus-Christ,
Qui est la vérité entre vos bras, et la seule espérance et le seul fruit.

Parce que vous êtes la femme, l'Eden de l'ancienne tendresse
10   oubliée,
Dont le regard trouve le cœur tout à fait[4] et fait jaillir° les larmes   **fait**... causes to spring forth
    accumulées,

Parce que vous m'avez sauvé, parce que vous avez sauvé la France,
15 Parce qu'elle aussi, comme moi, pour vous fut[5] cette chose à
    laquelle on pense,°   **à**... (*which*) one thinks about

Parce qu'à l'heure où tout craquait,° c'est alors que vous êtes   was crumbling
    intervenue,°   intervened
Parce que vous avez sauvé la France une fois de plus,

20 Parce qu'il est midi, parce que nous sommes en ce jour
    d'aujourd'hui,
Parce que vous êtes là pour toujours, simplement parce que vous
    êtes Marie, simplement parce que vous existez,

Mère de Jésus-Christ, soyez remerciée° !   **soyez**... be thanked

---

   [2] **La femme ... restituée** Woman finally restored to grace (*note the typical poetic inversion*).
   [3] Supply **restituée** after **créature**.
   [4] **Dont ... fait** Whose look pierces the heart.
   [5] **fut** was (*passé simple of être*).

CHARLES PÉGUY

Le Porche du mystère de la deuxième vertu[1]

MADAME GERVAISE[2] *rentre.*°   appears on stage

         MADAME GERVAISE

La foi° que j'aime le mieux, dit Dieu, c'est l'espérance.   faith

La foi ça ne m'étonne pas.
5 Ça n'est pas étonnant.
J'éclate° tellement dans ma création.   radiate
Dans le soleil et dans la lune et dans les étoiles.
Dans toutes mes créatures.
Dans les astres du firmament° et dans les poissons de la mer.   firmament (sky)
10 Dans l'univers de mes créatures.
Sur la face de la terre et sur la face des eaux.
Dans les mouvements des astres qui sont dans le ciel.
Dans le vent qui souffle sur la mer et dans le vent qui souffle dans la vallée.
15 Dans la calme vallée.

---

[1] **Porche** here refers to the entryway to a church, the antechamber to the "mystery" celebrated inside; the second theological virtue is hope, the others being faith and charity, or love.

[2] **Madame Gervaise** is a young nun who speaks for God.

Dans la recoite° vallée.   peaceful (*archaic*)
Dans les plantes et dans les bêtes et dans les bêtes des forêts.
Et dans l'homme.
Ma créature.
5 Dans les peuples et dans les hommes et dans les rois et dans les
    peuples.
Dans l'homme et dans la femme sa compagne.
Et surtout dans les enfants.
Mes créatures.
10 Dans le regard et dans la voix des enfants.
Car les enfants sont plus mes créatures.
    Que les hommes.
Ils n'ont pas encore été défaits° par la vie.   defeated
    De la terre.
15 Et entre tous ils sont mes serviteurs.
    Avant tous.
Et la voix des enfants est plus pure que la voix du vent dans le
    calme de la vallée.
    Dans la vallée recoite.
20 Et le regard des enfants est plus pur que le bleu du ciel, que le
    laiteux° du ciel, et qu'un rayon d'étoile dans la calme nuit.   milky color
Or° j'éclate tellement dans ma création.   Now
Sur la face des montagnes et sur la face de la plaine.
Dans le pain et dans le vin et dans l'homme qui laboure° et dans   tills the soil
25   l'homme qui sème° et dans la moisson° et dans la vendange.°   sows harvest
                                                                                          wine-harvest
Dans la lumière et dans les ténèbres.°   darkness
Et dans le cœur de l'homme, qui est ce qu'il y a de plus profond°   ce... the deepest thing
    dans le monde.
Créé.
30 Si profond qu'il est impénétrable à tout regard.
    Excepté à mon regard.
Dans la tempête qui fait bondir les vagues et dans la tempête qui
    fait bondir les feuilles.
Des arbres dans la forêt.
35 Et au contraire dans le calme d'un beau soir.
Dans les sables° de la mer et dans les étoiles qui sont un sable dans   sands
    le ciel.

Dans la pierre du seuil° et dans la pierre du foyer° et dans la pierre de l'autel.°   threshold   hearth / altar

Dans la prière et dans les sacrements.

Dans les maisons des hommes et dans l'église qui est ma maison sur la terre.

Dans l'aigle° ma créature qui vole sur les sommets.   eagle

L'aigle royal qui a au moins deux mètres d'envergure° et peut-être trois mètres.   wing-spread

Et dans la fourmi° ma créature qui rampe° et qui amasse petitement.°   ant   crawls / amasse... hoards up in a small way

Dans la terre.

Dans la fourmi mon serviteur.

Et jusque dans le serpent.

Dans la fourmi ma servante, mon infime° servante, qui amasse péniblement,° la parcimonieuse.   tiny / with difficulty

Qui travaille comme une malheureuse et qui n'a point de cesse et qui n'a point de repos.

Que la mort° et que le long sommeil d'hiver.   Que... Except death

haussant les épaules de tant d'évidence.
devant tant d'évidence.

J'éclate tellement dans toute ma création.

Dans l'infime, dans ma créature infime, dans ma servante infime, dans la fourmi infime.

Qui thésaurise° petitement, comme l'homme.   collects

Comme l'homme infime.

Et qui creuse des galeries° dans la terre.   creuse... digs tunnels

Dans les sous-sols° de la terre.   cellars

Pour y amasser mesquinement° des trésors.   stingily

Temporels.

Pauvrement.

Et jusque dans le serpent.

Qui a trompé° la femme et qui pour cela rampe sur le ventre.°   deceived   belly

Et qui est ma créature et qui est mon serviteur.

Le serpent qui a trompé la femme.

Ma servante.

74 PREMIÈRES DÉCOUVERTES LITTÉRAIRES

Qui a trompé l'homme mon serviteur.
J'éclate tellement dans ma création.
Dans tout ce qui arrive aux hommes et aux peuples, et aux pauvres.
Et même aux riches.
5 Qui ne veulent pas être mes créatures.
Et qui se mettent à l'abri.
D'être mes serviteurs.
Dans tout ce que l'homme fait et défait de mal et de bien.
Et moi je passe par dessus,° parce que je suis le maître (et je fais   **passe...** overlook it
10 ce qu'il a défait et je défais ce qu'il a fait).
Et jusque dans la tentation du péché.°   sin
Même.
Et dans tout ce qui est arrivé à mon fils.
À cause de l'homme.
15 Ma créature.
Que j'avais créé.
Dans l'incorporation,° dans la naissance et dans la vie et dans la   incarnation
mort de mon fils.
Et dans le saint sacrifice de la messe.

20 Dans toute naissance et dans toute vie.
Et dans toute mort.
Et dans la vie éternelle qui ne finira point.
Qui vaincra toute mort.

J'éclate tellement dans ma création.

25 Que pour ne pas me voir vraiment il faudrait que ces pauvres gens
fussent[3] aveugles.

La charité, dit Dieu, ça ne m'étonne pas.
Ça n'est pas étonnant.
Ces pauvres créatures sont si malheureuses qu'à moins d'avoir° un   **à...** unless they had

---

[3] **il ... fussent** those poor people would have to be (***fussent:*** *imperfect subjunctive of **être**).*

TWO CATHOLIC POETS   **75**

cœur de pierre, comment n'auraient-elles point[4] charité les unes des autres.°   **les...** toward each other

Comment n'auraient-ils point charité de leurs frères.

Comment ne se retireraient-ils point le pain de la bouche, le pain
5   de chaque jour, pour le donner à de malheureux enfants qui passent.

Et mon fils a eu d'eux une telle charité.

Mon fils leur frère.

Une si grande charité.

10 Mais l'espérance, dit Dieu, voilà ce qui m'étonne.

Moi-même.

Ça c'est étonnant.

Que ces pauvres enfants voient comme tout ça se passe et qu'ils croient que demain ça ira mieux.
15 Qu'ils voient comme ça se passe aujourd'hui et qu'ils croient que ça ira mieux demain matin.

Ça c'est étonnant et c'est bien la plus grande merveille de notre grâce.

Et j'en suis étonné moi-même.

20 Et il faut que ma grâce soit en effet d'une force incroyable.

Et qu'elle coule d'une source° et comme un fleuve inépuisable.   spring

Depuis cette première fois qu'elle coula° et depuis toujours qu'elle coule.   flowed

Dans ma création naturelle et surnaturelle.

25 Dans ma création spirituelle et charnelle° et encore spirituelle.   carnal

Dans ma création éternelle et temporelle et encore éternelle.

Mortelle et immortelle.

Et cette fois, oh cette fois, depuis cette fois qu'elle coula, comme un fleuve de sang, du flanc percé de mon fils.

30 Quelle ne faut-il pas que soit° ma grâce et la force de ma grâce   **Quelle...** What must not be
pour que cette petite espérance, vacillante au souffle du péché, tremblante à tous les vents, anxieuse au moindre souffle,

---

[4] **comment n'auraient-elles point** how could they help but have.

Soit[5] aussi invariable, se tienne aussi fidèle, aussi droite,° aussi   straight
    pure; et invincible, et immortelle, et impossible à éteindre;
    que cette petite flamme du sanctuaire.
Qui brûle éternellement dans la lampe fidèle.
5 Une flamme tremblotante a traversé l'épaisseur des mondes.
Une flamme vacillante a traversé l'épaisseur des temps.
Une flamme anxieuse a traversé l'épaisseur des nuits.
Depuis cette première fois que ma grâce a coulé pour la création
    du monde.
10 Depuis toujours que ma grâce coule pour la conservation du
    monde.
Depuis cette fois que le sang de mon fils a coulé pour le salut° du   salvation
    monde.

Une flamme impossible à atteindre, impossible à éteindre au
15   souffle de la mort.

Ce qui m'étonne, dit Dieu, c'est l'espérance.
Et je n'en reviens pas.°   je... I can't get over it
Cette petite espérance qui n'a l'air de° rien du tout.   n'a... doesn't look like
Cette petite fille espérance.
20 Immortelle.

Car mes trois vertus, dit Dieu.
Les trois vertus mes créatures.
Mes filles mes enfants.
Sont elles-mêmes comme mes autres créatures.
25 De la race des hommes.
La Foi est une Épouse° fidèle.   spouse
La Charité est une Mère.
Une mère ardente, pleine de cœur.
Ou une sœur aînée qui est comme une mère.
30 L'Espérance est une petite fille de rien du tout.
Qui est venue au monde le jour de Noël de l'année dernière...

---

    5 **pour que ... soit** so that . . . should be.

C'est cette petite fille pourtant qui traversera les mondes.
Cette petite fille de rien du tout.
Elle seule, portant les autres, qui traversera les mondes révolus.°   completed

Comme l'étoile a conduit les trois rois du fin fond° de l'Orient.   fin... farthest depths
5 Vers le berceau° de mon fils.   cradle
Ainsi° une flamme tremblante.   Like
Elle seule conduira les Vertus et les Mondes.

Une flamme percera des ténèbres éternelles...

QUESTIONS

Claudel

1. Pourquoi le poète entre-t-il dans l'église?
2. De quoi parle-t-il quand il dit qu'elle a sauvé la France?
3. Pourquoi le poète choisit-il le mot "midi" comme métaphore important?

Péguy

4. Quelles sont les trois vertus théologiques?
5. Est-ce que la foi chez les hommes étonne Dieu?
6. Quelles sortes d'exemples Dieu donne-t-il de sa présence dans l'univers?
7. Est-ce que le serpent est une négation de Dieu?
8. Que pense Dieu de la charité?
9. Pourquoi la charité ne l'étonne-t-elle pas?
10. Qu'est-ce qui étonne Dieu alors?
11. Pourquoi l'espérance est-elle étonnante?
12. Alors, qu'est-ce qui explique la présence de cette deuxième vertu?

EXERCISES

A. Complete the sentences on page 79, using the appropriate word from the list below.

astre	brûle
insecte	coule
mammifère	marche
oiseau	rampe
pays	vole

78   PREMIÈRES DÉCOUVERTES LITTÉRAIRES

1. L'homme est un _____.
2. Le merle est un _____.
3. La fourmi est un _____.
4. Le soleil est un _____.
5. La France est un _____.
6. L'homme _____.
7. Le serpent _____.
8. L'aigle _____.
9. Un fleuve _____.
10. Une flamme _____.

B. Complete the following sentences, using the appropriate feminine form.

1. L'homme est le compagnon de la femme. La femme est la _____ de l'homme.
2. L'homme est le serviteur de Dieu. La femme est sa _____.
3. Jésus-Christ fut le fils de Dieu. Les trois vertus, selon Péguy, sont ses _____.
4. Ce garçon est mon frère. Je suis sa _____.
5. Cet homme est mon époux. Je suis son _____.

C. Study the meaning of the following words. Then write a sentence to illustrate the meaning of each.

atteindre	entendre
attendre	tendre
éteindre	étonner
s'étendre	tendresse

D. Study the examples below.

Je viens prier. = Je viens pour prier. "I am coming to pray."
Je viens de prier. = J'ai prié il y a un moment. "I have just prayed."

Now convert the following sentences to the equivalent form, as above.

Example: *Il vient de partir.*
Il est parti il y a un moment.

1. Je viens vous regarder.
2. Je viens de lui parler.
3. Nous venons travailler.
4. Nous venons de finir.
5. Vous venez étudier?
6. Vous venez de descendre?

E. Note the use of relative pronouns in the examples below.

Cette chose à laquelle on pense...
La femme dont le regard trouve le cœur...
L'heure où tout craquait...

EXERCISES

These may be considered as transformations, respectively, of :

On pense à cette chose.

Le regard de cette femme trouve le cœur.

Tout craquait à cette heure. (*Où* may be used with expressions of time or place.)

Now transform the following sentences to sentences with relative clauses.

Example: *Je pense à cette chose. C'est la chose à laquelle je pense.*
Je l'ai fait à ce moment-là. C'est le moment où je l'ai fait.

1. Nous répondons à cette question.
2. Nous parlons de cette femme.
3. Il est venu ce jour-là.
4. Je pensais à ce problème.
5. J'ai besoin de ce livre.
6. Je connais le fils de cet homme.
7. La guerre a fini en cette année.
8. Ils ont débarqué dans cette ville.
9. J'ai envie d'un fruit.
10. Il faut obéir à cette loi.

F. Note the use of *ce qui* or *ce que* in the example sentences below, depending on whether it is the subject or the object which is detached.

L'espérance m'étonne. L'espérance, voilà ce qui m'étonne.

J'ai vu le serpent. Le serpent, voilà ce que j'ai vu.

Now detach the underlined word in the following sentences, as in the example above.

1. J'ai entendu un oiseau.
2. Ce poème m'intéresse.
3. Je voudrais du café.
4. Nous prendrons le train.
5. La foi l'a sauvé.
6. Il déteste les hypocrites.

Note on the literary past tenses

The *passé simple*, sometimes called the past definite or preterite, is a tense commonly used in literary narrative. It denotes a simple past action: *il alla* "he went." It is rarely heard in conversation, where it is replaced by the *passé composé: il est allé*. The forms are as follows:

All *-er* verbs:

    je parlai   nous parlâmes
    tu parlas   vous parlâtes
    il parla   ils parlèrent

Most *-ir* and *-re* verbs:

    je répondis   nous répondîmes
    tu répondis   vous répondîtes
    il répondit   ils répondirent

(Do not confuse these forms with the future tense: *je parlerai, tu parleras, il parlera, ils parleront*.)

A number of verbs are irregular in the *passé simple*. In this case, the endings may be of three types:

    -is -îmes   -us -ûmes   -ins -înmes
    -is -îtes   -us -ûtes   -ins -întes
    -it -irent   -ut -urent   -int -inrent

Here we will give only the third person singular of the most common verbs. [Be careful not to confuse *il fit* (faire) and *il fut* (être); *il vit* (voir) and *il vint* (venir); *il dit* (dire) and *il dut* (devoir).]

    il s'assit   (s'asseoir)
    il but   (boire)
    il conduisit (conduire) [Other verbs in *-duire* are similar.]
    il connut   (connaître)

il courut	(courir)
il crut	(croire)
il dit	(dire)
il dut	(devoir)
il écrivit	(écrire)
il eut	(avoir)
il fallut	(falloir)
il fit	(faire)
il fut	(être)
il lut	(lire)
il mit	(mettre)
il mourut	(mourir)
il naquit	(naître)
il parut	(paraître)
il plut	(plaire *and* pleuvoir)
il prit	(prendre) [*Apprendre* and *comprendre* are similar.]
il put	(pouvoir)
il reçut	(recevoir) [Other verbs in *-cevoir* are similar.]
il résolut	(résoudre)
il sut	(savoir)
il tint	(tenir)
il vécut	(vivre)
il vit	(voir)
il vint	(venir)
il voulut	(vouloir)

The *passé simple* of *avoir* or *être* is combined with the past participle of any verb to form a compound tense called the past anterior. This is equivalent to the pluperfect, and may be translated "had done," etc. It is used mainly after time conjunctions such as *quand, lorsque, dès que, aussitôt que, après que*. Examples:

Quand il eut fini, il partit. "When he had finished, he left."
Après qu'il fut parti, nous dînâmes. "After he had left, we had dinner."

These tenses will be used regularly in most of the selections you will read from this point on. You will also find some examples of the imperfect subjunctive, which ends in *-ât, -ît, -ût* or *-int* (3rd person singular; same stem as the *passé simple*, and same irregularities): e.g., *parlât, répondît, vînt, reçût*. The other persons are in *-ss-*. It may usually be translated into English as an ordinary past tense.

VOLTAIRE
(1694–1778)

One of the most versatile and revered figures of the French Enlightenment, Voltaire was an "activist" who established factories, encouraged reforestation, and defended political victims of Church injustice at the same time that he produced light verse, classical tragedies, an epic poem, books of history, and essays. But he is best known today for his Contes philosophiques, *especially* Candide *(1759). These tales are humorous in tone, but their satire is basically serious. The following selection is from* L'Ingénu *(1767). The device of using an ingenuous foreigner to poke fun at the oddities of a culture was not new even then, but it was and still remains effective. In this tale, Voltaire lightly satirizes women and provincial smugness, but his main attack is directed at the Roman Catholic Church, whose practices and beliefs were perhaps his favorite target. Do not expect this fiction to portray realism of character or setting. Candide and the Ingénu are, as their names make clear, stick figures, embodiments of abstract intellectual positions, and thus are linked to the generalizations of the epigram or maxim. Our selection opens when a supposed Huron Indian, after a brief stay in England, arrives on the shores of the French province of Brittany (Bretagne). He is met by Father Kerkabon, an amiable priest, and the priest's sister. Little do they know that he is no Indian at all, but in truth the long-lost nephew of this very Father Kerkabon... The text has been slightly abridged within the overall selection in order to avoid passages of excessive difficulty.*

L'Ingénu°   naïve person

Chapitre premier

Comment le prieur de Notre-Dame de la Montagne et Mademoiselle sa sœur rencontrèrent un Huron

... Mademoiselle de Kerkabon, étonnée et enchantée de voir un Huron qui lui avait fait des politesses,° pria le jeune homme à souper; il ne se fit pas prier deux fois,[1] et tous trois allèrent de compagnie° au prieuré° de Notre-Dame de la Montagne.   **fait...** been polite   **de...** together   priory

5   La courte et ronde demoiselle le regardait de tous ses petits yeux,[2] et disait de temps en temps au prieur : « Ce grand garçon-là a un teint° de lis° et de rose! qu'il a une belle peau pour un Huron!   complexion   lilies

— Vous avez raison, ma sœur », disait le prieur. Elle faisait cent questions coup sur coup,° et le voyageur répondait toujours fort   **coup...** one after the other

10 juste.

Le bruit° se répandit° bientôt qu'il y avait un Huron au prieuré. La bonne compagnie° du canton s'empressa° d'y venir souper. L'abbé de St-Yves y vint avec mademoiselle sa sœur, jeune Basse-Brette,° fort jolie et très bien élevée.[3] Le bailli,° le   rumor   spread   **La...** The notables   hastened   girl from lower Brittany   bailiff

15 receveur des tailles[4] et leurs femmes furent du° souper. On plaça   at the

---

[1] **il ... fois** he didn't have to be asked twice.
[2] **le ... yeux** couldn't take her little eyes off him.
[3] **bien élevée** refined.
[4] **receveur des tailles** tax-collector.

VOLTAIRE   85

l'étranger entre mademoiselle de Kerkabon et mademoiselle de St-Yves. Tout le monde le regardait avec admiration; tout le monde lui parlait et l'interrogeait à la fois; le Huron ne s'en émouvait pas°... Mais à la fin, excédé° de tant de bruit, il leur dit avec assez de douceur, mais avec un peu de fermeté : « Messieurs, dans mon pays on parle l'un après l'autre; comment voulez-vous que° je vous réponde quand vous m'empêchez de vous entendre? » La raison fait toujours rentrer les hommes en eux-mêmes pour quelques moments. Il se fit un grand silence.° Monsieur le bailli,... qui était le plus grand questionneur de la province, lui dit en ouvrant la bouche d'un demi-pied° : « Monsieur, comment vous nommez-vous? — On m'a toujours appelé *l'Ingénu*, reprit le Huron, et on m'a confirmé ce nom en Angleterre, parce que je dis toujours naïvement ce que je pense, comme je fais tout ce que je veux.

— Comment, étant né° Huron, avez-vous pu, Monsieur, venir en Angleterre? — C'est qu'on m'y a mené;⁵ j'ai été fait, dans un combat, prisonnier par les Anglais, après m'être assez bien défendu; et les Anglais, qui aiment la bravoure, parce qu'ils sont braves et qu'ils sont aussi honnêtes que nous, m'ayant proposé° de me rendre à mes parents ou de venir en Angleterre, j'acceptai le dernier parti,° parce que de mon naturel° j'aime passionnément à voir du pays.

— Mais, Monsieur, dit le bailli avec son ton imposant, comment avez-vous pu abandonner ainsi père et mère? — C'est que je n'ai jamais connu ni père ni mère », dit l'étranger. La compagnie s'attendrit,° et tout le monde répétait : *Ni père, ni mère!* « Nous lui en servirons,° dit la maîtresse de la maison à son frère le prieur; que ce monsieur le Huron est intéressant! » L'Ingénu la remercia avec une cordialité noble et fière, et lui fit comprendre qu'il n'avait besoin de rien.

« Je m'aperçois, monsieur l'Ingénu, dit le brave bailli, que vous parlez mieux français qu'il n'appartient° à un Huron. — Un Français, dit-il, que nous avions pris dans ma grande jeunesse en

ne... was not bothered by it
worn out

comment... how do you expect me to

Il... A great silence fell

d'un... half a foot wide

étant... having been born

m'ayant... having proposed to me

alternative   nature

was moved
Nous... We will take their place

is natural

---

⁵ **C'est ... mené** I was taken there (*c'est,* introducing an answer to a why question, may be omitted in translation).

Huronie, et pour qui je conçus beaucoup d'amitié, m'enseigna sa langue; j'apprends très vite ce que je veux apprendre. J'ai trouvé en arrivant à Plymouth⁶ un de vos Français réfugiés que vous appelez *huguenots*,⁷ je ne sais pourquoi; il m'a fait faire quelques progrès dans la connaissance de votre langue; et, dès que j'ai pu m'exprimer intelligiblement, je suis venu voir votre pays, parce que j'aime assez les Français quand ils ne font pas trop de questions. »

L'abbé de St-Yves, malgré ce petit avertissement,° lui demanda laquelle des trois langues lui plaisait davantage, la huronne, l'anglaise ou la française. « La huronne, sans contredit,° répondit l'Ingénu. — Est-il possible? s'écria mademoiselle de Kerkabon; j'avais toujours cru que le français était la plus belle de toutes les langues après le bas-breton. »⁸

Alors ce fut à qui demanderait° à l'Ingénu comment on disait en huron du tabac, et il répondit *taya*; comment on disait manger, et il répondit *essenten*. Mademoiselle de Kerkabon voulut absolument savoir comment on disait faire l'amour; il lui répondit *trovander*,⁹ et soutint, non sans apparence de raison, que ces mots-là valaient bien° les mots français et anglais qui leur correspondaient. *Trovander* parut très joli à tous les convives...

Mademoiselle de St-Yves était fort curieuse de savoir comment on faisait l'amour au pays des Hurons. « En faisant de belles actions, répondit-il, pour plaire aux personnes qui vous ressemblent. » Tous les convives applaudirent avec étonnement. Mademoiselle de St-Yves rougit, et fut fort aise.° Mademoiselle de Kerkabon rougit aussi, mais elle n'était pas si aise; elle fut un peu piquée que la galanterie ne s'adressât pas à elle, mais elle était si bonne personne que son affection pour le Huron n'en fut point du tout altérée. Elle lui demanda, avec beaucoup de bonté, combien il avait eu de maîtresses en Huronie. « Je n'en ai jamais eu qu'une,

° warning

° sans... assuredly

° ce... everyone was vying to ask

° valaient... were just as good as

° fort... very pleased

---

⁶ **Plymouth** town on south coast of England.
⁷ **huguenots** French Protestants, expelled from France in 1685.
⁸ **le bas-breton** the Breton language, a Celtic language related to Welsh and Gaelic, still spoken in lower Brittany.
⁹ Note de Voltaire: « Tous ces noms sont en effet hurons. » (*They were taken from a Huron dictionary by Frère Gabriel Sagard, but much simplified in form.*)

dit l'Ingénu; c'était mademoiselle Abacaba, la bonne amie de ma chère nourrice°... Elle poursuivait un jour un lièvre° dans notre voisinage, environ à cinquante lieues¹⁰ de notre habitation. Un Algonquin mal élevé,° qui habitait cent lieues plus loin, vint lui
5 prendre son lièvre; je le sus,° j'y courus, je terrassai° l'Algonquin d'un coup de massue,° je l'amenai aux pieds de ma maîtresse, pieds et poings° liés. Les parents d'Abacaba voulurent le manger, mais je n'eus jamais de goût pour ces sortes de festins°; je lui rendis sa liberté, j'en fis un ami. Abacaba fut si touchée de mon
10 procédé° qu'elle me préféra à tous ses amants. Elle m'aimerait encore si elle n'avait pas été mangée par un ours.° J'ai puni l'ours, j'ai porté longtemps sa peau, mais cela ne m'a pas consolé. »

Mademoiselle de St-Yves, à ce récit,° sentait un plaisir secret d'apprendre que l'Ingénu n'avait eu qu'une maîtresse, et qu'Abacaba n'était plus°; mais elle ne démêlait° pas la cause de son
15 plaisir. Tout le monde fixait les yeux sur l'Ingénu; on le louait beaucoup d'avoir empêché ses camarades de manger un Algonquin.

L'impitoyable° bailli... poussa enfin la curiosité jusqu'à s'informer de quelle religion était monsieur le Huron; s'il avait choisi la religion anglicane, ou la gallicane,° ou la huguenote. « Je suis de ma religion, dit-il, comme vous de la vôtre. — Hélas!
20 s'écria la Kerkabon, je vois bien que ces malheureux Anglais n'ont pas seulement songé à le baptiser. — Eh! mon Dieu, disait mademoiselle de St-Yves, comment se peut-il° que les Hurons ne soient pas catholiques? Est-ce que les RR. PP. jésuites¹¹ ne les ont pas tous convertis? » L'Ingénu l'assura que dans son pays on ne con-
25 vertissait personne; que jamais un vrai Huron n'avait changé d'opinion, et que même il n'y avait point dans sa langue de terme qui signifiât *inconstance*. Ces derniers mots plurent extrêmement à mademoiselle de St-Yves.

« Nous le baptiserons, nous le baptiserons, disait la Kerkabon°
30 à monsieur le prieur; vous en aurez l'honneur, mon cher frère; je veux absolument être sa marraine°; monsieur l'abbé de St-Yves le

---

¹⁰ **lieues** leagues (*1 league = approx. 2½ miles*).
¹¹ **les RR. PP. jésuites = les révérends pères jésuites** (*the Jesuits had missions in Canada for the conversion of the Indians*).

88 PREMIÈRES DÉCOUVERTES LITTÉRAIRES

présentera sur les fonts[12] : ce sera une cérémonie bien brillante; il en sera parlé° dans toute la Basse-Bretagne, et cela nous fera un honneur infini. » Toute la compagnie seconda la maîtresse de la maison; tous les convives criaient : « Nous le baptiserons! » L'Ingénu répondit qu'en Angleterre on laissait vivre les gens à leur fantaisie.° Il témoigna° que la proposition ne lui plaisait point du tout, et que la loi des Hurons valait pour le moins la loi des Bas-Bretons; enfin il dit qu'il repartirait le lendemain. On acheva de vider° sa bouteille d'eau des Barbades,° et chacun s'alla coucher.°

Quand on eut reconduit l'Ingénu dans sa chambre, mademoiselle de Kerkabon et son amie mademoiselle de St-Yves ne purent se tenir de° regarder par le trou d'une large serrure° pour voir comment dormait un Huron. Elles virent qu'il avait étendu la couverture du lit sur le plancher, et qu'il reposait dans la plus belle attitude du monde.

Chapitre second

Le Huron, nommé l'Ingénu, reconnu de ses parents°

[*After a pleasant day spent hunting, the "Huron" expressed his gratitude to his hosts by offering them his most precious possession, a locket that contained two painted portraits. These portraits were quickly recognized as being those of the priest's brother and his wife, who years before had been killed in an Indian raid in Canada. Their child was captured and brought up as a Huron Indian. They all go joyously off to church to celebrate their reunion.*]

Après que l'oncle, la tante et la compagnie eurent chanté le *Te Deum*[13]; après que le bailli eut encore accablé° l'Ingénu de questions; après qu'on eut épuisé° tout ce que l'étonnement, la joie, la tendresse peuvent faire dire, le prieur de la Montagne et l'abbé de St-Yves conclurent° à faire baptiser l'Ingénu au plus

---

[12] **le présentera sur les fonts** will be his godfather (*fonts: baptismal font*).
[13] **Te Deum** hymn of praise in Catholic liturgy.

vite.° Mais il n'en était pas d'un° grand Huron de vingt-deux ans comme d'un enfant qu'on régénère sans qu'il en sache rien.[14] Il fallait l'instruire, et cela paraissait difficile : car l'abbé de St-Yves supposait qu'un homme qui n'était pas né en France n'avait pas le sens commun.

Le prieur fit observer à la compagnie que, si en effet monsieur l'Ingénu, son neveu, n'avait pas eu le bonheur de naître en Basse-Bretagne, il n'en avait pas moins d'esprit; qu'on en pouvait juger par toutes ses réponses; et que sûrement la nature l'avait beaucoup favorisé, tant du côté paternel que° du maternel.

On lui demanda d'abord s'il avait jamais lu quelque livre. Il dit qu'il avait lu Rabelais[15] traduit en anglais, et quelques morceaux de Shakespeare qu'il savait par cœur; qu'il avait trouvé ces livres chez le capitaine du vaisseau qui l'avait amené de l'Amérique à Plymouth et qu'il en était fort content. Le bailli ne manqua pas de l'interroger sur ces livres. « Je vous avoue, dit l'Ingénu, que j'ai cru en deviner° quelque chose, et que je n'ai pas entendu° le reste. »

L'abbé de St-Yves, à ce discours, fit réflexion que c'était ainsi que lui-même° avait toujours lu, et que la plupart des hommes ne lisaient guère autrement. « Vous avez sans doute lu la Bible? dit-il au Huron. — Point du tout, monsieur l'abbé; elle n'était pas parmi les livres de mon capitaine; je n'en ai jamais entendu parler. — Voilà comme sont ces maudits° Anglais, criait mademoiselle de Kerkabon; ils feront plus de cas° d'une pièce de Shakespeare, d'un plumbpouding et d'une bouteille de rhum que du Pentateuque.[16] Aussi° n'ont-ils jamais converti personne en Amérique. Certainement ils sont maudits de Dieu; et nous leur prendrons la Jamaïque et la Virginie avant qu'il soit peu de temps.° »

Quoi qu'il en soit,° on fit venir[17] le plus habile tailleur de Saint-Malo pour habiller l'Ingénu de pied en cap.° La compagnie

---

au... as quickly as possible
il... it was not the same for a

tant ... que both ... and

guess
understand (archaic meaning)

he himself

accursed
feront... will have a higher opinion

Consequently

avant... before long
Quoi... In any case
de... from head to toe

[14] **sans... rien** without his knowing anything about it (*sache: subjunctive of* **savoir**).
[15] **Rabelais** French comic writer of the sixteenth century.
[16] **Pentateuque** Pentateuch: first five books of the Old Testament.
[17] **on fit venir** they sent for.

90 PREMIÈRES DÉCOUVERTES LITTÉRAIRES

se sépara; le bailli alla faire ses questions ailleurs. Mademoiselle de St-Yves, en partant, se retourna plusieurs fois pour regarder l'Ingénu; et il lui fit des révérences plus profondes qu'il n'en avait jamais fait à personne en sa vie...

Chapitre troisième
Le Huron, nommé l'Ingénu, converti

Monsieur le prieur, voyant qu'il était un peu sur l'âge,° et que Dieu lui envoyait un neveu pour sa consolation, se mit en tête° qu'il pourrait lui résigner son bénéfice° s'il réussissait à le baptiser et à le faire entrer dans les ordres.

L'Ingénu avait une mémoire excellente. La fermeté des organes de Basse-Bretagne, fortifiée par le climat du Canada, avait rendu sa tête si vigoureuse que, quand on frappait dessus, à peine le sentait-il; et, quand on gravait dedans,[18] rien ne s'effaçait°; il n'avait jamais rien oublié. Sa conception était d'autant plus vive et plus nette que, son enfance n'ayant point été chargée[19] des inutilités et des sottises° qui accablent la nôtre, les choses entraient dans sa cervelle° sans nuage. Le prieur résolut enfin de lui faire lire le Nouveau Testament. L'Ingénu le dévora avec beaucoup de plaisir; mais, ne sachant° ni dans quel temps ni dans quel pays toutes les aventures rapportées dans ce livre étaient arrivées, il ne douta point que le lieu de la scène ne fût[20] en Basse-Bretagne, et il jura qu'il couperait le nez et les oreilles à Caïphe et à Pilate si jamais il rencontrait ces marauds°-là.

Son oncle, charmé de ces bonnes dispositions, le mit au fait° en peu de temps; il loua son zèle, mais il lui apprit que ce zèle était inutile, attendu que° ces gens-là étaient morts il y avait environ seize cent quatre-vingt-dix années. L'Ingénu sut bientôt

---

[18] **gravait dedans** engraved (*something*) on it (*his memory*).
[19] **n'ayant point été chargée** not having been burdened.
[20] **ne fût** was (*fût*: imperfect subjunctive of *être*; *ne* is not negative when used in a subordinate clause after verbs of doubting in the negative).

margin glosses:
un... getting along in years
se... had the idea
living
was erased
stupidities
brain
knowing
rogues
le... explained things to him
attendu... inasmuch as

VOLTAIRE 91

presque tout le livre par cœur. Il proposait quelquefois des difficultés qui mettaient le prieur fort en peine.° Il était obligé souvent de consulter l'abbé de St-Yves qui, ne sachant que répondre, fit venir un jésuite bas-breton pour achever la conversion du Huron.

Enfin la grâce opéra°; l'Ingénu promit de se faire chrétien...

Il fallait auparavant° se confesser, et c'était là le plus difficile. L'Ingénu avait toujours en poche le livre que son oncle lui avait donné. Il n'y trouvait pas qu'un seul apôtre° se fût confessé,[21] et cela le rendait très rétif.° Le prieur lui ferma la bouche en lui montrant, dans l'épître de saint Jacques le Mineur,° ces mots qui font tant de peine aux hérétiques : *Confessez vos péchés les uns aux autres*. Le Huron se tut, et se confessa à un récollet.° Quand il eut fini, il tira le récollet du confessionnal, et, saisissant son homme d'un bras vigoureux, il se mit à sa place et le fit mettre à genoux devant lui : « Allons, mon ami, il est dit : *Confessez-vous les uns aux autres*; je t'ai conté mes péchés, tu ne sortiras pas d'ici que tu ne m'aies conté° les tiens. » En parlant ainsi, il appuyait son large genou contre la poitrine de son adverse partie.° Le récollet pousse des hurlements qui font retentir° l'église. On accourt au bruit, on voit le catéchumène[22] qui gourmait° le moine au nom de saint Jacques le Mineur. La joie de baptiser un Bas-Breton huron et anglais était si grande qu'on passa par-dessus ces singularités.° Il y eut même beaucoup de théologiens qui pensèrent que la confession n'était pas nécessaire, puisque le baptême tenait lieu de° tout.

On prit jour° avec l'évêque° de Saint-Malo, qui, flatté, comme on peut le croire, de baptiser un Huron, arriva dans un pompeux équipage,° suivi de son clergé. Mademoiselle de St-Yves, en bénissant Dieu, mit sa plus belle robe et fit venir une coiffeuse° de Saint-Malo, pour briller à la cérémonie. L'interrogant° bailli accourut avec toute la contrée. L'église était magnifiquement parée°; mais, quand il fallut prendre le Huron pour le mener aux fonts baptismaux, on ne le trouva point.

---

[21] **se fût confessé** had confessed (*pluperfect subjunctive*).
[22] **catéchumène** catechumen (candidate for baptism).

---

mettaient... gave the prior much trouble

accomplished its work

first

apostle

~~stubborn~~ *reluctant*

l'épître... the epistle of St. James the Less

recollect friar

que... until you have told me
la... his adversary's chest

resound
was thrashing (*monk*)

eccentricities

tenait... took the place of

On... A date was fixed   bishop

dans... in great pomp
hairdresser
inquisitive (*region*)

decorated

L'oncle et la tante le cherchèrent partout. On crut qu'il était à la chasse, selon sa coutume. Tous les conviés à la fête parcourured° les bois et les villages voisins : point de nouvelles du Huron.

On commençait à craindre qu'il ne fût retourné[23] en Angleterre. On se souvenait de lui avoir entendu dire qu'il aimait fort ce pays-là. Monsieur le prieur et sa sœur étaient persuadés qu'on n'y baptisait personne, et tremblaient pour l'âme de leur neveu. L'évêque était confondu° et prêt à s'en retourner;[24] le prieur et l'abbé de St-Yves se désespéraient; le bailli interrogeait tous les passants avec sa gravité ordinaire. Mademoiselle de Kerkabon pleurait; mademoiselle de St-Yves ne pleurait pas, mais elle poussait de profonds soupirs qui semblaient témoigner son goût pour les sacrements. Elles se promenaient tristement le long des saules et des roseaux qui bordent la petite rivière de Rance, lorsqu'elles aperçurent au milieu de la rivière une grande figure assez blanche, les deux mains croisées sur la poitrine. Elles jetèrent un grand cri et se détournèrent. Mais, la curiosité l'emportant bientôt sur toute autre considération, elles se coulèrent° doucement entre les roseaux, et, quand elles furent bien sûres de n'être point vues, elles voulurent voir de quoi il s'agissait.°

searched

disconcerted

slipped

de... what it was all about

Chapitre quatrième

L'Ingénu baptisé

Le prieur et l'abbé, étant accourus, demandèrent à l'Ingénu ce qu'il faisait là. « Eh parbleu!° Messieurs, j'attends le baptême. Il y a une heure que je suis dans l'eau jusqu'au cou, et il n'est pas honnête de me laisser morfondre.°

— Mon cher neveu, lui dit tendrement le prieur, ce n'est pas ainsi qu'on baptise en Basse-Bretagne; reprenez vos habits et

Goodness!

catch a chill

---

[23] **qu'il ne fût retourné** that he had returned (**ne** *after a verb of fearing is not negative*).

[24] **s'en retourner** go back (*archaic; compare* **se retourner** *"to turn around"*).

venez avec nous. » Mademoiselle de St-Yves, en entendant ce discours, disait tout bas à sa compagne : « Mademoiselle, croyez-vous qu'il reprenne sitôt° ses habits? »

Le Huron cependant repartit° au prieur : « Vous ne m'en ferez pas accroire° cette fois-ci comme l'autre; j'ai bien étudié depuis ce temps-là, et je suis très certain qu'on ne se baptise pas autrement. L'eunuque de la reine Candace[25] fut baptisé dans un ruisseau; je vous défie de me montrer dans le livre que vous m'avez donné qu'on s'y soit jamais pris° d'une autre façon. Je ne serai point baptisé du tout, ou je le serai dans la rivière. » On eut beau lui démontrer[26] que les usages avaient changé. L'Ingénu était têtu,° car il était Breton et Huron. Il revenait toujours à l'eunuque de la reine Candace. Et, quoique mademoiselle sa tante et mademoiselle de St-Yves, qui l'avaient observé entre les saules, fussent en droit de° lui dire qu'il ne lui appartenait pas[27] de citer un pareil homme, elles n'en firent pourtant rien;° tant était grande leur discrétion. L'évêque vint lui-même lui parler, ce qui est beaucoup; mais il ne gagna rien : le Huron disputa contre l'évêque.

« Montrez-moi, lui dit-il, dans le livre que m'a donné mon oncle,[28] un seul homme qui n'ait pas été baptisé dans la rivière, et je ferai tout ce que vous voudrez. »

La tante, désespérée, avait remarqué que, la première fois que son neveu avait fait la révérence, il en avait fait une plus profonde à mademoiselle de St-Yves qu'à aucune autre personne de la compagnie; qu'il n'avait pas même salué monsieur l'évêque avec ce respect mêlé de cordialité qu'il avait témoigné à cette belle demoiselle. Elle prit le parti de s'adresser à elle dans ce grand embarras; elle la pria d'interposer son crédit° pour engager le Huron à se faire baptiser de la même manière que les Bretons, ne croyant pas que son neveu pût jamais être chrétien s'il persistait à vouloir être baptisé dans l'eau courante.

---

[25] **L'eunuque de la reine Candace:** The reference is to the Biblical story in Acts VIII: 27–39.
[26] **On ... démontrer** It was no good explaining to him.
[27] **il ... pas** it was inappropriate for him.
[28] **que ... oncle** that my uncle gave me (*note inversion after relative* que).

Mademoiselle de St-Yves rougit du plaisir secret qu'elle sentait d'être chargée d'une si importante commission. Elle s'approcha modestement de l'Ingénu, et lui serrant la main d'une manière tout à fait noble : « Est-ce que vous ne ferez rien pour moi ? » lui dit-elle ; et, en prononçant ces mots, elle baissait les yeux et les relevait avec une grâce attendrissante. « Ah ! tout ce que vous voudrez, Mademoiselle, tout ce que vous me commanderez : baptême d'eau, baptême de feu, baptême de sang ; il n'y a rien que je vous refuse. » Mademoiselle de St-Yves eut la gloire de faire en deux paroles ce que ni les empressements° du prieur, ni les interrogations réitérées du bailli, ni les raisonnements même de monsieur l'évêque n'avaient pu faire. Elle sentit son triomphe ; mais elle n'en sentait pas encore toute l'étendue.°

° urgings

° extent

Le baptême fut administré et reçu avec toute la décence,° toute la magnificence, tout l'agrément° possibles. L'oncle et la tante cédèrent à monsieur l'abbé de St-Yves et à sa sœur l'honneur de tenir l'Ingénu sur les fonts. Mademoiselle de St-Yves rayonnait° de joie de se voir marraine. Elle ne savait pas à quoi ce grand titre l'asservissait° ; elle accepta cet honneur sans en connaître les fatales conséquences.

° decorum
° amenities

° beamed
° subjected her

Comme il n'y a jamais eu de cérémonie qui ne fût suivie[29] d'un grand dîner, on se mit à table au sortir du baptême. Les goguenards° de Basse-Bretagne dirent qu'il ne fallait pas baptiser son vin.° Monsieur le prieur disait que le vin, selon Salomon, réjouit le cœur de l'homme.[30] Monsieur l'évêque ajoutait que le patriarche Juda devait lier son ânon° à la vigne,[31] et tremper son manteau dans le sang du raisin,° et qu'il était bien triste qu'on n'en pût faire autant° en Basse-Bretagne, à laquelle Dieu a dénié les vignes. Chacun tâchait de dire un bon mot sur le baptême de l'Ingénu, et des galanteries à la marraine. Le bailli, toujours interrogant, demandait au Huron s'il serait fidèle à ses promesses. « Comment voulez-vous que° je manque à mes promesses, répondit

° mockers
baptiser... mix water with the wine

° ass's colt
° grape
qu'on... they could not do the same thing

Comment... How could I

---

[29] **qui ne fût suivie** which was not followed (*ne is negative in subordinate clause depending on a negative verb*).
[30] Psalms, CIV:15
[31] Genesis, XLIX:11

VOLTAIRE 95

le Huron, puisque je les ai faites entre les mains de mademoiselle de St-Yves ? »

Le Huron s'échauffa° ; il but beaucoup à la santé de sa marraine. « Si j'avais été baptisé de votre main, dit-il, je sens que l'eau froide qu'on m'a versée sur le chignon° m'aurait brûlé. » Le bailli trouva cela trop poétique, ne sachant pas combien l'allégorie est familière au Canada. Mais la marraine en fut extrêmement contente.

On avait donné le nom d'Hercule[32] au baptisé. L'évêque de Saint-Malo demandait toujours quel était ce patron° dont il n'avait jamais entendu parler. Le jésuite, qui était fort savant, lui dit que c'était un saint qui avait fait douze miracles. Il y en avait un treizième qui valait les douze autres, mais dont il ne convenait pas° à un jésuite de parler ; c'était celui d'avoir changé cinquante filles en femmes en une seule nuit. Un plaisant° qui se trouva là releva° ce miracle avec énergie. Toutes les dames baissèrent les yeux, et jugèrent à° la physionomie de l'Ingénu qu'il était digne du saint dont il portait le nom.

got excited

knot of hair

patron saint

dont... which it was not appropriate
joker
extolled
by

Chapitre cinquième

L'Ingénu amoureux

... Dès que monsieur l'évêque fut parti, l'Ingénu et mademoiselle de St-Yves se rencontrèrent sans avoir fait réflexion qu'ils se cherchaient. Ils se parlèrent sans avoir imaginé ce qu'ils se diraient. L'Ingénu lui dit d'abord qu'il l'aimait de tout son cœur, et que la belle Abacaba, dont il avait été fou[33] dans son pays, n'approchait pas d'elle.° Mademoiselle lui répondit, avec sa modestie ordinaire, qu'il fallait en parler au plus vite à monsieur le prieur son oncle et à mademoiselle sa tante, et que de son côté elle en dirait deux mots à son cher frère l'abbé de St-Yves, et qu'elle se flattait° d'un consentement commun.

n'approchait... was nowhere near her equal

se... was sure

---

[32] **Hercule** Hercules, a name which did not accord with the Roman Catholic usage requiring that names of saints be used as baptismal names.

[33] **dont ... fou** whom he had been crazy about.

L'Ingénu lui répond qu'il n'avait besoin du consentement de personne; qu'il lui paraissait extrêmement ridicule d'aller demander à d'autres ce qu'on devait faire; que, quand deux parties sont d'accord, on n'a pas besoin d'un tiers° pour les accommoder. « Je ne consulte personne, dit-il, quand j'ai envie de déjeuner, ou de chasser, ou de dormir. Je sais bien qu'en amour il n'est pas mal d'avoir le consentement de la personne à qui on en veut°; mais, comme ce n'est ni de mon oncle ni de ma tante que je suis amoureux, ce n'est pas à eux que je dois m'adresser dans cette affaire; et, si vous m'en croyez, vous vous passerez aussi de° monsieur l'abbé de Saint-Yves. »

On peut juger que la belle Bretonne employa toute la délicatesse de son esprit à réduire son Huron aux termes de la bienséance.° Elle se fâcha même, et bientôt se radoucit.° Enfin on ne sait³⁴ comment aurait fini cette conversation, si, le jour baissant,° monsieur l'abbé n'avait ramené³⁵ sa sœur à son abbaye. L'Ingénu laissa coucher son oncle et sa tante, qui étaient un peu fatigués de la cérémonie et de leur long dîner. Il passa une partie de la nuit à faire des vers en langue huronne pour sa bien-aimée : car il faut savoir qu'il n'y a aucun pays de la terre où l'amour n'ait rendu³⁶ les amants poètes.

Le lendemain, son oncle lui parla ainsi après le déjeuner, en présence de mademoiselle Kerkabon, qui était tout attendrie : « Le ciel soit loué° de ce que vous avez l'honneur, mon cher neveu, d'être chrétien et Bas-Breton! mais cela ne suffit pas; je suis un peu sur l'âge; mon frère n'a laissé qu'un petit coin de terre qui est très peu de chose°; j'ai un bon prieuré : si vous voulez seulement vous faire sous-diacre,° comme je l'espère, je vous résignerai mon prieuré, et vous vivrez fort à votre aise, après avoir été la consolation de ma vieillesse. »

L'ingénu répondit : « Mon oncle, grand bien vous fasse³⁷! vivez tant que° vous pourrez. Je ne sais pas ce que c'est que

---

³⁴ **on ne sait** no one knows (*ne with savoir is negative*).
³⁵ **n'avait ramené** had not brought back (*ne is negative after si*).
³⁶ **n'ait rendu** has not made (*ne here is negative: why?*).
³⁷ **grand bien vous fasse** much good may it do you.

VOLTAIRE 97

d'être sous-diacre ni que de résigner; mais tout me sera bon pourvu que j'aie mademoiselle de St-Yves à ma disposition. — Eh, mon Dieu! mon neveu, que me dites-vous là? Vous aimez donc cette belle demoiselle à la folie°? — Oui, mon oncle. — Hélas! mon neveu, il est impossible que vous l'épousiez. — Cela est très possible, mon oncle; car non seulement elle m'a serré la main en me quittant, mais elle m'a promis qu'elle me demanderait en mariage; et assurément je l'épouserai. — Cela est impossible, vous dis-je : elle est votre marraine; c'est un péché épouvantable° à une marraine de serrer la main de son filleul°; il n'est pas permis d'épouser sa marraine; les lois divines et humaines s'y opposent. — Morbleu°! mon oncle, vous vous moquez de moi; pourquoi serait-il défendu° d'épouser sa marraine, quand elle est jeune et jolie? Je n'ai point vu dans le livre que vous m'avez donné qu'il fût mal d'épouser les filles qui ont aidé les gens à être baptisés. Je m'aperçois tous les jours qu'on fait ici une infinité de choses qui ne sont point dans votre livre, et qu'on n'y fait rien de tout ce qu'il dit. Je vous avoue que cela m'étonne et me fâche. Si on me prive° de la belle St-Yves sous prétexte de mon baptême, je vous avertis que je l'enlève et que je me débaptise.³⁸ »

Le prieur fut confondu; sa sœur pleura. « Mon cher frère, dit-elle, il ne faut pas que notre neveu se damne; notre saint-père le pape° peut lui donner dispense, et alors il pourra être chrétiennement heureux avec ce qu'il aime. » L'Ingénu embrassa sa tante. « Quel est donc, dit-il, cet homme charmant qui favorise avec tant de bonté les garçons et les filles dans leurs amours? Je veux lui aller parler° tout à l'heure.³⁹ »

On lui expliqua ce que c'était que le pape, et l'Ingénu fut encore plus étonné qu'auparavant. « Il n'y a pas un mot de tout cela dans votre livre, mon cher oncle; j'ai voyagé, je connais la mer; nous sommes ici sur la côte de l'Océan, et je quitterais mademoiselle de St-Yves pour aller demander la permission de l'aimer

à... madly

un... a frightful sin

godson

Good heavens!

forbidden

deprives

pope

lui aller parler = aller lui parler

---

³⁸ **je me débaptise** I'll unbaptize myself (*débaptiser* is a coined word).
³⁹ **tout à l'heure** immediately (*archaic; today it would mean "after a while"*).

98 PREMIÈRES DÉCOUVERTES LITTÉRAIRES

à un homme qui demeure vers la Méditerranée, à quatre cents lieues d'ici, et dont je n'entends point la langue! Cela est d'un ridicule incompréhensible! Je vais sur-le-champ° chez monsieur   right away
l'abbé de St-Yves, qui ne demeure qu'à une lieue de vous, et je
5 vous réponds que j'épouserai ma maîtresse dans la journée. »

Comme il parlait encore, entra le bailli, qui, selon sa coutume, lui demanda où il allait. « Je vais me marier », dit l'Ingénu en courant; et au bout d'un quart d'heure il était déjà chez sa belle et chère Basse-Brette, qui dormait encore. « Ah! mon frère, disait
10 mademoiselle de Kerkabon au prieur, jamais vous ne ferez un sous-diacre de notre neveu. »

QUESTIONS

1. Pourquoi Mlle de Kerkabon invite-t-elle le jeune homme à souper avec elle?
2. Y avait-il beaucoup de personnes au souper?
3. Pourquoi le Huron les critque-t-il?
4. Comment le Huron se nomme-t-il?
5. Pourquoi a-t-il ce nom?
6. Comment était-il venu en Angleterre?
7. Comment a-t-il appris le français?
8. Quelle langue l'Ingénu aime-t-il le mieux?
9. Dans cette discussion sur la meilleure langue du monde, quel est le but de Voltaire?
10. Au pays des Hurons, comment prouve-t-on qu'on aime quelqu'un?
11. Qu'est-ce qui est arrivé à la maîtresse de l'Ingénu?
12. Quelle religion le Huron a-t-il?
13. Quelle intention Voltaire a-t-il en parlant de la religion du Huron?
14. Le Huron a-t-il été baptisé?
15. Que pense-t-il de l'idée d'être baptisé?
16. Avant d'être baptisé, que faut-il faire?
17. Etait-il facile de persuader le Huron de se faire baptiser?
18. Le Huron a-t-il beaucoup lu?
19. Pourquoi les Anglais vont-ils perdre la Virginie?
20. Voltaire croit-il vraiment que les Anglais perdront la Virginie?
21. Que pense l'Ingénu du Nouveau Testament?
22. L'Ingénu accepte-t-il enfin de se faire baptiser?
23. Quel problème est posé par la nécessité de se confesser avant d'être baptisé?
24. Où se trouve le Huron au moment du baptême?
25. Pourquoi se trouve-t-il là où il est?
26. Que satirise Voltaire dans cet épisode?
27. Que satirise Voltaire dans le problème du mariage de l'Ingénu et de Mlle de St-Yves, et comment le fait-il?

EXERCISES

A. Match the words in the left-hand column with their synonyms from the list at the right.

achever	affirmer
agrément	avoir peur
altérer	bêtise
auparavant	bientôt
avant qu'il soit peu de temps	certainement
confondu	changer
convive	charme
coup sur coup	d'abord
craindre	décider de
davantage	déconcerté
de compagnie	décoré
épuisé	ensemble
faire accroire	ennuyé
fort aise	finir
habits	invité
paré	l'un après l'autre
piqué	montrer
point	pas
prendre le parti de	plus
repartir	répondre
sans contredit	s'appeler
s'empresser	se dépêcher
se nommer	s'empêcher de
se tenir de	tout de suite
sottise	très content
soutenir	très fatigué
sur l'âge	tromper
sur-le-champ	vêtements
témoigner	vieux

B. Write a French sentence for each of five words in the left-hand column above.

C. The following sentences contain verbs in the *passé simple* (see note pp. 81–82). Convert them to the present tense.

   Example: *Il parla à l'Ingénu.*
   Il parle à l'Ingénu.

   1. Tous trois allèrent de compagnie au prieuré.
   2. Un bruit se répandit.
   3. L'abbé de Saint-Yves y vint.
   4. Il se fit un grand silence.

100 PREMIÈRES DÉCOUVERTES LITTÉRAIRES

5. Mlle de Kerkabon fut un peu piquée. *Mlle de Kerkabon est un peu piquée.*
6. Je n'eus jamais de goût pour ces sortes de festins. *Je n'est jamais de gout...*
7. Ces derniers mots plurent extrêmement à Mlle de Saint-Yves. *Ces derniers mots plaisent...*
8. Je conçus beaucoup d'amitié pour un Français. *Je conçois...*
9. Elles ne purent se tenir de regarder par le trou. *Elle ne peuve se tenir...*
10. Elles virent la couverture du lit sur le plancher. *Elles voient la couverture...*
11. Le prieur résolut enfin de lui faire lire le Nouveau Testament. *Le prieur résoud enfin...*
12. Il lui apprit que ce zèle était inutile. *Il lui*
13. Il sut bientôt tout le livre par cœur. *Il sait bientôt...*
14. Il promit de se faire chrétien. *Il promet de se faire chrétien.*
15. Le Huron se tut. *Le Huron se tait.*
16. Il but beaucoup à la santé de sa marraine. *Il boit beaucoup à la santé de sa marraine.*

D. Study the following examples of *ne* used without *pas* that have occurred in the text. Note that sometimes the *ne* has negative meaning (with *pouvoir* or *savoir*, in *si* clauses, in subordinate clauses depending on a negative verb). At other times it is purely redundant and does *not* add a negative meaning (after verbs of fearing, verbs of doubting in the negative, and certain conjunctions, such as *à moins que* and *avant que*). All these uses are largely literary. Conversational French uses *ne ... pas* almost always for the negative meaning, and omits the redundant *ne*. Substandard French tends to use *pas* alone, without *ne*.

Negative *ne*: *s'empêcher*
Elles ne purent se tenir de regarder par le trou.
Il était bien triste qu'on n'en pût faire autant en Basse-Bretagne.
On ne sait comment aurait fini cette conversation, si M. l'abbé n'avait ramené sa sœur à son abbaye.
Il n'y a aucun pays de la terre où l'amour n'ait rendu les amants poètes.
Il n'y a jamais eu de cérémonie qui ne fût suivie d'un grand dîner.

Redundant *ne*:
Il ne douta point que le lieu de la scène ne fût en Basse-Bretagne.
On commençait à craindre qu'il ne fût retourné en Angleterre.

In the following sentences, *ne* may or may not have a negative meaning. If it does, substitute *ne ... pas*. If it does not, omit it.

Example: Je ne sais.
Je ne sais pas.
Je crains qu'il ne vous parle.
Je crains qu'il vous parle.

1. J'ai peur que leur mariage ne soit défendu. *J'ai peur que leur mariage soit défendu.*
2. Il n'y a jamais de baptême qui ne soit suivi d'une fête. *...qui ne soit pas suivi d'une fête*
3. Il n'a pu faire ce qu'il voulait. *Il n'a pas pu faire ce qu'il voulait.*

EXERCISES 101

4. Je ne saurais vous aider, madame.
5. À moins que vous ne soyez baptisé, vous ne serez pas sauvé.
6. C'est bien Mlle de Saint-Yves, si je ne me trompe.
7. Je ne doute pas qu'il ne dise la vérité.
8. Parlez-lui avant qu'il ne parte.

denis diderot
(1713–1784)

Denis Diderot was, like Voltaire, an eighteenth-century thinker and writer whose production was extremely varied. He helped compile a great encyclopedia, wrote an essay on the renovation of dramatic art, and tried to put his theories into practice by writing plays. Also like Voltaire, he wrote novels and stories that served as vehicles for abstract ideas. From Jacques le fataliste *(1773–1775) comes the following tale of a woman's revenge. But the reader should be aware that it is not only a story, and that the author is asking important moral questions.*

It has been necessary to arrange and edit the material to some extent for reasons of length and difficulty, and especially in order to make it a self-contained narrative.

Mme de la Pommeraye et M. des Arcis[1]

    M. le marquis des Arcis était un homme de plaisir, très aimable, croyant peu à la vertu des femmes. Il avait fait la connaissance de Mme de la Pommeraye. C'était une veuve qui avait des mœurs,° de la naissance, de la fortune. M. des Arcis rompit° avec toutes ses
5 connaissances, s'attacha uniquement à Mme de la Pommeraye, lui fit sa cour° avec la plus grande assiduité, essaya par tous les sacrifices imaginables de lui prouver qu'il l'aimait, lui proposa même de l'épouser; mais cette femme avait été si malheureuse avec un premier mari qu'elle aurait mieux aimé s'exposer à
10 toutes sortes de malheurs qu'au danger d'un second mariage. Mais la poursuite constante du marquis, secondée de ses qualités personnelles, de sa jeunesse, de sa figure, des apparences de la passion la plus vraie, de la solitude, en un mot, de tout ce qui livre les femmes° à la séduction des hommes eut son effet, et
15 enfin, elle rendit heureux le marquis. Au bout de quelques années, le marquis commença à trouver la vie avec Mme de la Pommeraye trop monotone. Il lui proposa d'aller dans la société : elle y consentit; de recevoir quelques femmes et quelques hommes : et

° high principles
° broke

° lui... courted her

° livre... delivers women up to

---

[1] There was no actual title to this story within a story. We have taken the liberty of giving it this simple heading.

104   PREMIÈRES DÉCOUVERTES LITTÉRAIRES

elle y consentit. Peu à peu il passa un jour, deux jours sans la voir : peu à peu il eut des affaires qui l'appelaient. Lorsqu'il arrivait, il disait un mot, s'asseyait dans un fauteuil, parlait à son chien ou s'endormait. Et puis il prenait sa canne et son chapeau et s'en allait, oubliant quelquefois d'embrasser son amie. Mme de la Pommeraye comprit qu'elle n'était plus aimée; il fallut° s'en assurer, et voici comment elle s'y prit².... °il... she had to (*falloir*)

Un jour, après le dîner, elle dit au marquis : Vous rêvez.

— Vous rêvez aussi, marquise.

— Il est vrai, et assez tristement.

— Qu'avez-vous°? °What is the matter with you?

— Rien.

— Cela n'est pas vrai.

— Mon ami, dit-elle, il y a longtemps que je suis tentée de vous faire une confidence; mais je crains de vous affliger.° °hurting

— De quoi s'agit-il?

— Marquis, il s'agit... Je suis désolée; je vais vous **désoler**, et il vaut mieux ne rien dire.

— Non, mon amie, parlez; auriez-vous³ au fond de votre cœur un secret pour moi? La première de nos promesses ne fut-elle pas que nos âmes s'ouvriraient° sans réserve? °would be open to each other

— Il est vrai. Est-ce que vous ne voyez pas que je n'ai plus la même gaieté? J'ai perdu l'appétit; je ne bois et ne mange que par nécessité. Je ne peux dormir. La nuit, je me dis: Est-ce qu'il est moins aimable? Non. Est-ce que sa tendresse pour vous est diminuée? Non. Pourquoi, votre ami étant le même, votre cœur est-il donc changé? car il l'est. Cet amour que vous aviez pour lui, vous ne l'avez plus.

— Comment, madame!

Alors la marquise se couvrit les yeux de ses mains, et se mit à pleurer. Le marquis se précipita à genoux et lui dit : Vous êtes une femme charmante, une femme adorable, une femme comme il n'y en a point.° Votre honnêteté devrait° me faire mourir de honte. °comme... unique should

---

² **voici ... prit** here is how she went about it.

³ **auriez-vous** have you perhaps (*the conditional is often used to express probability or guesswork*).

Quelle supériorité ce moment vous donne sur moi! Que° je vous vois grande et que je me trouve petit! C'est vous qui avez parlé la première, et c'est moi qui fus coupable le premier. Tout ce que vous vous êtes dit, je me le suis dit; mais je ne sais quand j'aurais eu le courage de parler.

— C'est vrai, mon ami?

— Oui; et il ne nous reste qu'à nous féliciter réciproquement° d'avoir perdu en même temps le sentiment fragile et trompeur qui nous unissait.

Mme de la Pommeraye, renfermant en elle-même° la douleur terrible qui la déchirait, dit au marquis : Mais, marquis, qu'allons-nous faire?

— Nous continuerons de nous voir en amitié. Vous recouvrerez toute votre liberté, vous me rendrez la mienne; nous voyagerons dans le monde; je serai le confident de vos conquêtes; je ne vous cacherai rien des miennes, si j'en fais. Cela sera délicieux. Qui sait ce qui peut arriver? Il est probable que plus j'irai, plus vous gagnerez aux comparaisons et que je vous reviendrai plus passionné, plus tendre, plus convaincu que jamais que vous étiez la seule femme faite pour mon bonheur...

Mme de la Pommeraye songea à se venger. Elle avait autrefois connu une femme de province qu'un procès° avait appelée à Paris, avec sa fille, belle et bien élevée. Elle avait appris que cette femme, ruinée par la perte de son procès, avait été réduite à la prostitution. On s'assemblait chez elle, on jouait, on soupait, et d'habitude un ou deux des invités y passaient la nuit. C'était pour ces malheureuses une nécessité absolue pour pouvoir vivre. Mme de la Pommeraye les invita chez elle, et elle demanda à la mère ce qu'elle faisait depuis la perte de son procès.

— Pour vous parler avec sincérité, lui répondit Mme d'Aisnon (c'était le nom qu'elle avait pris), je fais un métier infâme et qui me déplaît, mais la nécessité m'y pousse. J'étais résolue à mettre ma fille à l'Opéra, mais elle n'a qu'une petite voix et n'a jamais été qu'une danseuse médiocre. On la refusait partout.

Mme de la Pommeraye lui demanda si elles étaient bien connues.

— Beaucoup trop, malheureusement.

— À ce que je vois,° vous n'aimez pas votre situation?

— Pas du tout, et ma fille proteste tous les jours que la condition la plus malheureuse lui paraîtrait préférable à la sienne; elle est toujours triste.

— Si je vous aidais à en sortir, consentiriez-vous?

— Certainement.

— Mais il s'agit de savoir si vous pouvez me promettre de vous conformer à la rigueur des conseils que je vous donnerai.

— Vous pouvez y compter.

— Et vous serez à mes ordres quand il me plaira?°

— Nous les attendrons avec impatience.

— Cela me suffit. Rentrez chez vous. En attendant, vendez tout, ne gardez pas même vos robes.

Mme de la Pommeraye loua un petit appartement dans une maison honnête, le fit meubler° simplement, invita les d'Aisnon à dîner et leur lut ses conditions.

« Vous ne fréquenterez pas les promenades publiques, car il ne faut pas qu'on vous découvre.

« Vous ne recevrez personne, pas même vos voisins et vos voisines, parce qu'il faut que vous affectiez° la plus profonde retraite.

« Vous prendrez l'habit de dévotes,° parce qu'il faut qu'on vous croie telles.°

« Vous reprendrez votre nom de famille, Duquênoi, parce qu'il est honnête, et qu'on fera tôt ou tard des informations° dans votre province.

« Votre fille ne sortira jamais sans vous, ni vous sans elle.

« Vous irez dans les rues les yeux baissés; à l'église, vous ne verrez que Dieu.

« Cette vie est austère, dit-elle, mais elle ne durera pas, et je vous en promets la plus grande récompense. Je ne vous verrai point chez vous; vous viendrez ici clandestinement quelquefois. Quant aux dépenses° de votre petit appartement, c'est mon affaire. Si mon projet réussit, vous n'aurez plus besoin de moi; s'il manque sans qu'il y ait de votre faute,° je suis assez riche pour vous assurer une fortune honnête. Mais surtout soumission, soumission absolue, illimitée à mes volontés ... »

À... From what I see

il... I wish

fit... furnished

feign

pious women
il... people must believe you are (such)

inquiries

Quant... As for the expenses

s'il... if it fails through no fault of yours

DENIS DIDEROT 107

Trois mois plus tard, un jour d'été qu'il faisait beau et qu'elle attendait le marquis à dîner, elle fit dire à la d'Aisnon[4] et à sa fille d'aller au jardin du Roi. Le marquis vint; on servit de bonne heure; on dîna gaiement. Après le dîner, elle proposa une promenade. En arrivant au jardin du Roi, ils suivaient une allée° lorsque Mme de la Pommeraye fit un cri de surprise en disant : « Je ne me trompe pas, je crois que ce sont elles; oui, ce sont elles-mêmes. »

    Elle s'avança rencontrer les deux dévotes. La fille était ravissante sous ce vêtement simple, qui n'attirant pas le regard, fixe l'attention tout entière sur la personne.

    — Comment vous portez-vous, et qu'êtes-vous devenue° depuis une éternité? demanda la marquise.

    — Vous savez nos malheurs; il a fallu vivre retirée avec notre petite fortune.

    — Quelle injustice! Asseyons-nous, nous causerons.° Voilà M. le marquis des Arcis; c'est mon ami, et sa présence ne nous gênera pas. Comme mademoiselle est grandie et embellie depuis que nous ne nous sommes vues°!

    On s'assit, on parla. La mère parla bien, la fille parla peu. Le ton de la dévotion° fut celui de l'une et de l'autre, mais avec aisance° et sans pruderie. Longtemps avant la fin du jour, nos deux dévotes se levèrent pour partir. On leur dit qu'il était encore de bonne heure. La mère dit assez haut à l'oreille de Mme de la Pommeraye qu'elles avaient des exercices de piété à remplir, et qu'il était impossible de rester plus longtemps. Elles partirent sans que le marquis pût savoir° leur adresse.

    Le marquis ne manqua pas de demander qui étaient ces deux femmes. Mme de la Pommeraye lui répondit ce qu'elle savait du nom de la province, du premier état et du procès des deux dévotes, y mettant tout l'intérêt et tout le pathétique possibles, puis elle ajouta : Ce sont deux femmes d'un mérite rare, la fille surtout. Elle travaille nuit et jour. Supporter la pauvreté quand on y est

---

[4] **la d'Aisnon** the d'Aisnon woman (*this use of **la** before a woman's name is highly uncomplimentary*).

path

qu'êtes... what has become of you

will chat

depuis... since we last saw each other

piety
avec... in a natural way

sans... without the marquis' being able to find out

né, c'est ce qu'une multitude d'hommes savent faire; mais passer de la richesse à la pauvreté et être heureux, c'est ce que je ne comprends pas. Voilà à quoi sert la religion.°

Voilà... That shows the value of religion

— Mais vous parlez comme un missionnaire.

— Je parle comme une femme persuadée.

Le marquis déposa° Mme de la Pommeraye à sa porte, et elle se dépêcha d'écrire aux deux femmes combien elle était satisfaite de la manière dont elles avaient rempli leur rôle.

left

Après ce jour le marquis venait continuellement chez Mme de la Pommeraye, qui s'en aperçut sans lui en demander la raison. Elle ne lui parlait jamais la première des deux dévotes; elle attendait qu'il commence : ce que le marquis faisait toujours avec une indifférence mal simulée.

LE MARQUIS. Avez-vous vu vos amies?

MME DE LA P. Non.

LE MARQUIS. Savez-vous que cela n'est pas trop bien? Vous êtes riche : elles sont pauvres, et vous ne les invitez pas même à manger quelquefois.

MME DE LA P. Je les ai invitées dix fois sans avoir pu les obtenir une. Elles refusent de venir chez moi. Il ne faut pas s'en étonner.° Si ceux qui leur donnent des secours savaient que je m'intéresse à elles, bientôt ils diraient : Mme de la Pommeraye les protège : elles n'ont besoin de rien... Et voilà les charités qui s'en vont.

Il... One must not be surprised at that

LE MARQUIS. Les charités? Vous les connaissez, et elles en sont aux charités°?

en... are reduced to accepting charity

MME DE LA P. Ah, marquis, nous sommes loin, nous autres° gens du monde, de connaître les délicatesses scrupuleuses de ces âmes. Elles ne croient pas pouvoir accepter les secours d'une amie.

nous... we

LE MARQUIS. Dites-moi, si je leur envoyais une vingtaine de louis,[5] croyez-vous qu'elles les refuseraient?

MME DE LA P. J'en suis sûre.

LE MARQUIS. Savez-vous que j'ai été tenté d'aller les voir? M'auraient-elles reçu?

---

[5] **louis** gold coins of the *ancien régime*.

DENIS DIDEROT 109

MME DE LA P. Non, certainement. Avec votre voiture, vos habits, et les charmes de la jeune personne, c'est impossible.

LE MARQUIS. Il faut donc abandonner l'idée de les voir?

MME DE LA P. Je le crois.

Le marquis se rappela tout à coup qu'il avait une affaire pressée; il se leva brusquement et sortit.

Pendant assez longtemps, le marquis ne passa presque pas un jour sans voir Mme de la Pommeraye; mais il arrivait, il s'asseyait, il gardait le silence; elle parlait seule; le marquis, au bout d'un quart d'heure, se levait et s'en allait.

Il disparut pendant près d'un mois, puis reparut, mais triste, mais mélancolique. Il confessa son désespoir. Après ce mot, il se mit à se promener; il allait aux fenêtres, il regardait le ciel; il voulait parler, il n'osait pas; enfin Mme de la Pommeraye eut pitié de lui et lui dit: « Qu'avez-vous? »

LE MARQUIS. Il faut que je vous dise tout. J'ai été vivement frappé de la fille de votre amie; j'ai fait tout, mais tout, pour l'oublier; et plus j'ai fait, plus je m'en suis souvenu. Cette créature angélique m'obsède. Rendez-moi un service important.

MME DE LA P. Lequel?

LE MARQUIS. Il faut absolument que je la revoie. Dix fois déjà je me suis présenté à pied sur leur chemin quand elles sortaient de l'église; elles ne m'ont seulement pas aperçu. Ah, mon amie, quelle figure! qu'elle est belle!...

Mme de la Pommeraye savait tout cela et répondit:

— La chose est difficile, et je m'en occuperai, mais à une condition : c'est que vous les laisserez en repos° et que vous cesserez de les tourmenter. Elles m'ont écrit de votre persécution, et voilà leur lettre.

La lettre qu'on donnait à lire au marquis avait été écrite entre elles. C'était la fille qui paraissait l'avoir écrite par ordre de sa mère. C'était honnête, doux, touchant, élégant, plein d'esprit, tout ce qui pouvait tourner la tête au marquis. Il dit à Mme de la Pommeraye: « On n'écrit pas mieux que cela. »

— C'est vrai.

— À chaque ligne, on se sent pénétré d'admiration et de

°peace

respect pour des femmes de ce caractère! Je tiendrai ma parole;
je n'essayerai plus de les voir, mais quand la reverrai-je?

— Je n'en sais rien. Il faut s'occuper premièrement du moyen
d'arranger la chose. Il faut attendre.

Elle le faisait attendre. Les semaines passaient. Le marquis
venait tous les jours causer avec Mme de la Pommeraye, qui
achevait de le perdre par ses discours. Il s'informait de la patrie,
de la naissance, de l'éducation, de la fortune et du désastre de ces
femmes. Lorsqu'elle crut le marquis bien préparé elle arrangea
avec les deux femmes qu'elles viendraient dîner chez elle. Et avec
le marquis, elle arrangea qu'il viendrait comme par hasard lui
rendre visite.

On était au second service° lorsqu'on annonça le marquis. Il
prit une chaise et se mit à table. Il se trouvait à côté de la mère
et en face de la fille. Il remercia d'un clin d'œil° Mme de la
Pommeraye de cette attention délicate. On causa, on fut même
gai. Le marquis fut de la plus grande attention pour la mère, et
de la politesse la plus réservée pour la fille. C'était un amusement
secret pour les trois femmes qui eurent l'inhumanité de le faire
parler dévotion pendant trois heures.

Il est inutile de dire que nos dévotes mirent dans la conversation tout ce qu'elles avaient de grâces, d'esprit et de séduction.°
Entre six et sept heures, les deux femmes partirent, sans qu'il fût
possible de les arrêter. Après leur départ, le marquis annonça :
Il faut que j'aie cette fille-là, ou j'en mourrai.

MME DE LA P. Vous l'aurez sans doute, mais comme femme
    légitime.

LE MARQUIS. Nous verrons.

MME DE LA P. Marquis, marquis, je vous connais; je les connais.

Le marquis fut environ deux mois sans se montrer chez Mme
de la Pommeraye. Pendant ce temps, il décida d'envoyer une
lettre à la fille. Il offrit une somme considérable et sa lettre fut
accompagnée d'une boîte de riches pierreries. Les trois femmes
discutèrent cette offre. La mère et la fille inclinaient à accepter;
mais Mme de la Pommeraye leur rappela la parole qu'elles lui
avaient donnée; elle menaça de tout révéler; et au grand regret de
nos deux dévotes, dont la jeune dut ôter les bijoux qui lui allaient

DENIS DIDEROT 111

si bien,⁶ la lettre et la boîte furent renvoyées au marquis avec une réponse pleine d'indignation. Alors le marquis fit une dernière tentative : c'était d'assurer des rentes° considérables aux deux femmes, de partager sa fortune avec elles, de leur donner une maison à la ville et une autre à la campagne. « Faites, lui dit la marquise, mais croyez-moi, mon ami, que l'honneur et la vertu, quand elle est vraie, n'ont pas de prix° aux yeux de ceux qui ont le bonheur de les posséder. Vos nouvelles offres ne réussiront pas mieux que les précédentes : je connais ces femmes. »

Les nouvelles propositions sont faites. Autre discussion des trois femmes. La mère et la fille attendaient en silence la décision de Mme de la Pommeraye. Celle-ci se promena un moment sans parler. « Non, non, dit-elle, cela ne suffit pas à ma vengeance. » Et aussitôt elle prononça le refus; et aussitôt ces deux femmes se jetèrent à ses pieds et lui expliquèrent combien il était terrible de refuser une fortune immense. Mme de la Pommeraye leur répondit sèchement : « Est-ce que vous imaginez que ce que je fais, je le fais pour vous? Qui êtes-vous? Que vous dois-je? Je pourrai vous renvoyer dans la prostitution. Si ce que l'on vous offre est trop pour vous, c'est trop peu pour moi. Écrivez, madame, la réponse que je vais vous dicter. »

Le lendemain, après avoir appris que son offre avait été rejetée, le marquis écrivit à la marquise qu'il partait pour la campagne; qu'il y resterait aussi longtemps qu'il pourrait; son absence fut courte; il revint avec la résolution d'épouser. Il expliqua à la marquise :

— Je vais faire la plus grande sottise° qu'un homme de mon état, de mon âge et de mon caractère puisse faire. Mais il vaut mieux épouser que de souffrir. J'épouse.

MME DE LA P. Marquis, l'affaire est grave et demande de la réflexion.

LE MARQUIS. Je ne puis jamais être plus malheureux que je le suis maintenant.

---

⁶ **dont ... bien** including the girl who had to remove the jewels that were so becoming to her.

MME DE LA P. Vous pourriez vous tromper.

Mais le marquis n'écoute[7] pas. Et deux semaines plus tard, la première entrevue se fait chez ses amies; tout est arrangé; le marquis fait présent à Mme de la Pommeraye d'un superbe diamant pour tout ce qu'elle a fait pour lui, et le mariage est consommé.

Le lendemain, Mme de la Pommeraye écrivit au marquis un billet qui l'invitait à venir chez elle immédiatement, pour une affaire importante.

Elle le reçut avec un visage où l'indignation se voyait dans toute sa force. « Marquis, dit-elle, apprenez à me connaître. Vous aviez conquis une honnête femme que vous n'avez pas su conserver; cette femme, c'est moi. Elle s'est vengée en vous faisant épouser une femme digne de vous. Sortez de chez moi, et allez dans la rue Traversière, où l'on vous apprendra le sale métier° que votre femme et votre belle-mère ont exercé pendant quelques années sous le nom de d'Aisnon. »   le... the filthy profession

Le marquis ne savait qu'en penser°; mais son incertitude ne   ne... did not know what to think
dura que le temps d'aller d'un bout de la ville à l'autre. Il ne   of all this
rentra point chez lui pendant toute la journée. Il marcha dans les rues. Sa belle-mère et sa femme eurent quelque soupçon de ce qui s'était passé. Quand il rentra, celle-ci° lut sur son visage la   the latter
fureur qui le possédait. Elle se jeta à ses pieds, le visage contre le plancher, sans dire un mot. « Retirez-vous, lui dit-il, loin de moi! » Elle voulut° se relever, mais retomba sur le visage, les bras   tried
étendus à terre entre les pieds du marquis. « Monsieur, lui dit-elle, écrasez-moi, car je l'ai mérité; faites de moi ce que vous voulez, mais épargnez ma mère. »

La pauvre créature resta dans l'attitude où elle était. Le marquis s'assit dans un fauteuil, la tête enveloppée de ses bras, criant par intervalles sans la regarder : « Retirez-vous! » Le silence et l'immobilité de la malheureuse le surprirent et il se baissa, la poussa durement, et reconnaissant qu'elle était sans connaissance,°   sans... unconscious
la prit par le milieu du corps, la mit sur un canapé,° attacha un   couch

---

[7] Why the tense shift here?

moment sur elle des regards où se révélaient alternativement la commisération et la colère. Il sonna; des valets entrèrent; on appela ses femmes, à qui il dit : « Prenez votre maîtresse qui se trouve mal°; portez-la dans son appartement et aidez-la. » Quelques instants après, il envoya secrètement savoir de ses nouvelles.° Il y eut quelques heures de crise; puis on lui rapporta qu'elle avait beaucoup pleuré et qu'elle paraissait s'endormir.

se... is ill
savoir... someone to bring word of her condition

Le jour suivant, le marquis disparut pendant quinze jours, laissant l'ordre d'obéir à madame comme à lui-même. Pendant cet intervalle, les deux femmes restèrent l'une en présence de l'autre, sans presque se parler. La fille dit vingt fois à sa mère : « Maman, sortons d'ici; sauvons-nous. » La mère lui répondait : « Non, ma fille, il faut rester; il faut voir ce qui arrivera. Cet homme ne nous tuera pas... » « Eh! plût à Dieu, lui répondait sa fille, qu'il l'eût déjà fait°...! » Sa mère lui répondait : « Vous feriez mieux de vous taire, que de parler comme une sotte. »

plût... I would to God ... that he already had

À son retour, le marquis s'enferma dans son cabinet, et écrivit deux lettres, l'une à sa femme, l'autre à sa belle-mère. Celle-ci° partit dans la même journée et se réfugia dans un couvent des carmélites. Sa fille s'habilla, et se traîna dans l'appartement de son mari où il lui avait écrit de venir. À la porte, elle se jeta à genoux. « Levez-vous », lui dit le marquis.

Celle-ci The latter

Au lieu de se lever, elle s'avança vers lui sur les genoux; elle tremblait de tous ses membres, le visage couvert de pleurs. « Monsieur, lui dit-elle, je ne suis pas encore digne que vous vous rapprochiez de moi; attendez, laissez-moi seulement l'espoir du pardon. Tenez-moi loin de vous; vous verrez ma conduite; vous la jugerez. Je me suis laissé conduire par faiblesse, par séduction, par menaces, à une action infâme; mais ne croyez pas, monsieur, que je sois méchante... La corruption s'est posée sur moi; elle ne s'y est pas attachée... Monsieur, disposez de moi comme il vous plaira; faites entrer vos gens, qu'ils me jettent la nuit dans la rue. J'accepte tout.

— Levez-vous, lui dit doucement le marquis. Je vous ai pardonné. Au moment de l'insulte j'ai respecté ma femme en vous. Soyez honnête, soyez heureuse, et faites que je le sois.° Levez-vous, je vous en prie, ma femme, levez-vous et embrassez-

faites... act in such a way that I will be (happy)

114 PREMIÈRES DÉCOUVERTES LITTÉRAIRES

moi; madame la marquise, levez-vous, vous n'êtes pas à votre place. »

Pendant qu'il parlait ainsi, elle était restée le visage caché dans ses mains, et la tête appuyée sur les genoux du marquis. Au mot de ma femme, au mot de madame la marquise, elle se leva et se précipita sur le marquis, elle le tenait embrassé, à moitié suffoquée par la douleur et par la joie. Puis elle se sépara de lui, se jeta à terre, et lui baisa les pieds.

— Ah! lui dit le marquis, je vous ai pardonné. Je vous l'ai dit et je vois que vous ne le croyez pas.

— Il faut, lui répondit-elle, que cela soit, et que je ne le croie jamais.

Le marquis ajouta : « En vérité, je crois que je ne me repens de rien, et que cette Pommeraye, au lieu de se venger, m'aura rendu un grand service. Ma femme, allez vous habiller; nous partons pour ma terre,[8] où nous resterons jusqu'à ce que nous puissions reparaître ici sans conséquence pour vous et pour moi. »

Ils passèrent presque trois ans absents de la capitale. Le marquis des Arcis fut un des meilleurs maris et eut une des meilleures femmes du monde.

---

[8] **terre** estate (*the wealthy nobility prior to the French Revolution had vast landed estates from which they derived their wealth*).

DENIS DIDEROT

Diderot's story was in part a reminder that to categorize people with a one-word label (like "fallen" woman) keeps one from seeing them in their greater complexity. In this poem by Jacques Prévert (taken from Paroles) *the narrator is apparently a promiscuous woman, but she is a unique person, a complex individual who insists on being what and who she is without regard for society's standard codes of behavior. (See page 35 for more material on Prévert.)*

JACQUES PRÉVERT
Je suis comme je suis

Je suis comme je suis
Je suis faite comme ça
Quand j'ai envie de rire
Oui je ris aux éclats°   **ris...** laugh heartily
5   J'aime celui qui m'aime
Est-ce ma faute à moi°   **Est-ce...** Is it *my* fault?
Si ce n'est pas le même
Que j'aime chaque fois
Je suis comme je suis
10   Je suis faite comme ça
Que voulez-vous de plus
Que voulez-vous de moi

Je suis faite pour plaire
Et n'y puis rien changer[1]
15   Mes talons° sont trop hauts   **heels**
Ma taille trop cambrée°   **taille...** figure too shapely
Mes seins° beaucoup trop durs   **breasts**
Et mes yeux trop cernés[2]

---

[1] **n'y puis rien changer** can't do a thing about it.
[2] **yeux trop cernés** eyes that are too hollow (**yeux cernés:** *rings under the eyes*).

116 PREMIÈRES DÉCOUVERTES LITTÉRAIRES

    Et puis après°　　　　　　　　　　　　**Et...** And so what?
  Qu'est-ce que ça peut vous faire³
    Je suis comme je suis
   Je plais à qui je plais°　　　　　　　　　　**Je...** I please whom I please
5 Qu'est-ce que ça peut vous faire
    Ce qui m'est arrivé
   Oui j'ai aimé quelqu'un
   Oui quelqu'un m'a aimée
  Comme les enfants qui s'aiment
10 Simplement savent aimer
     Aimer aimer...
   Pourquoi me questionner
   Je suis là pour vous plaire
   Et n'y puis rien changer.

---

³ **Qu'est-ce ... faire** What's that to you?

QUESTIONS

Diderot

1. Quelle sorte de personne était le marquis des Arcis?
2. Qui était Madame de la Pommeraye?
3. Quelle sorte de personne était-elle?
4. Comment le marquis révèle-t-il qu'il n'aime plus la marquise?
5. Comment s'assure-t-elle qu'elle n'est plus aimée?
6. Que feront-ils maintenant?
7. Qui la marquise invite-t-elle à souper chez elle?
8. Pourquoi ces femmes sont-elles dans un si malheureux état?
9. Aiment-elles leur situation?
10. Quelle offre la marquise leur fait-elle?
11. Trois mois plus tard, qu'est-ce que la marquise arrange un soir?
12. Pourquoi la jeune fille paraît-elle si belle?
13. Pourquoi les deux femmes disent-elles qu'il est impossible de rester plus longtemps?
14. Pourquoi est-ce que le marquis commence à venir tous les jours chez Mme de la Pommeraye?
15. Si le marquis leur offre de l'argent, l'accepteront-elles?
16. Que fait le marquis pendant un mois?
17. Pourquoi?

18. Quel service veut-il que la marquise lui rende?
19. Comment la lettre que le marquis reçoit a-t-elle été composée?
20. Pendant qu'il attend, que fait le marquis pour savoir quelque chose au sujet de la fille?
21. À quelle occasion la revoit-il?
22. Où est assis le marquis à table?
23. Quelle offre fait-il à la fille un peu plus tard?
24. Et quelle est sa dernière tentative?
25. Pourquoi celle-là n'est-elle pas acceptée?
26. Pourquoi le marquis décide-t-il enfin d'épouser la fille?
27. Le lendemain du mariage, qu'est-ce qu'il apprend?
28. Quelle est l'attitude de sa femme?
29. Qu'est-ce qui arrive à la mère?
30. Quelle est la fin de cette histoire?

Prévert

31. Qui parle dans ce poème?
32. Que pense la société de la vie qu'elle mène?
33. Que répond-elle?

EXERCISES

A. Complete the following sentences, giving the French equivalents of the English words in parentheses.

1. Il (had met) Mme de la Pommeraye. *(avait rencontré)*
2. C'était (a widow). *(une veuve)*
3. Il lui proposa même (to marry her). *(de l'épouser)* or *(de se marier avec elle)*
4. Elle (made the marquis happy). *(a rendu le marquis heureux)*
5. (At the end of) quelques années, le marquis commença à s'ennuyer. *(Au bout de)*
6. (It is better) ne rien dire. *(Il vaut mieux)*
7. Nous avons perdu notre amour (at the same time). *(au même temps)*
8. Vous pouvez (count on it). *(compter dessus)*
9. Je suis (rich enough to) vous assurer une fortune. *(assez riche pour)*
10. (She hastened to write) aux deux femmes. *(Elle s'est dépêchée)*
11. (I am tempted) d'aller les voir. *(Je suis tentée)*
12. Le marquis (remembered) quelque chose. *(s'est souvenu)*
13. (After learning) que son offre avait été refusée, il partit pour la campagne. *(Après avoir appris)*
14. Il faut voir (what will happen). *(ce qui arrivera)* or *(ce qui se passera)*
15. Est-ce (my fault)? *(que c'est ma faute à moi)* or *(ma faute à moi)*

B. Write French sentences to illustrate the use of the following words and expressions:
au bout de, s'y prendre, procès, tôt ou tard, il s'agit de, plaire à

at the end of, to go about it (to do it), a trial, sooner or later, it is about, to please

118 PREMIÈRES DÉCOUVERTES LITTÉRAIRES

C. Study the following examples of passive sentences.

Elle n'était plus aimée.
Elle fut ruinée par son procès.
J'ai été vivement frappé ~~de~~ par la fille de votre amie.
La lettre et la boîte furent renvoyées au marquis.

Note that these may be considered to be transformations of the active sentences below:

On ne l'aimait plus.
Son procès la ruina.
La fille de votre amie m'a vivement frappé.
On renvoya la lettre et la boîte au marquis.

Now transform the following to the passive, keeping the same verb tense. Watch the agreement of the past participle.

1. On aime cet homme. *Cet homme est aimé.*
2. On a trompé le marquis. *Le marquis a été trompé.*
3. Mme de la Pommeraye l'a invité. *Il a été invité par Mme. de la Pommeraye.*
4. On déteste cette femme. *Cette femme est détestée.*
5. On servit le dîner. *Le dîner fut servit.*
6. La jeune fille avait refusé son offre. *Son offre était refusé par la jeune fille.*
7. Le marquis lui écrivit des lettres. *Des lettres furent écrits par le marquis.*
8. On a renvoyé les bijoux. *Les bijoux ont été renvoyé.*

D. Remember that an *indirect* object cannot normally become the subject of a passive verb. So no passive transformation is possible for sentences like: *On a répondu à sa demande.*

Give the French equivalent, using *on* as subject, of the following.

1. The letter was answered. *On a répondue à la lettre.*
2. The girl will be spoken to. *On parlera à la jeune fille.*
3. The women were given some jewels. *On a donné des bijoux aux femmes.*
4. They were offered money. *On ~~leur~~ a offert de l'argent.*

E. Study the following examples of agreement of the past participle with *avoir* verbs.

Elle a aimé quelqu'un. [d.o.]
Quelqu'un l'a aimée.
Il a épousé la jeune fille.
C'est la jeune fille qu'il a épousée.
Il a pardonné à sa femme.
Il lui a pardonné.

Note that the participle agrees with the *direct* object only when it *precedes* the verb (normally this occurs when the direct object is a pronoun, or when a relative clause is introduced by *que*). There is no agreement with an indirect object, as

EXERCISES 119

in the last example. Now change the noun object in the sentences below to a pronoun.

Examples: *J'ai vu la jeune fille.*
Je l'ai vue.

1. Il a écrit la lettre. *Il l'a écrite.*
2. Elle a pris la décision. *Elle l'a prise.*
3. Il a fait l'offre (f.). *Il l'a faite.*
4. Elles ont mis les belles robes. *Elles les ont mises.*
5. Nous avons dit ces paroles. *Nous les avons dites.*
6. Il lui a promis sa protection. *Il la lui a promise.*
7. Il a écrit aux deux femmes. *Il leur a écrit.*

guy de MAUPASSANT
(1815–1893)

A novelist who gained wide recognition as the creator of short stories, Maupassant has always appealed to those with a pessimistic outlook on life. Men and nations destroy each other, love between men and women is an illusion, and if there is an exception (the friendship portrayed in the following narrative, for instance), circumstances seem to conspire to destroy it. Maupassant's is a discouraging and bitter philosophy, but there are times when we sense that it is at least part of the truth of human existence. The following story is the first of several selections which stress social and political problems. The French have had grim first-hand experience on their own soil of the horrors of war, having been invaded three times since 1870.

The text has been slightly simplified in a few places.

Deux Amis

Paris était bloqué.[1] Les moineaux° se faisaient° bien rares sur les toits. On mangeait n'importe quoi.°

Comme il se promenait tristement par un clair matin de janvier le long du boulevard extérieur, les mains dans les poches de sa
5 culotte d'uniforme et le ventre vide, M. Morissot, horloger de son état,° s'arrêta net[2] devant un confrère° qu'il reconnut pour un ami. C'était M. Sauvage, une connaissance° du bord de l'eau.

Chaque dimanche, avant la guerre, Morissot partait dès l'aurore,° une canne en bambou d'une main, une boîte en fer-
10 blanc° sur le dos. Il prenait le chemin de fer d'Argenteuil,[3] descendait à Colombes,[3] puis gagnait à pied l'île Marante. À peine arrivé° en ce lieu de ses rêves, il se mettait à pêcher°; il pêchait jusqu'à la nuit.

Chaque dimanche, il rencontrait là un petit homme jovial,
15 M. Sauvage, mercier rue Notre-Dame-de-Lorette, autre pêcheur fanatique. Ils passaient souvent une demi-journée côte à côte,° la ligne à la main et les pieds ballants° au-dessus du courant, et ils s'étaient pris d'amitié[4] l'un pour l'autre.

sparrows   were becoming
n'importe... just about anything

horloger... watchmaker by profession   colleague
acquaintance

dès... at daybreak
boîte... tin can

À... No sooner had he arrived
fish

côte... side by side
les... their feet dangling

---

[1] **bloqué** blockaded (*the story takes place during the siege of Paris by the German army in the Franco-Prussian War of 1870–1871*).
[2] **s'arrêta net** stopped dead.
[3] **Argenteuil, Colombes** communities in the vicinity of Paris.
[4] **ils s'étaient pris d'amitié** they had taken a liking for one another.

En certains jours, ils ne parlaient pas. Quelquefois ils causaient; mais ils s'entendaient° admirablement sans rien dire, ayant des goûts semblables et des sensations identiques.   got along

Au printemps, le matin, vers dix heures, quand le soleil rajeuni°   rejuvenated
5 faisait flotter sur le fleuve tranquille cette petite buée° qui coule   vapor
avec l'eau, et versait dans le dos des deux enragés° pêcheurs une   fanatic
bonne chaleur de saison nouvelle, Morissot parfois disait à son voisin :
« Hein! quelle douceur! » et M. Sauvage répondait : « Je ne connais
rien de meilleur. » Et cela leur suffisait pour se comprendre et
10 s'estimer.

À l'automne, vers la fin du jour, quand le ciel ensanglanté° par   blood-stained
le soleil couchant jetait dans l'eau des figures de nuages écarlates,
empourprait° le fleuve entier, enflammait l'horizon, M. Sauvage   tinged with crimson
regardait en souriant Morissot et prononçait : « Quel spectacle! »
15 Et Morissot émerveillé répondait, sans quitter des yeux son
flotteur⁵ : « Cela vaut mieux que le boulevard, hein? »

Dès qu'ils se furent reconnus,⁶ ils se serrèrent les mains
énergiquement, tout émus de se retrouver en des circonstances si
différentes. M. Sauvage, poussant un soupir, murmura : « En
20 voilà des événements.° » Morissot, très morne,° gémit° : « Et quel   En... What terrible events! gloomy groaned
temps! c'est aujourd'hui le premier beau jour de l'année. »

Le ciel était, en effet, tout bleu et plein de lumière.

Ils se mirent à marcher côte à côte, rêveurs et tristes. Morissot
reprit : « Et la pêche? hein! quel bon souvenir? »

25 M. Sauvage demanda : « Quand y retournerons-nous? »

Ils entrèrent dans un petit café et burent ensemble une
absinthe⁷; puis ils se remirent à se promener sur les trottoirs.°   sidewalks

Morissot s'arrêta soudain : « Une seconde verte,° hein? » M.   absinthe
Sauvage y consentit : « À votre disposition. » Et ils pénétrèrent
30 chez un autre marchand de vins.

---

⁵ **sans ... flotteur** without taking his eyes off his float.

⁶ **Dès qu'ils se furent reconnus** As soon as they had recognized each other (*past anterior*).

⁷ **absinthe** strong green liquor made from wormwood and other herbs.

GUY DE MAUPASSANT   123

Ils étaient fort étourdis° en sortant, troublés comme des gens à jeun° dont le ventre est plein d'alcool. Il faisait doux. Une brise caressante leur chatouillait° le visage.

M. Sauvage, que l'air tiède° achevait de griser,⁸ s'arrêta : « Si on y allait° ?

— Où ça?

— À la pêche, donc.

— Mais où?

— Mais à notre île. Les avant-postes° français sont auprès de Colombes. Je connais le colonel Dumoulin; on nous laissera passer facilement. »

Morissot frémit° de désir : « C'est dit. J'en suis.° » Et ils se séparèrent pour prendre leurs instruments.

Une heure après, ils marchaient côte à côte sur la grand'route. Puis ils gagnèrent la villa° qu'occupait le colonel.⁹ Il sourit de leur demande et consentit à leur fantaisie. Ils se remirent en marche, munis d'un laissez-passer.°

Bientôt ils franchirent° les avant-postes, traversèrent Colombes abandonné, et se trouvèrent au bord des petits champs de vigne qui descendent vers la Seine. Il était environ onze heures.

En face, le village d'Argenteuil semblait mort. Les hauteurs d'Orgemont et de Sannois dominaient tout le pays. La grande plaine qui va jusqu'à Nanterre était vide, toute vide, avec ses cerisiers° nus et ses terres grises.

M. Sauvage, montrant du doigt° les sommets, murmura : « Les Prussiens sont là-haut! » Et une inquiétude paralysait les deux amis devant ce pays désert.

« Les Prussiens! » Ils n'en avaient jamais aperçu, mais ils les sentaient là depuis des mois, autour de Paris, ruinant la France, pillant,° massacrant, affamant, invisibles et tout-puissants. Et une sorte de terreur superstitieuse s'ajoutait à la haine qu'ils avaient pour ce peuple inconnu et victorieux.

Morissot balbutia° : « Hein! si nous allions en rencontrer? »

M. Sauvage répondit... « Nous leur offrirons une friture.° »

---

⁸ **achevait de griser** made completely intoxicated.
⁹ **qu'occupait le colonel** which the colonel occupied (*note inversion*).

124 PREMIÈRES DÉCOUVERTES LITTÉRAIRES

Mais ils hésitaient à s'aventurer° dans la campagne, intimidés par le silence de tout l'horizon.

À la fin M. Sauvage se décida : « Allons, en route! mais avec précaution. » Et ils descendirent dans un champ de vigne, courbés en deux,° rampant,° profitant des buissons pour se couvrir, l'œil inquiet, l'oreille tendue.°

Une bande de terre nue restait à traverser pour gagner le bord du fleuve. Ils se mirent à courir; et dès qu'ils eurent atteint la berge, ils se blottirent dans les roseaux secs.

Morissot colla° sa joue par terre pour écouter si on ne marchait pas dans les environs. Il n'entendit rien. Ils étaient bien seuls, tout seuls.

Ils se rassurèrent et se mirent à pêcher.

En face d'eux, l'île Marante abandonnée les cachait à° l'autre berge. La petite maison du restaurant était close, semblait délaissée° depuis des années.

M. Sauvage prit le premier goujon,° Morissot attrapa le second, et d'instant en instant ils levaient leurs lignes avec une petite bête argentée° frétillant° au bout du fil : une vraie pêche miraculeuse.

... Et une joie délicieuse les pénétrait, cette joie qui vous saisit quand on retrouve un plaisir aimé dont on est privé depuis longtemps.

Le bon soleil leur coulait sa chaleur entre les épaules; ils n'écoutaient plus rien; ils ne pensaient plus à rien; ils ignoraient° le reste du monde; ils pêchaient.

Mais soudain un bruit sourd qui semblait venir de sous terre fit trembler le sol. Le canon se remettait à tonner.

Morissot tourna la tête, et par-dessus la berge il aperçut, là-bas, sur la gauche, la grande silhouette du mont Valérien...

Et aussitôt un second jet de fumée partit du sommet de la forteresse, et quelques instants après une nouvelle détonation gronda...

M. Sauvage haussa les épaules : « Voilà qu'ils recommencent », dit-il.

Morissot, qui regardait anxieusement plonger coup sur coup° la plume de son flotteur, fut pris soudain d'une colère d'homme

GUY DE MAUPASSANT   125

paisible contre ces enragés qui se battaient ainsi, et il grommela° : « Faut-il° être stupide pour se tuer comme ça. »

M. Sauvage reprit : « C'est pis° que des bêtes. »

Et Morissot, qui venait de saisir une ablette,° déclara : « Et dire que° ce sera toujours ainsi tant qu'il y aura des gouvernements. »

M. Sauvage l'arrêta : « La République[10] n'aurait pas déclaré la guerre... »

Morissot l'interrompit : « Avec les rois on a la guerre au dehors; avec la République on a la guerre au dedans. »

Et tranquillement ils se mirent à discuter, débrouillant° les grands problèmes politiques avec une raison saine d'hommes doux et bornés,° tombant d'accord sur ce point, qu'on ne serait jamais libres. Et le mont Valérien tonnait sans repos, démolissant à coups de boulets° des maisons françaises, broyant° des vies, écrasant des êtres, mettant fin à bien des rêves, à bien des joies attendues, à bien des bonheurs espérés, ouvrant en des cœurs de femmes, en des cœurs de filles, en des cœurs de mères, là-bas, en d'autres pays, des souffrances qui ne finiraient plus.

« C'est la vie, déclara M. Sauvage.

— Dites plutôt que c'est la mort », reprit en riant Morissot.

Mais ils tressaillirent effarés,° sentant bien qu'on venait de marcher derrière eux, et ayant tourné les yeux, ils aperçurent, debout contre leurs épaules, quatre hommes, quatre grands hommes armés et barbus,° vêtus comme des domestiques en livrée[11] et coiffés de casquettes plates,[12] les tenant en joue° au bout de leurs fusils.

Les deux lignes s'échappèrent de leurs mains et se mirent à descendre la rivière.

En quelques secondes, ils furent saisis, attachés, emportés, jetés dans une barque° et passés° dans l'île.

Et derrière la maison qu'ils avaient crue abandonnée, ils aperçurent une vingtaine de soldats allemands.

---

[10] France was an empire under Napoléon III at the time war was declared.
[11] **domestiques en livrée** servants in livery.
[12] **coiffés de casquettes plates** wearing flat helmets.

126 PREMIÈRES DÉCOUVERTES LITTÉRAIRES

Une sorte de géant velu,° qui fumait, à cheval sur° une chaise, une grande pipe de porcelaine, leur demanda, en excellent français : « Eh bien, messieurs, avez-vous fait bonne pêche? »   hairy à... astride

Alors un soldat déposa aux pieds de l'officier le filet plein de poissons qu'il avait eu soin° d'emporter. Le Prussien sourit : « Eh! eh! je vois que ça n'allait pas mal. Mais il s'agit d'autre chose. Ecoutez-moi et ne vous troublez pas.   eu... taken care

« Pour moi, vous êtes deux espions° envoyés pour me guetter.° Je vous prends et je vous fusille. Vous faisiez semblant° de pêcher, afin de mieux dissimuler vos projets. Vous êtes tombés entre mes mains, tant pis pour vous; c'est la guerre.   spies watch
faisiez... were pretending

« Mais comme vous êtes sortis par les avant-postes, vous avez assurément un mot d'ordre° pour rentrer. Donnez-moi ce mot d'ordre et je vous fais grâce.° »   mot... password
fais... spare

Les deux amis, livides, côte à côte, les mains agitées d'un léger tremblement nerveux, se taisaient.

L'officier reprit : « Personne ne le saura jamais, vous rentrerez paisiblement. Le secret disparaîtra avec vous. Si vous refusez, c'est la mort, et tout de suite. Choisissez. »

Ils demeuraient immobiles sans ouvrir la bouche.

Le Prussien, toujours calme, reprit en étendant la main vers la rivière : « Songez que dans cinq minutes vous serez au fond de cette eau. Dans cinq minutes! Vous devez avoir des parents°? »   relatives

Le mont Valérien tonnait toujours.

Les deux pêcheurs restaient debout et silencieux. L'Allemand donna des ordres dans sa langue. Puis il changea sa chaise de place pour ne pas se trouver trop près des prisonniers; et douze hommes vinrent se placer à vingt pas, le fusil au pied.

L'officier reprit : « Je vous donne une minute, pas deux secondes de plus. »

Puis il se leva brusquement, s'approcha des deux Français, prit Morissot sous le bras, l'entraîna plus loin, lui dit à voix basse : « Vite, ce mot d'ordre? votre camarade ne saura rien, j'aurai l'air de m'attendrir. »

Morissot ne répondit rien.

Le Prussien entraîna alors M. Sauvage et lui posa la même question.

GUY DE MAUPASSANT 127

M. Sauvage ne répondit pas.

Ils se retrouvèrent côte à côte.

Et l'officier se mit à commander. Les soldats élevèrent leurs armes.

5 Alors le regard de Morissot tomba par hasard sur le filet plein de goujons, resté dans l'herbe, à quelques pas de lui.

Un rayon de soleil faisait briller le tas de poissons qui s'agitaient° encore. Et une défaillance° l'envahit. Malgré ses efforts, ses yeux s'emplirent° de larmes.

10 Il balbutia : « Adieu, monsieur Sauvage. »

M. Sauvage répondit : « Adieu, monsieur Morissot. »

Ils se serrèrent la main, secoués des pieds à la tête par d'invincibles tremblements.

L'officier cria : Feu!

15 Les douze coups n'en firent qu'un.°

M. Sauvage tomba sur le nez. Morissot, plus grand, pivota et s'abattit en travers° sur son camarade, le visage au ciel, tandis que des bouillons[13] de sang s'échappaient de sa tunique crevée à la poitrine.

20 L'Allemand donna de nouveaux ordres.

Ses hommes se dispersèrent, puis revinrent avec des cordes et des pierres qu'ils attachèrent aux pieds des deux morts, puis ils les portèrent sur la berge.

Le mont Valérien ne cessait pas de gronder, coiffé maintenant
25 d'une montagne de fumée.

Deux soldats prirent Morissot par la tête et par les jambes; deux autres saisirent M. Sauvage de la même façon. Les corps, un instant balancés° avec force, furent lancés au loin, décrivirent une courbe, puis plongèrent, debout, dans le fleuve, les pierres
30 entraînant les pieds d'abord.

L'eau rejaillit, bouillonna, frissonna, puis se calma, tandis que de toutes petites vagues s'en venaient jusqu'aux rives.

Un peu de sang flottait.

L'officier, toujours serein,° dit à mi-voix : « C'est le tour des
35 poissons, maintenant. »

_____

[13] **bouillons de sang** gushes of blood.

128   PREMIÈRES DÉCOUVERTES LITTÉRAIRES

Puis il revint vers la maison.

Et soudain il aperçut le filet aux goujons dans l'herbe. Il le ramassa, l'examina, sourit, cria : « Wilhelm! »

Un soldat accourut, en tablier° blanc. Et le Prussien, lui jetant °apron
5 la pêche des deux fusillés, commanda : « Fais-moi frire° tout de °Fais... Fry me up
suite ces petits animaux-là pendant qu'ils sont encore vivants. Ce sera délicieux. »

Puis il se remit à fumer sa pipe.

As the following poem shows, short-story length is not needed for effective satire on war and on man's indifference to the suffering of others. The poem is taken from Jacques Prévert's Paroles *(see p. 35 for more material on Prévert).*

JACQUES PRÉVERT
Familiale[1]

La mère fait du tricot°   knitting
Le fils fait la guerre
Elle trouve ça tout naturel la mère°   Elle... = La mère trouve ça tout naturel
Et le père qu'est-ce qu'il fait le père?
5 Il fait des affaires
Sa femme fait du tricot
Son fils la guerre
Lui des affaires
Il trouve ça tout naturel le père
10 Et le fils et le fils
Qu'est-ce qu'il trouve le fils?
Il ne trouve rien absolument rien le fils
Le fils sa mère fait du tricot son père des affaires lui la guerre
Quand il aura fini la guerre
15 Il fera des affaires avec son père
La guerre continue la mère continue elle tricote
Le père continue il fait des affaires
Le fils est tué il ne continue plus
Le père et la mère vont au cimetière
20 Ils trouvent ça naturel le père et la mère
La vie continue la vie avec le tricot la guerre les affaires
Les affaires la guerre le tricot la guerre
Les affaires les affaires et les affaires
La vie avec le cimetière.

---

[1] **Familiale** pertaining to family; here might best be translated as "Picture of family life."

QUESTIONS

Maupassant

1. Quelle est la situation à Paris?
2. En quelle année sommes-nous?
3. Qui est M. Morissot?
4. Que faisait Morissot chaque dimanche avant la guerre?
5. Comment a-t-il fait la connaissance de M. Sauvage?
6. Quel problème ont-ils maintenant?
7. Que décident-ils enfin?
8. Où se trouve cet endroit?
9. Leur pêche a-t-elle été bonne?
10. Qu'est-ce qui fait trembler le sol?
11. L'auteur de ce conte aime-t-il la guerre?
12. Qu'est-ce qui se passe ensuite?
13. Qui arrive?
14. De quoi l'officier les accuse-t-il?
15. Quelle offre l'officier leur fait-il?
16. Qu'est-ce qui se passera s'ils refusent son offre?
17. Que répondent les deux Français?
18. Alors qu'est-ce qui se passe?
19. Que demande l'officier après la mort des deux Français?
20. Maupassant est-il anti-allemand dans cette histoire?

Prévert

21. Que fait la mère? le père? le fils?
22. Dans l'esprit de la famille, quelle différence y a-t-il entre ces trois activités?
23. Y a-t-il une différence en réalité?

EXERCISES

A. Substitute the appropriate French word(s) for the English expressions in parentheses.

1. Les moineaux (were becoming) rares.
2. On mangeait (anything at all).
3. Il avait (a tin can) sur le dos.
4. Ils passaient la journée (side by side).
5. Je ne connais (nothing better).
6. (How about going there)? proposa-t-il.
7. M. Sauvage (pointed at) les sommets.
8. Un bruit sourd (made the ground tremble).

9. (In a few seconds) ils furent attachés.
10. Ils aperçurent (about twenty) soldats allemands.
11. (You were pretending to) pêcher.
12. (No one will ever know it), reprit l'officier.
13. Ses yeux (filled with tears).
14. (Fry me up) ces poissons.

B. Write French sentences illustrating the meaning of the following words: *causer, s'entendre, se mettre à, ignorer, il s'agit de, apercevoir, avoir l'air.*

C. Study the following examples.

Elle trouve ça tout naturel, la mère.
Qu'est-ce qu'il fait, le père?
Il ne trouve rien, le fils.
Ils trouvent ça tout naturel, le père et la mère.

This type of split sentence is very common in conversational French. The words after the comma are spoken on a low pitch, separated from the remainder. Now change the sentences below to split sentences, as in the above examples.

1. Sa femme fait du tricot.
2. Les hommes font des affaires.
3. Les Prussiens sont là-haut.
4. M. Morissot est horloger.
5. Les femmes attendent.
6. La guerre continue.

D. The same "splitting" process can be applied to the object (direct or indirect) Study these examples.

Il a vu les soldats. Il les a vus, les soldats.
Il a vu des soldats. Il en a vu, des soldats.
J'ai déjà répondu à cette lettre. J'y ai déjà répondu, à cette lettre.
J'ai déjà répondu à cet homme. Je lui ai déjà répondu, à cet homme.

Now change the following sentences by splitting off the object, as in the above examples.

1. Ils discutaient les affaires.
2. Ils parlaient de la guerre.
3. Ils pensaient aux Prussiens.
4. Je connais cet endroit.
5. Je ne suis jamais allé à Colombes.
6. Il y avait des poissons.

E. Study the following examples.

Si on y allait, à la pêche?
Si on faisait une friture?

This construction with *si* and the imperfect tense is often used to suggest doing something ("how about . . .," "suppose we were to . . ."). The subject may be *nous*, or, more colloquially, *on*, as above. Suggest to someone, using *on*, that you do the following.

1. aller du cinéma
2. prendre un verre
3. faire une promenade
4. entrer dans un café
5. passer une journée à la campagne
6. rentrer à la maison
7. finir les devoirs
8. boire ce café

Albert Camus
(1913–1960)

Algerian-born Albert Camus became world famous with the publication of L'Étranger *(1942), a novel dealing with the modern theme of individual alienation and self-absorption. Other pieces of fiction followed and in 1957 Camus received the Nobel Prize for Literature. His early death in 1960 was the result of an automobile accident.*

Camus won his fame the hard way. He overcame early poverty and poor health, and later during the German occupation of France (1940–1945), he was a member of "Combat," a resistance group that published a clandestine newspaper. After the war, the newspaper could appear openly, and the following pages are editorials that Camus wrote for Combat *after the liberation of Paris (August 21–25, 1944). As France pondered what forms its postwar society should take, Camus took an intermediate position. He rejected the old capitalism of the Third Republic, because of its toleration of economic injustice, but he also opposed dictatorial communism because of its indifference to political freedom. The following pages deal with these difficult issues in a manner that has lost none of its timeliness.*

Actuelles

I

(*Combat*, 8 septembre 1944)

Dans *Le Figaro*[1] d'hier, M. d'Ormesson[2] commentait le discours du pape. Ce discours appelait° déjà beaucoup d'observations. Mais le commentaire de M. d'Ormesson a du moins le mérite de poser très clairement le problème qui se présente aujourd'hui à l'Europe.

«Il s'agit, dit-il, de mettre en harmonie la liberté de l'individu, qui est plus nécessaire, plus sacrée que jamais, et l'organisation collective de la société que rendent inévitable les conditions de la vie moderne.[3]»

Cela est très bien dit. Nous proposerons seulement à M. d'Ormesson une formule plus raccourcie° en disant qu'il s'agit pour nous tous de concilier la justice avec la liberté. Que la vie soit libre pour chacun et juste pour tous, c'est le but que nous avons à poursuivre. Entre des pays qui s'y sont efforcés,° qui ont inégalement réussi, faisant passer la liberté avant la justice ou bien celle-ci avant celle-là,[4] la France a un rôle à jouer dans la recherche d'un° équilibre supérieur.

° called for

° abbreviated

s'y... have attempted (*to achieve*) it

la... the search for a

---

[1] **Le Figaro** important morning newspaper in Paris.
[2] **M. d'Ormesson** Wladimir d'Ormesson, conservative journalist and member of the French Academy.
[3] **que ... moderne** = que les conditions de la vie moderne rendent **inévitable** (*note inversion after relative* **que**).
[4] **celle-ci avant celle-là** the latter (*justice*) before the former (*freedom*).

136 PREMIÈRES DÉCOUVERTES LITTÉRAIRES

Il ne faut pas se le cacher,° cette conciliation est difficile. Si l'on en croit du moins l'Histoire, elle n'a pas encore été possible, comme s'il y avait entre ces deux notions un principe de contrariété. Comment cela ne serait-il pas°? La liberté pour chacun, c'est aussi la liberté du banquier ou de l'ambitieux : voilà l'injustice restaurée. La justice pour tous, c'est la soumission de la personnalité° au bien collectif.5 Comment parler alors de liberté absolue?

M. d'Ormesson est d'avis,° cependant, que le christianisme a fourni cette solution. Qu'il permette° à un esprit extérieur à la religion, mais respectueux de la conviction d'autrui,° de lui dire ses doutes sur ce point. Le christianisme dans son essence (et c'est sa paradoxale grandeur)° est une doctrine de l'injustice. Il est fondé sur le sacrifice de l'innocent et l'acceptation de ce sacrifice. La justice au contraire, et Paris vient de le prouver dans ses nuits illuminées des flammes de l'insurrection,6 ne va pas sans la révolte.

Faut-il donc renoncer à cet effort apparemment sans portée°? Non, il ne faut pas y renoncer, il faut simplement en mesurer l'immense difficulté et la faire apercevoir à ceux qui, de bonne foi,° veulent tout simplifier.

Pour le reste, sachons° que c'est le seul effort qui, dans le monde d'aujourd'hui, vaille qu'on vive et qu'on lutte.7 Contre une condition si désespérante, la dure et merveilleuse tâche de ce siècle est de construire la justice dans le plus injuste des mondes et de sauver la liberté de ces âmes vouées° à la servitude dès leur principe.8 Si nous échouons,° les hommes retourneront à la nuit. Mais, du moins, cela aura été tenté.°

Cet effort, enfin,° demande de la clairvoyance° et cette prompte vigilance qui nous avertira de penser à l'individu chaque fois que nous aurons réglé° la chose sociale et de revenir au bien de tous

II... We must have no illusions

Comment... How could it be otherwise?

individuality (*here*)

est... believes
Qu'il... May he permit
others

greatness

sans... meaningless

let us realize

doomed
échouons fail
aura... will have been tried
in a word   clear-sightedness

taken care of

---

5 **au bien collectif** to the collective good (*the good of society*).
6 **l'insurrection** the rising of the French resistance fighters during the liberation of Paris.
7 **vaille ... lutte** makes living and fighting worthwhile (***vaille:*** subjunctive of ***valoir***).
8 **dès leur principe** from their beginning.

ALBERT CAMUS 137

chaque fois que l'individu aura sollicité notre attention. Une constance si difficile, M. d'Ormesson a raison de penser que le chrétien peut la soutenir, grâce à l'amour du prochain.° Mais, d'autres, qui ne vivent pas dans la foi, ont cependant l'espoir d'y
5 parvenir° aussi par un simple souci de° vérité, l'oubli de leur propre personne, et le goût de la grandeur humaine.

fellow-man

y... attain it souci... regard for

II

(*Combat*, 7 octobre 1944)

Le 26 mars 1944, à Alger,[9] le Congrès de « Combat »[10] a affirmé que le mouvement « Combat » faisait sienne° la formule : « L'anti-communisme est le commencement de la dictature. » Nous croyons
10 bon de le rappeler et d'ajouter que rien ne peut être changé aujourd'hui à cette formule, au moment où nous voudrions nous expliquer avec° quelques-uns de nos camarades communistes sur des malentendus° que l'on voit poindre.° Notre conviction est, en effet, que rien de bon ne peut se faire en dehors de la lumière.°
15 Et nous voudrions essayer, aujourd'hui, de tenir° sur un sujet difficile entre tous[11] le langage de la raison et de l'humanité.

Le principe que nous avons posé au début ne l'a pas été° sans réflexion. Et c'est l'expérience de ces vingt-cinq dernières années qui dictait cette proposition catégorique. Cela ne signifie pas que
20 nous sommes communistes. Mais les chrétiens non plus[12] qui, pourtant, ont admis leur unité d'action avec les communistes.[13] Et notre position, comme celle des chrétiens, revient à dire° : Si nous ne sommes pas d'accord avec la philosophie du communisme ni avec sa morale pratique, nous refusons énergiquement l'anti-
25 communisme politique, parce que nous en connaissons les inspirations et les buts inavoués.

faisait... adopted as its own

nous... have it out with
misunderstandings arising
en... outside the light of reason
(here) speak

ne... was not posed (*l'* refers to *posé*)

revient... amounts to saying

---

[9] **Alger** Algiers, then under Allied control.
[10] "**Combat**" see page 135.
[11] **un sujet difficile entre tous** this most difficult of subjects.
[12] **les chrétiens non plus** the Christians (*Catholics*) are not either.
[13] During the Resistance, all parties in France worked together, only to split up at the end of the war.

Une position aussi ferme° devrait ne laisser aucune place à aucun malentendu. Cela n'est pas° cependant. Il faut donc que nous ayons été° maladroits dans notre expression, ou simplement obscurs. Notre tâche est alors d'essayer de comprendre ces malentendus et d'en rendre compte.¹⁴ Il n'y aura jamais assez de franchise° ni de clarté° répandues° sur l'un des problèmes les plus importants du siècle.
    Disons donc nettement que la source des malentendus possibles tient° dans une différence de méthode. La plus grande partie des idées collectivistes et du programme social de nos camarades, leur idéal de justice, leur dégoût d'une société où l'argent et les privilèges tiennent le premier rang, tout cela nous est commun.° Simplement, et nos camarades le reconnaissent volontiers, ils trouvent dans une philosophie de l'histoire très cohérente la justification du réalisme politique¹⁵ comme méthode privilégiée pour aboutir au° triomphe d'un idéal commun à beaucoup de Français. C'est sur ce point que, très clairement, nous nous séparons d'eux. Nous l'avons dit maintes° fois, nous ne croyons pas au réalisme politique. Notre méthode est différente.
    Nos camarades communistes peuvent comprendre que des hommes qui n'étaient pas en possession d'une doctrine aussi ferme que la leur° aient trouvé¹⁶ beaucoup à réfléchir pendant ces quatre années. Ils l'ont fait avec bonne volonté, au milieu de mille périls. Parmi tant d'idées bouleversées°, tant de purs visages sacrifiés, au milieu des décombres,° ils ont senti le besoin d'une doctrine et d'une vie nouvelles. Pour eux, c'est tout un monde qui est mort en juin 1940.¹⁷
    Aujourd'hui, ils cherchent cette nouvelle vérité avec la même bonne volonté et sans esprit d'exclusive.° On peut bien comprendre aussi que ces mêmes hommes, réfléchissant sur la plus amère des

une... such a firm position
Cela... That is not the case
Il... We must then have been

frankness   light   shed

(here) lies

nous... is shared by us

aboutir... achieve the

many

que... as theirs

overthrown
ruins

esprit... spirit of intolerance

---

14 **en rendre compte** account for them.
15 **réalisme politique** the Communist doctrine that the end justifies the means. See section V, p. 145, for a development of this problem.
16 **aient trouvé** might have found (*perfect subjunctive*).
17 **juin 1940** the date of the fall of France and the beginning of the German occupation.

défaites, conscients aussi de leurs propres défaillances,° aient jugé que leur pays avait péché° par confusion et que désormais° l'avenir ne pourrait prendre son sens que° dans un grand effort de clairvoyance et de renouvellement.

5 C'est la méthode que nous essayons d'appliquer aujourd'hui. C'est celle dont° nous voudrions qu'on nous reconnaisse le droit de la tenter avec bonne foi. Elle ne prétend° pas à refaire toute la politique d'un pays. Elle veut essayer de provoquer dans la vie politique de ce même pays une expérience° très limitée qui 10 consisterait, par une simple critique objective, à introduire le langage de la morale dans l'exercice de la politique. Cela revient à dire oui et non en même temps et à le dire avec le même sérieux et la même objectivité.

Si on nous lisait avec attention, et la simple bienveillance° 15 qu'on peut accorder à toute entreprise de bonne foi, on verrait que souvent, nous rendons d'une main, et au-delà,° ce que nous semblons retirer de l'autre. Si l'on s'attache seulement à° nos objections, le malentendu est inévitable. Mais si on équilibre° ces objections par l'affirmation plusieurs fois répétée ici de notre 20 solidarité, on reconnaîtra sans peine que nous essayons de ne pas céder à la vaine passion humaine et de toujours rendre sa justice à° l'un des mouvements les plus considérables de l'histoire politique.

Il peut arriver que le sens de cette difficile méthode ne soit pas toujours évident. Le journalisme n'est pas l'école de la perfection. 25 Il faut cent numéros de journal pour préciser° une seule idée. Mais cette idée peut aider à en préciser d'autres, à condition qu'on apporte à l'examiner la même objectivité qu'on a mise à la formuler. Il se peut aussi que nous nous trompions et que notre méthode soit utopique ou impossible. Mais nous pensons seulement 30 que nous ne pouvons pas le déclarer avant d'avoir rien tenté. C'est cette expérience que nous faisons ici, aussi loyalement qu'il est possible à des hommes qui n'ont d'autre souci que la loyauté.°

Nous demandons seulement à nos camarades communistes d'y réfléchir comme nous nous efforçons de réfléchir à leurs objections. 35 Nous y gagnerons du moins de pouvoir préciser chacun notre position et, pour notre part du moins,° de voir plus clairement les difficultés ou les chances de notre entreprise. C'est là du moins ce

weaknesses
sinned   henceforth
ne... could only acquire a meaning

concerning which
aspire

experiment

good will

beyond
s'attache... fastens only upon
balances

rendre... render a just verdict upon

make explicit

aussi... as honestly as men can whose only regard is for honesty

pour... as for us, at least

140   PREMIÈRES DÉCOUVERTES LITTÉRAIRES

qui nous amène à leur tenir ce langage. Et aussi le juste sentiment que nous avons de ce que la France serait amenée à perdre si, par nos réticences et nos méfiances° réciproques, nous étions conduits à un climat politique où les meilleurs des Français se refuseraient à vivre, préférant alors la solitude à la polémique et à la désunion.

III

(*Combat,* 12 octobre 1944)

On parle beaucoup d'ordre, en ce moment. C'est que l'ordre est une bonne chose et nous en avons beaucoup manqué.° À vrai dire, les hommes de notre génération ne l'ont jamais connu et ils en ont une sorte de nostalgie qui leur ferait faire beaucoup d'imprudences[18] s'ils n'avaient pas en même temps la certitude que l'ordre doit se confondre° avec la vérité. Cela les rend un peu méfiants, et délicats,° sur les échantillons° d'ordre qu'on leur propose.

Car l'ordre est aussi une notion obscure. Il en est de° plusieurs sortes. Il y a celui qui continue de régner à Varsovie[19], il y a celui qui cache le désordre et celui, cher à Gœthe, qui s'oppose à la justice. Il y a encore cet ordre supérieur des cœurs et des consciences qui s'appelle l'amour et cet ordre sanglant, où l'homme se nie° lui-même, et qui prend ses pouvoirs dans la haine. Nous voudrions bien dans tout cela distinguer le bon ordre.

De toute évidence,° celui dont on parle aujourd'hui est l'ordre social. Mais l'ordre social, est-ce seulement la tranquillité des rues? Cela n'est pas sûr. Car enfin,° nous avons tous eu l'impression, pendant ces déchirantes journées d'août, que l'ordre commençait justement avec les premiers coups de feu° de l'insurrection. Sous leur visage désordonné, les révolutions portent avec elles un principe d'ordre. Ce principe régnera si la révolution est totale. Mais lorsqu'elles avortent,° ou s'arrêtent en chemin,° c'est un grand désordre monotone qui s'instaure° pour beaucoup d'années.

---

[18] **qui ... imprudences** which would make them act rashly.
[19] **Varsovie** Warsaw (*the Germans were still occupying Warsaw at the time this editorial was written*).

L'ordre, est-ce du moins l'unité du gouvernement? Il est certain qu'on ne saurait s'en passer.° Mais le Reich[20] allemand avait réalisé cette unité dont nous ne pouvons pas dire pourtant qu'elle ait donné à l'Allemagne son ordre véritable.

    Peut-être la simple considération de la conduite° individuelle nous aiderait-elle. Quand dit-on qu'un homme a mis sa vie en ordre? Il faut pour cela qu'il se soit mis d'accord avec elle et qu'il ait conformé sa conduite à ce qu'il croit vrai. L'insurgé° qui, dans le désordre de la passion, meurt pour une idée qu'il a faite sienne, est en réalité un homme d'ordre parce qu'il a ordonné toute sa conduite à un principe qui lui paraît évident. Mais on ne pourra jamais nous faire considérer comme un homme d'ordre ce privilégié qui fait ses trois repas par jour pendant toute une vie, qui a sa fortune en valeurs° sûres, mais qui rentre chez lui quand il y a du bruit dans la rue. Il est seulement un homme de peur et d'épargne.° Et si l'ordre français devait° être celui de la prudence et de la sécheresse de cœur,[21] nous serions tentés d'y voir le pire° désordre, puisque, par indifférence, il autoriserait toutes les injustices.

    De tout cela, nous pouvons tirer qu'il n'y a pas d'ordre sans équilibre et sans accord. Pour l'ordre social, ce sera un équilibre entre le gouvernement et ses gouvernés. Et cet accord doit se faire au nom d'un principe supérieur. Ce principe, pour nous, est la justice. Il n'y a pas d'ordre sans justice et l'ordre idéal des peuples réside dans leur bonheur.

    Le résultat, c'est qu'on ne peut invoquer la nécessité de l'ordre pour imposer des volontés. Car on prend ainsi le problème à l'envers.° Il ne faut pas seulement exiger l'ordre pour bien gouverner, il faut bien gouverner pour réaliser le seul ordre qui ait du sens. Ce n'est pas l'ordre qui renforce la justice, c'est la justice qui donne sa certitude à l'ordre.

    Personne autant que nous ne peut désirer cet ordre supérieur où, dans une nation en paix avec elle-même et avec son destin, chacun aura sa part° de travail et de loisirs, où l'ouvrier° pourra

---

[20] **Reich** the Hitler régime in Germany.
[21] **sécheresse de cœur** lack of feeling.

œuvrer[22] sans amertume° et sans envie, où l'artiste pourra créer sans être tourmenté par le malheur de l'homme, où chaque être enfin pourra réfléchir, dans le silence du cœur, à sa propre condition.

Nous n'avons aucun goût pervers pour ce monde de violence et de bruit, où le meilleur de nous-mêmes s'épuise dans une lutte° désespérée. Mais puisque la partie est engagée,° nous croyons qu'il faut la mener à son terme. Nous croyons ainsi qu'il est un ordre dont nous ne voulons pas[23] parce qu'il consacrerait notre démission° et la fin de l'espoir humain. C'est pourquoi, si profondément décidés que nous soyons° à aider à la fondation d'un ordre enfin juste, il faut savoir aussi que nous sommes déterminés à rejeter pour toujours la célèbre phrase d'un faux grand homme[24] et à déclarer que nous préférerons éternellement le désordre à l'injustice.

IV

(*Combat*, 29 octobre 1944)

Le ministre de l'Information[25] a prononcé, avant-hier,° un discours que nous approuvons, dans son entier.° Mais il est un point sur lequel il nous faut revenir[26] parce qu'il n'est pas si commun qu'un ministre tienne à son pays le langage d'une morale virile et lui rappelle les devoirs nécessaires.

M. Teitgen a démonté cette mécanique° de la concession qui a conduit tant de Français de la faiblesse à la trahison. Chaque concession faite à l'ennemi et à l'esprit de facilité en entraînait° une autre. Celle-ci n'était pas plus grave que la première, mais les

---

[22] **œuvrer** do his work.

[23] **il ... pas** there is an order which we cannot accept.

[24] **un faux grand homme** a spurious great man (*the reference is to Goethe*).

[25] Pierre-Henri Teitgen: leader of the Mouvement Républicain Populaire or Christian Democratic Party; Minister of Information at the time.

[26] **il est ... revenir** there is a point we must come back to (*il est = il y a throughout this selection*).

deux, bout à bout, formaient une lâcheté.° Deux lâchetés réunies faisaient le déshonneur.

    C'est en effet le drame de ce pays. Et s'il est difficile à régler, c'est qu'il engage toute la conscience humaine. Car il pose un problème qui a le tranchant° du oui ou du non.

    La France vivait sur une sagesse usée° qui expliquait aux jeunes générations que la vie était ainsi faite qu'il fallait savoir faire des concessions, que l'enthousiasme n'avait qu'un temps, et que, dans un monde où les malins° avaient forcément° raison, il fallait essayer de ne pas avoir tort.

    Nous en étions là.° Et quand les hommes de notre génération sursautaient° devant l'injustice, on les persuadait que cela leur passerait.²⁷ Ainsi, de proche en proche,° la morale de la facilité et du désabusement° s'est propagée. Qu'on juge de l'effet que put faire dans ce climat la voix découragée et chevrotante²⁸ qui demandait à la France de se replier sur° elle-même. On gagne toujours en s'adressant à ce qui est le plus facile à l'homme, et qui est le goût du repos. Le goût de l'honneur, lui,° ne va pas sans une terrible exigence envers soi-même et envers les autres. Cela est fatigant, bien sûr. Et un certain nombre de Français étaient fatigués d'avance en 1940.

    Ils ne l'étaient pas tous. On s'est étonné que beaucoup d'hommes entrés dans la résistance° ne fussent pas des patriotes de profession. C'est d'abord que le patriotisme n'est pas une profession. Et qu'il est une manière d'aimer son pays qui consiste à ne pas le vouloir injuste, et à le lui dire. Mais c'est aussi que le patriotisme n'a pas toujours suffi à faire lever ces hommes pour l'étrange lutte qui était la leur. Il y fallait aussi cette délicatesse du cœur qui répugne à toute transaction,° la fierté dont l'usage bourgeois faisait un défaut²⁹ et, pour tout résumer, la capacité de dire non.

---

    ²⁷ **cela leur passerait** they would get over it.
    ²⁸ **la voix découragée et chevrotante** the discouraged and quavering voice (*the reference is to Marshal Pétain, the World War I hero who headed the collaborationist Vichy government during World War II*).
    ²⁹ **dont ... défaut** which bourgeois (*middle-class*) usage held to be a shortcoming.

act of cowardice

sharp contrast
worn-out

smart or shrewd people
necessarily

Nous... We were at that point
were startled
de... step by step
disillusionment

se... retire within

(*emphatic: do not translate*)

entrés... who joined the resistance movement

répugne... loathes all compromise

144 PREMIÈRES DÉCOUVERTES LITTÉRAIRES

La grandeur de cette époque, si misérable d'autre part,° c'est que le choix y est devenu pur. C'est que l'intransigeance est devenue le plus impérieux des devoirs et c'est que la morale de la concession a reçu, enfin, sa sanction.° Si les malins avaient raison, il a fallu accepter d'avoir tort. Et si la honte, le mensonge et la tyrannie faisaient les conditions de la vie, il a fallu accepter de mourir.

C'est ce pouvoir d'intransigeance et de dignité qu'il nous faut restaurer aujourd'hui dans toute la France et à tous les échelons.° Il faut savoir que chaque médiocrité consentie, chaque abandon et chaque facilité nous font autant de mal que les fusils de l'ennemi. Au bout de ces quatre ans de terribles épreuves,° la France épuisée connaît l'étendue de son drame qui est de n'avoir plus droit à la fatigue. C'est la première condition de notre relèvement° et l'espoir du pays est que les mêmes hommes qui ont su dire non mettront demain la même fermeté et le même désintéressement° à dire oui, et qu'ils sauront enfin demander à l'honneur ses vertus positives comme ils ont su lui prendre ses pouvoirs de refus.³⁰

d'autre... on other counts

(*here*) condemnation

levels

ordeals

recovery

disinterestedness

V

(*Combat*, 4 novembre 1944)

Il y a deux jours, Jean Guéhenno³¹ a publié, dans *Le Figaro* un bel article qu'on ne saurait laisser passer sans dire la sympathie et le respect qu'il doit inspirer à tous ceux qui ont quelque souci de l'avenir des hommes. Il y parlait de la pureté : le sujet est difficile.

Il est vrai que Jean Guéhenno n'eût sans doute pas pris sur lui³² d'en parler si dans un autre article, intelligent quoique injuste, un jeune journaliste ne³³ lui avait fait reproche d'une pureté morale dont il craignait qu'elle ne³³ se confondît avec le

---

³⁰ **ils sauront ... refus** they will finally learn to call on honor for its positive virtues as they were able to take from it its capacity to refuse (*i.e., to refuse collaboration during the occupation*).

³¹ **Jean Guéhenno** author, scholar, and journalist.

³² **n'eût ... lui** would probably not have taken it upon himself (*pluperfect subjunctive used for past conditional*).

³³ Which of these two *ne*'s is negative?

détachement intellectuel. Jean Guéhenno y répond très justement en plaidant pour une pureté maintenue dans l'action. Et, bien entendu, c'est le problème du réalisme qui est posé : il s'agit de savoir si tous les moyens sont bons.°   *si...* if the end justifies the means

Nous sommes tous d'accord sur les fins, nous différons d'avis° sur les moyens. Nous apportons tous, n'en doutons pas, une passion désintéressée au bonheur impossible des hommes. Mais simplement il y a ceux qui, parmi nous, pensent qu'on peut tout employer pour réaliser ce bonheur, et il y a ceux qui ne le pensent pas. Nous sommes de ceux-ci.° Nous savons avec quelle rapidité les moyens sont pris pour les fins, nous ne voulons pas de n'importe quelle° justice. Cela peut provoquer l'ironie des réalistes et Jean Guéhenno vient de l'éprouver. Mais c'est lui qui a raison et notre conviction est que son apparente folie est la seule sagesse souhaitable° pour aujourd'hui. Car il s'agit de faire, en effet, le salut° de l'homme. Non pas en se plaçant hors du monde,[34] mais à travers l'histoire elle-même. Il s'agit de servir la dignité de l'homme par des moyens qui restent dignes au milieu d'une histoire qui ne l'est pas.° On mesure la difficulté et le paradoxe d'une pareille entreprise.

nous... our opinions differ

de... among the latter

n'importe... just any sort of

desirable salvation

ne... is not (*worthy*)

Nous savons, en effet, que le salut des hommes est peut-être impossible, mais nous disons que ce n'est pas une raison pour cesser de le tenter et nous disons surtout qu'il n'est pas permis de le dire impossible avant d'avoir fait une bonne fois° ce qu'il fallait pour démontrer qu'il ne l'était pas.

une... once and for all

Aujourd'hui, l'occasion nous en est donnée. Ce pays est pauvre et nous sommes pauvres avec lui. L'Europe est misérable, sa misère est la nôtre. Sans richesses et sans héritage matériel, nous sommes peut-être entrés dans une liberté où nous pouvons nous livrer à° cette folie qui s'appelle la vérité.

nous... indulge in

Il nous est arrivé ainsi de dire déjà notre conviction qu'une dernière chance nous était donnée. Nous pensons vraiment qu'elle est la dernière. La ruse, la violence, le sacrifice aveugle des

---

[34] **hors du monde** outside the world (*as Christianity would suggest*).

hommes, il y a des siècles que ces moyens ont fait leurs preuves.° Ces preuves sont amères. Il n'y a plus qu'une chose à tenter, qui est la voie moyenne et simple d'une honnêteté sans illusions, de la sage loyauté, et l'obstination à renforcer seulement la dignité humaine. Nous croyons que l'idéalisme est vain. Mais notre idée, pour finir, est que le jour où des hommes voudront mettre au service du bien le même entêtement° et la même énergie inlassable° que d'autres mettent au service du mal, ce jour-là les forces du bien pourront triompher — pour un temps très court peut-être, mais pour un temps cependant, et cette conquête sera alors sans mesure.°

Pourquoi, nous dira-t-on enfin, revenir sur ce débat? Il y a tant de questions plus urgentes qui sont d'ordre pratique.° Mais nous n'avons jamais reculé à° parler de ces questions d'ordre pratique. La preuve est que, lorsque nous en parlons, nous ne contentons pas tout le monde.

Et, par ailleurs, il fallait bien y revenir parce qu'en vérité, il n'est pas de question plus urgente. Oui, pourquoi revenir sur ce débat? Pour que le jour où, dans un monde rendu à la sagesse réaliste, l'humanité sera retournée à la démence° et à la nuit, des hommes comme Guéhenno se souviennent qu'ils ne sont pas seuls et pour qu'ils sachent alors que la pureté, quoi qu'on en pense,° n'est jamais un désert.

VI

(*Combat*, 24 novembre 1944)

Plus on y réfléchit, plus on se persuade qu'une doctrine socialiste est en train de prendre corps° dans de larges fractions de l'opinion politique. Nous l'avons seulement indiqué hier. Mais le sujet vaut qu'on y apporte de la précision.³⁵ Car enfin, rien de tout cela n'est original. Des critiques mal disposés pourraient° s'étonner que les hommes de la résistance et beaucoup de Français avec eux aient fait tant d'efforts pour en arriver là.°

---

³⁵ **vaut ... précision** deserves being treated with more precision.

Mais d'abord, il n'est pas absolument nécessaire que les doctrines politiques soient nouvelles. La politique (nous ne disons pas l'action) n'a que faire° du génie. Les affaires humaines sont compliquées dans leur détail, mais simples dans leur principe.

5 La justice sociale peut très bien se faire sans une philosophie ingénieuse. Elle demande quelques vérités de bon sens et ces choses simples que sont la clairvoyance, l'énergie et le désintéressement. En ces matières, vouloir faire du neuf° à tout prix, c'est travailler pour l'an 2000. Et c'est tout de suite, demain si possible,
10 que les affaires de notre société doivent être mises en ordre.

En second lieu, les doctrines ne sont pas efficaces par leur nouveauté, mais seulement par l'énergie qu'elles véhiculent° et par l'esprit de sacrifice des hommes qui les servent. Il est difficile de savoir si le socialisme théorique a représenté quelque chose de
15 profond pour les socialistes de la IIIe République.[36] Mais aujourd'hui, il est comme une brûlure° pour beaucoup d'hommes. C'est qu'il donne une forme à l'impatience et à la fièvre de justice qui les animent.

Enfin, c'est peut-être au nom d'une idée diminuée du socialisme
20 qu'on serait tenté de croire qu'en arriver là est peu de chose. Il y a une certaine forme de cette doctrine que nous détestons peut-être plus encore que les politiques de tyrannie. C'est celle qui se repose dans l'optimisme, qui s'autorise de l'amour de l'humanité pour se dispenser de servir les hommes, du progrès inévitable pour
25 esquiver° les questions de salaires, et de la paix universelle pour éviter les sacrifices nécessaires. Ce socialisme-là est fait surtout du sacrifice des autres. Il n'a jamais engagé celui qui le professait. En un mot, ce socialisme a peur de tout et de la révolution.

Nous avons connu cela. Et il est vrai que ce serait peu de
30 chose s'il fallait seulement y revenir. Mais il est un autre socialisme, qui est décidé à payer. Il refuse également le mensonge et la faiblesse. Il ne se pose pas la question futile du progrès, mais il est persuadé que le sort de l'homme est toujours entre les mains de l'homme.

35 Il ne croit pas aux doctrines absolues et infaillibles, mais à

n'a... has no use for

du... something new

convey

burn (on the body)

get around

---

[36] **la IIIe République** the Third Republic (1870–1940)

l'amélioration obstinée, chaotique mais inlassable, de la condition humaine. La justice pour lui vaut bien une révolution. Et si celle-ci lui est plus difficile qu'à d'autres, parce qu'il n'a pas le mépris de l'homme, il a plus de chances aussi de ne demander que des sacrifices utiles.³⁷ Quant à savoir si une telle disposition du cœur et de l'esprit peut se traduire dans les faits, c'est un point sur lequel nous reviendrons.

Nous voulions dissiper aujourd'hui quelques équivoques.°   misunderstandings
Il est évident que le socialisme de la IIIᵉ République n'a pas répondu aux exigences que nous venons de formuler. Il a chance, aujourd'hui, de se réformer. Nous le souhaitons. Mais nous souhaitons aussi que les hommes de la résistance et les Français qui se sentent en accord avec eux, gardent intactes ces exigences fondamentales. Car si le socialisme traditionnel veut se réformer, il ne le fera pas seulement en appelant à lui ces hommes nouveaux qui commencent à prendre conscience de° cette nouvelle doctrine. Il le   prendre... become conscious of
fera en venant lui-même à cette doctrine et en acceptant de s'y incorporer totalement. Il n'y a pas de socialisme sans engagement et fidélité de tout l'être, voilà ce que nous savons aujourd'hui. Et c'est cela qui est nouveau...

XI

(Combat, 8 août 1945)³⁸

Le monde est ce qu'il est, c'est-à-dire peu de chose. C'est ce que chacun sait depuis hier grâce au formidable concert que la radio, les journaux et les agences d'information° viennent de   agences... press services
déclencher° au sujet de la bombe atomique. On nous apprend, en   set off
effet, au milieu d'une foule° de commentaires enthousiastes, que   multitude
n'importe quelle ville d'importance moyenne peut être totalement

---

37 Et si celle-ci ... sacrifices utiles And if it (*i.e., Camus' brand of socialism*) finds revolution more difficult than others (*i.e., orthodox communism*) would, because it does not have contempt for man, it is more likely also to demand only those sacrifices that are really useful.

38 8 août 1945 Note the date; the news of the dropping of the first atomic bomb on Hiroshima, August 6, 1945, had just reached France.

rasée par une bombe de la grosseur d'un ballon de football.° Des journaux américains, anglais et français se répandent en° dissertations élégantes sur l'avenir, le passé, les inventeurs, le coût, la vocation pacifique et les effets guerriers, les conséquences politiques et même le caractère indépendant de la bombe atomique. Nous nous résumerons en une phrase : la civilisation mécanique vient de parvenir à son dernier degré de sauvagerie. Il va falloir choisir, dans un avenir plus ou moins proche, entre le suicide collectif ou l'utilisation intelligente des conquêtes scientifiques.

En attendant, il est permis de penser qu'il y a quelque indécence à célébrer ainsi une découverte, qui se met d'abord au service de la plus formidable rage de destruction dont l'homme ait fait preuve.° depuis des siècles. Que dans un monde livré à tous les déchirements de la violence, incapable d'aucun contrôle, indifférent à la justice et au simple bonheur des hommes, la science se consacre au meurtre° organisé, personne sans doute, à moins d'idéalisme impénitent, ne songera à s'en étonner.

Ces découvertes doivent être enregistrées,° commentées selon ce qu'elles sont, annoncées au monde pour que l'homme ait une juste idée de son destin. Mais entourer ces terribles révélations d'une littérature pittoresque ou humoristique, c'est ce qui n'est pas supportable.

Déjà, on ne respirait pas facilement dans un monde torturé. Voici qu'une angoisse nouvelle nous est proposée, qui a toutes les chances d'être définitive. On offre sans doute à l'humanité sa dernière chance. Et ce peut être après tout le prétexte d'une édition spéciale.° Mais ce devrait être plus sûrement le sujet de quelques réflexions et de beaucoup de silence.

Au reste, il est d'autres raisons d'accueillir avec réserve le roman d'anticipation° que les journaux nous proposent. Quand on voit le rédacteur° diplomatique de l'Agence Reuter[39] annoncer que cette invention rend caducs° les traités ou périmées° les décisions mêmes de Potsdam,[40] remarquer qu'il est indifférent

ballon... soccer ball
se... launch into

dont... which man has displayed

murder

recorded

extra

roman... science-fiction novel
editor
obsolete   out-of-date

---

[39] **l'Agence Reuter** Reuters, the British news agency.
[40] **Potsdam** the Potsdam Conference, 1945, at which new borders were set in Central and Eastern Europe.

150   PREMIÈRES DÉCOUVERTES LITTÉRAIRES

que les Russes soient à Kœnigsberg[41] ou la Turquie aux Dardanelles,[42] on ne peut se défendre de supposer à ce beau concert des intentions assez étrangères au désintéressement scientifique.[43]

Qu'on nous entende bien. Si les Japonais capitulent après la destruction d'Hiroshima et par l'effet de l'intimidation, nous nous en réjouirons. Mais nous nous refusons à tirer d'une aussi grave nouvelle autre chose que la décision de plaider plus énergiquement encore en faveur d'une véritable société internationale, où les grandes puissances n'auront pas de droits supérieurs aux petites et aux moyennes nations, où la guerre, fléau° devenu définitif par le seul effet de l'intelligence humaine, ne dépendra plus des appétits ou des doctrines de tel ou tel État.   scourge

Devant les perspectives terrifiantes qui s'ouvrent à l'humanité, nous apercevons encore mieux que la paix est le seul combat qui vaille d'être mené.[44] Ce n'est plus une prière, mais un ordre qui doit monter des peuples vers les gouvernements, l'ordre de choisir définitivement entre l'enfer° et la raison.   hell

QUESTIONS

I

1. À la fin de la guerre mondiale, quel était le problème fondamental de l'Europe d'après *Le Figaro*?
2. Comment poser ce problème plus simplement?
3. Cette conciliation est-elle difficile?
4. Pourquoi est-ce si difficile?
5. Le christianisme peut-il fournir une solution?
6. Doit-on alors abandonner l'idée de concilier la justice et la liberté?
7. Si nous ne réussissons pas à les concilier, que se passera-t-il?

---

[41] **Kœnigsberg** now Kaliningrad; the former capital of East Prussia, now in the Soviet Union.

[42] **Dardanelles** strategic Turkish straits between the Aegean and the Black Seas.

[43] **on ... scientifique** one cannot keep from attributing this beautiful harmony to intentions rather removed from scientific disinterestedness.

[44] **qui vaille d'être mené** which is worth being fought (*vaille:* subjunctive of *valoir*).

II

8. Le journal *Combat* est-il anticommuniste?
9. Quelle est la signification de sa formule sur l'anticommunisme et la dictature?
10. Camus est-il donc communiste?
11. Qu'est-ce qu'il a en commun avec les communistes?
12. Le journalisme est-il un bon moyen pour expliquer des idées complexes?
13. Que demande-t-il à ses camarades communistes?

III

14. Quel est le sujet de cet article?
15. Y a-t-il plusieurs sortes d'ordre?
16. Est-ce que les révolutions amènent toujours le désordre?
17. Que faut-il pour avoir un bon ordre social?
18. Est-ce que l'ordre renforce la justice?
19. Camus aime-t-il la violence?

IV

20. Quel est le sujet de cet article?
21. À quoi des concessions de faiblesse ou de fatigue peuvent-elles aboutir?
22. Camus accepte-t-il les attitudes de la vieille génération?
23. Après quatre années d'occupation et de souffrance, doit-on se reposer?

V

24. Quel est le sujet de cet article?
25. Camus croit-il que les fins justifient les moyens?
26. Qui attaque-t-il ici?
27. Pourquoi ce débat est-il si important pour Camus?
28. Est-il facile de faire le salut de l'homme?

VI

29. La justice sociale peut-elle se faire sans une philosophie ingénieuse?
30. De quelle "philosophie ingénieuse" parle-t-il?
31. Que reproche-t-il à certains communistes?
32. Croit-il aux doctrines absolues et infaillibles?
33. Que veut-il alors?

XI

34. Qu'est-ce qui a inspiré cet article?
35. Camus est-il enchanté par la bombe atomique?
36. Quelle conclusion en tire-t-il?
37. Quelle est la seule guerre qu'on doive mener?

EXERCISES

A. Nouns may be formed from adjectives or verbs in French by adding a number of different endings, with or without modification of the basic stem.

(Examples: *libre—liberté; observer—observation*).

These formations are quite arbitrary, however, and do not follow definite rules. Give the nouns formed from the following adjectives (all are to be found in the Camus text).

1. franc
2. contraire
3. chrétien
4. grand
5. difficile
6. humain
7. clair
8. parfait
9. seul
10. certain
11. différent
12. nécessaire
13. amer
14. faible
15. facile
16. délicat
17. capable
18. sage
19. loyal
20. sauvage

Now give the nouns which are derived from the following verbs (all are also in the text).

1. organiser
2. commenter
3. soumettre
4. commencer
5. exprimer
6. renouveler
7. entreprendre
8. se méfier
9. résulter
10. trahir
11. conquérir
12. brûler
13. découvrir
14. détruire
15. déchirer

B. Use five of the above nouns in sentences of your own making.

C. Study the following examples of irregular subjunctives, taken from the text.

... sachons que c'est le seul effort qui ... vaille qu'on vive.
... le seul ordre qui ait du sens...
... pour qu'ils sachent alors que la pureté ... n'est jamais un désert
... il est indifférent que les Russes soient à Koenigsberg...
Il n'est pas si commun qu'un ministre tienne à son pays le langage d'une morale virile...

Now add the expressions given to the sentences below, changing the verb to the subjunctive.

Example: *Il fait cela. (Il faut que _____)*
Il faut qu'il fasse cela.

1. Cela ne vaut pas la peine. (J'ai peur que _____)
2. Tu sais ceci. (Je veux absolument que _____)
3. Nous sommes perdus. (Il est impossible que _____)
4. Cette corde tiendra. (Je doute que _____)
5. Elle vient à la réunion. (Il est essentiel que _____)
6. Il a le temps. (Je ne crois pas que _____)
7. Je suis socialiste. (Ils ne veulent pas que _____)
8. Vous n'avez pas de courage. (C'est dommage que _____)

D. Restore the prepositions, if any, used before the infinitive in the following sentences (taken from the Camus text).

Examples: *Je veux _____ partir.*
Je veux partir.
Je tiens _____ partir.
Je tiens à partir.

1. Nous essayons _____ ne pas céder.
2. Il a fallu _____ accepter _____ avoir tort.
3. Nous serions tentés _____ y voir le pire désordre.
4. Nous demandons à nos camarades communistes _____ y réfléchir.
5. Le patriotisme n'a pas toujours suffi _____ faire lever les hommes.
6. Ce n'est pas une raison pour cesser _____ le tenter.
7. Ces hommes nouveaux commencent _____ prendre conscience de cette nouvelle doctrine.
8. C'est un bel article qu'on ne saurait _____ laisser _____ passer.
9. Il s'agit _____ savoir si tous les moyens sont bons.
10. Personne ne songera _____ s'en étonner.

E. Study the following examples.

Il est difficile de régler ce problème.
Ce problème est difficile à régler.

Now convert the sentences below from the first type to the second, as indicated.

1. Il est difficile de résoudre ce dilemme. Ce dilemme _____.
2. Il est facile de nettoyer ce plancher. Ce plancher _____.
3. Il est difficile de comprendre cette doctrine. Cette doctrine _____.
4. Il est facile de lire cet auteur. Cet auteur _____.
5. Il est difficile de discuter ce sujet. Ce sujet _____.

Alexis de Tocqueville
(1805–1869)

Written in 1835, De Tocqueville's De la démocratie en Amérique *is one of the best studies ever made of the American political and social scene. De Tocqueville had visited our country in 1831 when, as a minor French civil servant, he was sent to study prison conditions here. He became convinced that democracy was the inevitable political form of the future and broadened his inquiry, as he explained in his preface, to seek "the image of democracy itself, with its inclinations, its character, its passions, its prejudices, in order to learn what we have to fear or to hope from its progress." His work naturally focused on problems specific to early nineteenth-century America; but even though some of it now seems dated, much remains extraordinarily relevant, as the following passages indicate.*

De la démocratie en Amérique

Introduction

    Parmi les objets nouveaux qui, pendant mon séjour° aux États-Unis, ont attiré mon attention, aucun n'a plus vivement frappé mes regards que l'égalité des conditions.° Je découvris sans peine l'influence prodigieuse qu'exerce[1] ce premier fait sur la marche de
5 la société; il donne à l'esprit public une certaine direction, un certain tour aux lois; aux gouvernants° des maximes nouvelles, et des habitudes particulières aux gouvernés.°

    Bientôt je reconnus que ce même fait étend son influence fort au-delà des mœurs politiques et des lois, et qu'il n'obtient pas moins
10 d'empire° sur la société civile que sur le gouvernement : il crée des opinions, fait naître des sentiments, suggère des usages et modifie tout ce qu'il ne produit pas.

    Ainsi donc, à mesure que° j'étudiais la société américaine, je voyais de plus en plus, dans l'égalité des conditions, le fait généra-
15 teur° dont chaque fait particulier semblait descendre, et je le retrouvais sans cesse devant moi comme un point central où toutes mes observations venaient aboutir.

    Alors je reportai° ma pensée vers notre hémisphère,° et il me sembla que j'y distinguais quelque chose d'analogue au spectacle
20 que m'offrait le Nouveau-Monde. Je vis l'égalité des conditions qui, sans y avoir atteint comme aux États-Unis ses limites ex-

---

[1] What is the subject of *exerce*?

156 PREMIÈRES DÉCOUVERTES LITTÉRAIRES

trêmes, s'en rapprochait chaque jour davantage°; et cette même démocratie, qui régnait sur les sociétés américaines, me parut en Europe s'avancer rapidement vers le pouvoir.

De ce moment j'ai conçu l'idée du livre qu'on va lire.

Une grande révolution démocratique s'opère° parmi nous, tous la voient; mais tous ne la jugent point de la même manière. Les uns° la considèrent comme une chose nouvelle, et, la prenant pour un accident, ils espèrent pouvoir encore l'arrêter; tandis que d'autres la jugent irrésistible, parce qu'elle leur semble le fait le plus continu, le plus ancien et le plus permanent que l'on connaisse dans l'histoire...

C'est pour unir les avantages divers qui résultent de la grandeur et de la petitesse des nations que le système fédératif a été créé.

Il suffit de jeter un regard sur° les États-Unis d'Amérique, pour apercevoir tous les biens qui découlent° pour eux de l'adoption de ce système.

Chez° les grandes nations centralisées, le législateur est obligé de donner aux lois un caractère uniforme que ne comporte° pas la diversité des lieux et des mœurs; n'étant jamais instruit des cas particuliers, il ne peut procéder que par des règles générales; les hommes sont alors obligés de se plier° aux nécessités de la législation, car la législation ne sait point s'accommoder aux besoins et aux mœurs des hommes : ce qui est une grande cause de troubles° et de misères.

Cet inconvénient n'existe pas dans les confédérations : le congrès règle les principaux actes de l'existence sociale; tout le détail en est abandonné aux législations provinciales.

On ne saurait se figurer° à quel point cette division de la souveraineté sert au bien-être° de chacun des États dont l'Union se compose. Dans ces petites sociétés que ne préoccupe point le soin de se défendre ou de s'agrandir, toute la puissance publique et toute l'énergie individuelle sont tournées du côté des améliorations intérieures. Le gouvernement central de chaque État étant placé tout à côté des gouvernés, est journellement° averti des besoins qui se font sentir°; aussi° voit-on présenter chaque année de nouveaux plans qui, discutés dans les assemblées communales ou devant la législature de l'État, et reproduits ensuite par la presse, excitent

s'en... came closer to it every day

is taking place

Les... Some

jeter... glance at
result

(here) In
call for

se... conform

disturbances

On... One cannot imagine
well-being

daily
se... come up therefore

ALEXIS DE TOCQUEVILLE 157

l'intérêt universel et le zèle des citoyens. Ce besoin d'améliorer agite sans cesse les républiques américaines et ne les trouble pas; l'ambition du pouvoir y laisse la place à l'amour du bien-être, passion plus vulgaire, mais moins dangereuse...

5 Dans l'Union cependant, comme chez un seul et même peuple, circulent librement les choses et les idées. Rien n'y arrête l'essor° de l'esprit d'entreprise. Son gouvernement appelle à lui les talents et les lumières. En dedans° des frontières de l'Union règne une paix profonde, comme dans l'intérieur d'un
10 pays soumis au même empire; en dehors, elle prend rang° parmi les plus puissantes nations de la terre; elle offre au commerce étranger plus de 800 lieues de rivages°; et, tenant dans ses mains les clés° de tout un monde, elle fait respecter son pavillon° jusqu'aux extrémités des mers.

15 L'Union est libre et heureuse comme une petite nation, glorieuse et forte comme une grande....

essor° rise
En... Within
prend... ranks
shoreline
keys flag

La Tyrannie de la majorité
Tome II, chapitre VII

... La majorité a donc aux États-Unis une immense puissance de fait° et une puissance d'opinion presque aussi grande; et, lorsqu'elle est une fois formée sur une question, il n'y a, pour ainsi
20 dire,° point d'obstacles qui puissent, je ne dirai pas arrêter, mais même retarder sa marche,° et lui laisser le temps d'écouter les plaintes° de ceux qu'elle écrase en passant.

Les conséquences de cet état de choses sont funestes et dangereuses pour l'avenir...

25 Ce que je reproche° le plus au gouvernement démocratique, tel qu'on l'a organisé aux États-Unis, ce n'est pas, comme beaucoup de gens le prétendent en Europe, sa faiblesse, mais au contraire sa force irrésistible. Et ce qui me répugne° le plus en Amérique, ce n'est pas l'extrême liberté qui y règne, c'est le peu de° garantie
30 qu'on y trouve contre la tyrannie.

Lorsqu'un homme ou un parti souffre d'une injustice aux États-Unis, à qui voulez-vous qu'il s'adresse? À l'opinion publique?

puissance... de facto (*real*) authority
pour... so to speak
retarder... delay its progress
complaints

reproche° find wrong

répugne° ce... what I dislike
peu... inadequate

c'est elle qui forme la majorité; au corps législatif? il représente la majorité et lui obéit aveuglément°; au pouvoir exécutif? il est nommé par la majorité et lui sert d'°instrument passif; à la force publique²? la force publique n'est autre chose° que la majorité sous les armes; au jury? le jury c'est la majorité revêtue du° droit de prononcer des arrêts : les juges eux-mêmes, dans certains États, sont élus par la majorité. Quelque inique ou déraisonnable que soit° la mesure qui vous frappe, il faut donc vous y soumettre.³

On vit à Baltimore, lors de° la guerre de 1812,⁴ un exemple frappant des excès que peut amener le despotisme de la majorité. À cette époque, la guerre était très populaire à Baltimore. Un journal, qui s'y montrait fort opposé, excita par cette conduite l'indignation des habitants. Le peuple s'assembla, brisa les presses, et attaqua les maisons des journalistes. On voulut° réunir la milice°; mais elle ne répondit point à l'appel. Afin de° sauver les malheureux que menaçait la fureur publique, on prit le parti° de les conduire en prison, comme des criminels. Cette précaution fut inutile : pendant la nuit, le peuple s'assembla de nouveau; les magistrats ayant encore échoué° pour réunir la milice, la prison fut forcée, un des journalistes fut tué sur place,° les autres restèrent° pour morts : les coupables déférés° au jury furent acquittés.

Je disais un jour à un habitant de la Pensylvanie : — Expliquez-moi, je vous prie, comment, dans un État fondé par des quakers, et renommé pour sa tolérance, les Nègres affranchis° ne sont pas admis à exercer les droits de citoyens. Ils payent l'impôt, n'est-il pas juste qu'ils votent? — Ne nous faites pas cette injure,⁵ me répondit-il, de croire que nos législateurs aient commis un acte aussi grossier° d'injustice et d'intolérance. — Ainsi, chez vous, les Noirs ont le droit de voter? — Sans aucun doute. — Alors, d'où vient° qu'au collège électoral° ce matin je n'en ai pas aperçu un seul dans l'assemblée? — Ceci n'est pas la faute de la loi, me dit

---

² **force publique** police and army.
³ The two paragraphs which follow are a footnote in the original text.
⁴ **la guerre de 1812** the War of 1812, against the English, was very unpopular in certain sections of the country, but supported in others.
⁵ **Ne ... injure** Do not insult us that way.

ALEXIS DE TOCQUEVILLE 159

l'Américain; les Nègres ont, il est vrai, le droit de se présenter aux élections; mais ils s'abstiennent° volontairement d'y paraître. — Voilà bien de la° modestie de leur part. — Oh! ce n'est pas qu'ils refusent d'y aller; mais ils craignent qu'on les y maltraite.° Chez nous, il arrive quelquefois que la loi manque de force, quand la majorité ne l'appuie° point. Or, la majorité est imbue° des plus grands préjugés contre les Nègres, et les magistrats ne se sentent pas la force[6] de garantir à ceux-ci° les droits que le législateur leur a conférés. — Hé quoi! la majorité, qui a le privilège de faire la loi, veut encore avoir celui de désobéir à la loi?...

Si jamais la liberté se perd en Amérique, il faudra s'en prendre à° l'omnipotence de la majorité, qui aura porté les minorités au désespoir, et les aura forcées de faire un appel à° la force matérielle. On verra alors l'anarchie, mais elle arrivera comme conséquence du despotisme.

Vue générale du sujet
Tome III, quatrième partie, chapitre VIII

Je voudrais, avant de quitter pour jamais la carrière° que je viens de parcourir, pouvoir embrasser d'un dernier regard tous les traits divers qui marquent la face du monde nouveau, et juger enfin de l'influence générale que doit exercer l'égalité sur le sort des hommes; mais la difficulté d'une pareille entreprise m'arrête; en présence d'un si grand objet je sens ma vue qui se trouble[7] et ma raison qui chancelle.°

Cette société nouvelle que j'ai cherché à peindre et que je veux juger ne fait que naître.[8] Le temps n'en a point encore arrêté° la forme; la grande révolution qui l'a créée dure encore, et, dans ce qui arrive de nos jours,° il est presque impossible de discerner ce qui doit passer avec la révolution elle-même, et ce qui doit rester après elle.

---

[6] **ne ... force** do not feel they have the power.
[7] **ma vue qui se trouble** my sight growing dim.
[8] **ne fait que naître** has only just been born.

160 PREMIÈRES DÉCOUVERTES LITTÉRAIRES

Le monde qui s'élève est encore à moitié engagé° sous les débris du monde qui tombe, et, au milieu de l'immense confusion que présentent les affaires humaines, nul ne saurait dire° ce qui restera debout des vieilles institutions et des anciennes mœurs, et ce qui achèvera d'en disparaître.°

Quoique la révolution qui s'opère dans l'état social, les lois, les idées, les sentiments des hommes, soit encore bien loin d'être terminée, déjà on ne saurait comparer ses œuvres avec rien de ce qui s'est vu[9] précédemment dans le monde. Je remonte° de siècle en siècle jusqu'à l'antiquité la plus reculée°; je n'aperçois rien de semblable à ce qui est sous mes yeux. Le passé n'éclairant° plus l'avenir, l'esprit marche dans les ténèbres.

Cependant au milieu de ce tableau si vaste, si nouveau, si confus, j'entrevois° déjà quelques traits principaux qui se dessinent,° et je les indique.

Je vois que les biens et les maux[10] se répartissent° assez également dans le monde. Les grandes richesses disparaissent; le nombre des petites fortunes s'accroît°; les désirs et les jouissances° se multiplient; il n'y a plus de prospérités extraordinaires ni de misères irrémédiables. L'ambition est un sentiment universel, il y a peu d'ambitions vastes. Chaque individu est isolé et faible; la société est agile, prévoyante° et forte; les particuliers° font de petites choses, et l'État d'immenses.

Les âmes ne sont pas énergiques; mais les mœurs sont douces et les législations humaines. S'il se rencontre° peu de grands dévouements,° de vertus très hautes, très brillantes et très pures, les habitudes sont rangées,° la violence rare, la cruauté presque inconnue. L'existence des hommes devient plus longue et leur propriété plus sûre. La vie n'est pas très ornée,° mais très aisée° et très paisible. Il y a peu de plaisirs très délicats et très grossiers, peu de politesse dans les manières et peu de brutalité° dans les goûts. On ne rencontre guère d'hommes très savants ni de populations très ignorantes. Le génie devient plus rare et les lumières plus communes. L'esprit humain se développe par les

---

9 **rien ... s'est vu** anything which has been seen.
10 **maux** (*plural of* **mal**).

petits efforts combinés de tous les hommes, et non par l'impulsion puissante de quelques-uns d'entre eux. Il y a moins de perfection, mais plus de fécondité dans les œuvres. Tous les liens° de race, de classe, de patrie, se détendent; le grand lien de l'humanité se
5 resserre.°

Si parmi tous ces traits divers je cherche celui qui me paraît le plus général et le plus frappant, j'arrive à voir° que ce qui se remarque¹¹ dans les fortunes se représente° sous mille autres formes. Presque tous les extrêmes s'adoucissent et s'émoussent°;
10 presque tous les points saillants° s'effacent pour faire place à quelque chose de moyen,° qui est tout à la fois° moins haut et moins bas, moins brillant et moins obscur que ce qui se voyait dans le monde.

Lorsque le monde était rempli d'hommes très grands et très
15 petits, très riches et très pauvres, très savants et très ignorants, je détournais mes regards des seconds pour ne les attacher que sur les premiers, et ceux-ci réjouissaient ma vue°; mais je comprends que ce plaisir naissait de ma faiblesse : c'est parce que je ne puis voir en même temps tout ce qui m'environne° qu'il m'est permis¹²
20 de choisir ainsi et de mettre à part,° parmi tant d'objets, ceux qu'il me plaît de contempler. Il n'en est pas de même de° l'être tout puissant° et éternel dont l'œil enveloppe nécessairement l'ensemble° des choses, et qui voit distinctement, bien qu'à la fois,¹³ tout le genre humain° et chaque homme.

25 Il est naturel de croire que ce qui satisfait le plus les regards de ce créateur et de ce conservateur des hommes, ce n'est point la prospérité singulière de quelques-uns, mais le plus grand bien-être de tous; ce qui me semble une décadence est donc à ses yeux un progrès; ce qui me blesse° lui agrée.° L'égalité est moins
30 élevée peut-être; mais elle est plus juste, et sa justice fait sa grandeur et sa beauté.

bonds

is tightened

j'arrive... I realize
se... is manifested

are blunted
sharp
in between   tout... at once

réjouissaient... delighted my eyes

surrounds me

mettre... set apart
Il... Such is not the case with
tout... all powerful
the whole
le... human kind

offends   is pleasing

---

¹¹ **se remarque** is to be noticed.
¹² **il m'est permis** I have the right.
¹³ **bien qu'à la fois** though all at once.

162   PREMIÈRES DÉCOUVERTES LITTÉRAIRES

QUESTIONS

1. Qu'est-ce qui a le plus frappé de Tocqueville aux États-Unis?
2. Pourquoi ce phénomène de l'égalité des conditions est-il si important?
3. Voit-il le même phénomène en Europe?
4. Quelle révolution s'opère parmi les Français et les Européens?
5. Pourquoi le système fédératif a-t-il été créé?
6. Quel désavantage une nation centralisée a-t-elle?
7. Quelle valeur les confédérations ont-elles?
8. Quel autre avantage un système d'états confédérés a-t-il?
9. Comment l'union américaine réunit-elle l'avantage de la petitesse et de la grandeur?
10. Quels sont les dangers pour un état comme les États-Unis d'Amérique?
11. Pourquoi n'y a-t-il pas de garantie contre la tyrannie?
12. Quel exemple de Tocqueville donne-t-il de la tyrannie de la majorité dans l'opinion publique?
13. Si les minorités ne peuvent pas protester contre la tyrannie de la majorité, qu'est-ce qui peut arriver?
14. Pourquoi est-il si difficile de juger les États-Unis?
15. Quel autre problème y a-t-il?
16. De Tocqueville croit-il pouvoir discerner quelque chose dans l'obscurité?
17. Comment résumer ce qu'il voit?
18. De Tocqueville a-t-il raison de trouver que les Américains ne sont pas extrêmes?

EXERCISES

A. Give the French equivalents for the English expressions in parentheses in the following sentences.

1. Je distinguais (something analogous) en Europe.
2. (I conceived) l'idée de ce livre.
3. C'est pour cela que le système fédératif (was created).
4. Il suffit de (cast a glance over) les États-Unis.
5. L'Union (is composed of) plusieurs états.
6. Je lui reproche (its weakness) et non (its strength).
7. Le corps législatif (obeys blindly) la majorité.
8. (However unreasonable that measure may be), il faut vous y soumettre.
9. Ici (we pay taxes).
10. La loi (lacks) force quand la majorité (does not support it).
11. (The past) n'éclaire plus (the future).
12. Je ne puis voir en même temps (everything which surrounds me).

B. Write a French sentence to illustrate the meaning of each of the following words and expressions: *attirer, à mesure que, s'agrandir, amélioration, s'en prendre à*

C. Study the following examples.

Je découvris sans peine l'influence prodigieuse qu'exerce ce premier fait sur la marche de la société.

Le législateur est obligé de donner aux lois un caractère uniforme que ne comporte pas la diversité des lieux et des mœurs.

Je voudrais ... juger enfin de l'influence générale que doit exercer l'égalité sur le sort des hommes.

Note that in each case the subject of the relative clause follows the verb (qu'exerce ce premier fait = que ce premier fait exerce). Compare:

C'est l'étudiant qu'écoute le professeur. (The teacher is listening to the student.)
C'est l'étudiant qui écoute le professeur. (The student is listening to the teacher.)

Now change the sentences below to simple ones, showing which is the subject and which the object.

Examples: *C'est l'étudiant qui voit le professeur.*
L'étudiant voit le professeur.
C'est l'étudiant que voit le professeur.
Le professeur voit l'étudiant.

1. C'est le cours que suivra mon fils.
2. C'est le livre qui traite des États-Unis.
3. C'est le législateur qui fait les lois.
4. C'est le livre que lisent les législateurs.
5. Ce sont les affaires publiques que discutent les assemblées.
6. C'est le manifeste qu'écrivent les révolutionnaires.
7. C'est la majorité qui opprime les minorités.
8. C'est l'égalité que désirent tous les citoyens.

D. Study the following example sentences, in which a reflexive verb is used to indicate a process which is taking place.

... le monde qui s'élève...
... la révolution qui s'opère...
... quelques traits principaux qui se dessinent...
... le nombre des petites fortunes s'accroît...
... les désirs et les jouissances se multiplient...
... presque tous les points saillants s'effacent...

Now substitute a reflexive verb for the English expression in parentheses in the following sentences.

1. Les richesses (are multiplying).
2. L'esprit humain (is developing).
3. Le coureur (is getting tired).
4. Le soleil (is rising).
5. Les enfants (are going to bed).

6. Cette voiture (is approaching).
7. Les soldats (are advancing).
8. (I am getting used) à cela.
9. La situation (is getting better).
10. Son pouvoir (is growing).

Victor Hugo
(1802–1885)

One of the greatest of French writers, Hugo is best known in the United States for his novel Les Misérables *(1862), but he is more honored in France as a poet. Late in his career he composed a vast verse epic of mankind entitled* La Légende des siècles *(an awkward translation would be* The Chronicles and Legends of the Ages*). One small poem taken from it will give an idea of Hugo's mastery of traditional French verse forms (the poem is written in the twelve-syllable "Alexandrine" verse) and also his insight into future directions of social protest. In this poem, set vaguely in the final years of the decaying Roman Empire, he foresaw clearly the impact of the masses in the twentieth century, and while he was nervous about the coming upheavals, Hugo sympathized with the plight of the poor and the oppressed.*

Aide offerte à Majorien[1]

Germanie.[2] Forêt. Crépuscule.° Camp. Majorien à un créneau.°   dusk battlement
Une immense horde humaine emplissant l'horizon.

UN HOMME DE LA HORDE
Majorien, tu veux de l'aide. On t'en apporte.
MAJORIEN
Qui donc est là?
L'HOMME
La mer des hommes bat ta porte.
MAJORIEN
Peuple, quel est ton chef?
L'HOMME
Le chef s'appelle Tous.
MAJORIEN
As-tu des tyrans?
L'HOMME
Deux. Faim et soif.

---

[1] **Majorien** Majorianus, emperor of the Western Roman Empire in the fifth century A.D. (*during the Barbarian invasions*).
[2] **Germanie** Germania, area occupied by Germanic tribes in days of the Roman Empire. (*What is Germany called in French today?*)

168 PREMIÈRES DÉCOUVERTES LITTÉRAIRES

MAJORIEN
Qu'êtes-vous?

L'HOMME
Nous sommes les marcheurs de la foudre° et de l'ombre.   thunderbolt

5 MAJORIEN
Votre pays?

L'HOMME
La nuit.

MAJORIEN
10 Votre nom?

L'HOMME
Les Sans nombre.°   **Les...** The Numberless Host

MAJORIEN
Ce sont vos chariots° qu'on voit partout là-bas?   wagons

15 L'HOMME
Quelques-uns seulement de nos chars° de combats.   chariots
Ce que tu vois ici n'est que notre avant-garde.
Dieu seul peut nous voir tous quand sur terre il regarde.°   **quand...** = quand il regarde sur terre

MAJORIEN
20 Qu'est-ce que vous savez faire en ce monde?

L'HOMME
Errer.°   to wander

MAJORIEN
Vous qui cernez° mon camp, peut-on vous dénombrer°?   surround   count

25 L'HOMME
Oui.

MAJORIEN
Pour passer ici devant l'aigle° romaine,   (*here*) standard
Combien vous faudra-t-il° de temps?   will it take

30 L'HOMME
Une semaine.

MAJORIEN
Qu'est-ce que vous voulez?

L'HOMME
35 Nous nous offrons à toi.
Car avec du néant° nous pouvons faire un roi.   nothing

MAJORIEN
César° vous a vaincus.   (*Julius*) Caesar

VICTOR HUGO 169

L'HOMME
Qui, César?

MAJORIEN
Nul° ne doute   No one
Que Dentatus[3] n'ait mis vos hordes en déroute.°   en... to flight

L'HOMME
Va-t'en le demander aux os de Dentatus.

MAJORIEN
Spryx[4] vous dompta.°   subdued

L'HOMME
Je ris.

MAJORIEN
Cimber[5] vous a battus.

L'HOMME
Nous n'avons de battu que[6] le fer de nos casques.°   helmets

MAJORIEN
Qui donc vous a chassés jusqu'ici?

L'HOMME
Les bourrasques,°   gusts of wind
Les tempêtes, la pluie et la grêle°, le vent,   hail
L'éclair,° l'immensité; personne de vivant.[7]   lightning
Nul n'est plus grand que nous sur la terre où nous sommes.
Nous fuyons devant Dieu, mais non devant les hommes.
Nous voulons notre part des tièdes° horizons.   warm
Si tu nous la promets, nous t'aidons. Finissons.
Veux-tu de nous°? La paix. N'en veux-tu pas? La guerre.   Veux... Do you want our help?

MAJORIEN
Me redoutez°-vous?   fear

L'HOMME
Non.

---

[3] **Dentatus** Curius Dentatus, Roman consul of the third century B.C., who fought barbarians.
[4] **Spryx** name invented by Hugo.
[5] **Cimber** perhaps Marius, conqueror of the Cimbri, 101 B.C.
[6] **Nous n'avons de battu que** All we have that is beaten is.
[7] **personne de vivant** no living man.

170 PREMIÈRES DÉCOUVERTES LITTÉRAIRES

MAJORIEN
Me connaissez-vous?
L'HOMME
Guère.°   Scarcely
MAJORIEN
Que suis-je pour vous?
L'HOMME
Rien. Un homme. Le romain.
MAJORIEN
Mais où donc allez-vous?
L'HOMME
La terre est le chemin,
Le but est l'infini, nous allons à la vie.
Là-bas une lueur° immense nous convie.°   light   invites
Nous nous arrêterons lorsque nous serons là.
MAJORIEN
Quel est ton nom à toi° qui parles?   à... you
L'HOMME
Attila.[8]

---

[8] **Attila** leader of the Huns, fifth century A.D.; legendary symbol of the conquering horde, scourge of the civilized peoples.

VICTOR HUGO

GUY TIROLIEN
(1917–   )

Born in Pointe-à-Pitre in Guadeloupe, Guy Tirolien has been both an administrator and a champion of "négritude." He has been a frequent traveler to Africa and is the author of a volume of poetry entitled Balles d'or *(1963). The following poem shows the strain that the young black person experiences when faced with the problem of adapting to Western and white culture. The sense of revolt is clear, but equally clear is the fact that Tirolien is a poet who can transform anger and resentment into art of great beauty.*

Prière d'un petit enfant nègre

Seigneur° je suis très fatigué.   **Lord**
Je suis né fatigué.
Et j'ai beaucoup marché depuis le chant du coq°   **le...** the cock's crow (*i.e., dawn*)
Et le morne° est bien haut qui mène à leur école.   hill (*Caribbean word*)
5 Seigneur, je ne veux plus aller à leur école.
Faites, je vous en prie, que je n'y aille plus.[1]
Je veux suivre mon père dans les ravines fraîches°   cool
Quand la nuit flotte encore dans le mystère des bois
Où glissent° les esprits que l'aube vient chasser.   lurk
10 Je veux aller pieds nus par les rouges sentiers
Que cuisent° les flammes de midi,   **Que...** Baked by (*note inversion*)
Je veux dormir ma sieste au pied des lourds manguiers,°   mango trees
Je veux me réveiller
Lorsque là-bas mugit° la sirène[2] des blancs   bellows
15 Et que l'Usine°   Factory (*here, sugar refinery*)
Sur l'océan des cannes°   sugar-cane
Comme un bateau ancrée°   **Comme...** = ancrée comme un bateau
Vomit° dans la campagne son équipage° nègre...   Spews out   crew
Seigneur, je ne veux plus aller à leur école,

---

[1] **Faites ... plus** Please see to it that I won't have to go there any more.
[2] **sirène** whistle signaling the end of the work day in the sugar refinery.

Faites, je vous en prie, que je n'y aille plus.
Ils racontent qu'il faut qu'un petit nègre y aille
Pour qu'il devienne pareil
Aux messieurs° de la ville
5 Aux messieurs comme il faut.°
Mais moi je ne veux pas
Devenir, comme ils disent,
Un monsieur de la ville,
Un monsieur comme il faut.
10 Je préfère flâner le long des sucreries°
Où sont les sacs repus°
Que gonfle °un sucre brun autant que ma peau brune.
Je préfère vers l'heure où la lune amoureuse
Parle bas à l'oreille des cocotiers penchés°
15 Écouter ce que dit[3] dans la nuit
La voix cassée° d'un vieux qui raconte en fumant
Les histoires de Zamba[4] et de compère Lapin[4]
Et bien d'autres choses encore
Qui ne sont pas dans les livres.
20 Les nègres, vous le savez, n'ont que trop travaillé.
Pourquoi faut-il de plus° apprendre dans des livres
Qui nous parlent de choses qui ne sont point d'ici?
Et puis elle est vraiment trop triste leur école,
Triste comme
25 Ces messieurs de la ville,
Ces messieurs comme il faut
Qui ne savent plus danser le soir au clair de lune
Qui ne savent plus marcher sur la chair de leurs pieds[5]
Qui ne savent plus conter les contes° aux veillées.[6]
30 Seigneur, je ne veux plus aller à leur école.

---

[3] **dit** What is the subject of this verb? *La voix cassée*
[4] **Zamba** (*the elephant*), **compère Lapin** (*Br'er Rabbit*) characters of Guadeloupean folklore.
[5] **sur ... pieds** on the flesh of their feet (*i.e., barefoot*).
[6] **veillées** evening gatherings.

GUY TIROLIEN

But young blacks are not the only ones who are restive in a traditional Western school, as Jacques Prévert reminds us....

JACQUES PRÉVERT
Page d'écriture

Deux et deux quatre
quatre et quatre huit
huit et huit font seize...
Répétez! dit le maître°   teacher
5 Deux et deux quatre
quatre et quatre huit
huit et huit font seize.
Mais voilà l'oiseau-lyre°   lyre-bird
qui passe dans le ciel
10 l'enfant le voit
l'enfant l'entend
l'enfant l'appelle :
Sauve-moi
joue avec moi
15 oiseau!
Alors l'oiseau descend
et joue avec l'enfant
Deux et deux quatre...
Répétez! dit le maître
20 et l'enfant joue
l'oiseau joue avec lui...
Quatre et quatre huit
huit et huit font seize
et seize et seize qu'est-ce qu'ils font?

176 PREMIÈRES DÉCOUVERTES LITTÉRAIRES

Ils ne font rien seize et seize
et surtout pas trente-deux
de toute façon°   **de...** in any case
et ils s'en vont.
5 Et l'enfant a caché l'oiseau
dans son pupitre°   desk
et tous les enfants
entendent sa chanson
et tous les enfants
10 entendent la musique
et huit et huit à leur tour° s'en vont   **à...** in their turn
et quatre et quatre et deux et deux
à leur tour fichent le camp°   **fichent...** leave (*familiar*)
et un et un ne font ni une ni deux
15 un à un s'en vont également.°   also
Et l'oiseau-lyre joue
et l'enfant chante
et le professeur crie :
Quand vous aurez fini de faire le pitre° !   **faire...** act like a clown
20 Mais tous les autres enfants
écoutent la musique
et les murs de la classe
s'écroulent° tranquillement.   crumble
Et les vitres redeviennent sable
25 l'encre° redevient eau   ink
les pupitres redeviennent arbres
la craie° redevient falaise°   chalk   cliff
le porte-plume° redevient oiseau.   penholder

QUESTIONS

Hugo

1. Quelle atmosphère domine ce poème ?
2. À quoi le peuple est-il comparé ?
3. Pourquoi cette comparaison ?
4. Qui sont ces hordes ?
5. Qui parle pour cette masse ?

6. À la fin du poème, Attila dit où ils vont. Où vont-ils?
7. Quel est le sens du poème?

Tirolien

8. Quel contraste est à la base de ce poème?
9. Quels sont les symboles de la culture blanche?
10. Quels sont les symboles de la culture noire?
11. Pourquoi le garçon préfère-t-il sa propre culture?
12. Pourquoi est-il si fatigué?

Prévert

13. Que fait-on en classe?
14. Les enfants trouvent-ils cela intéressant?
15. À quoi pensent les enfants?
16. Que représente l'oiseau-lyre?

EXERCISES

A. Find the words in the right-hand column which have a similar meaning to those in the left-hand column.

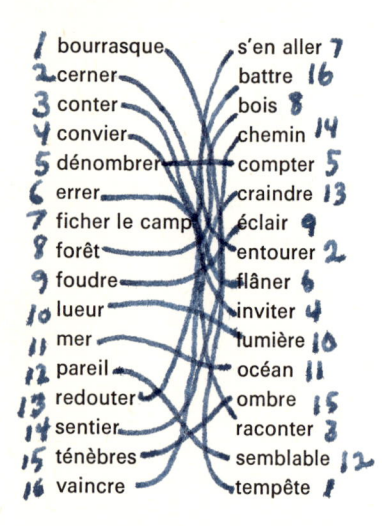

1. bourrasque	s'en aller	7
2. cerner	battre	16
3. conter	bois	8
4. convier	chemin	14
5. dénombrer	compter	5
6. errer	craindre	13
7. ficher le camp	éclair	9
8. forêt	entourer	2
9. foudre	flâner	6
10. lueur	inviter	4
11. mer	lumière	10
12. pareil	océan	11
13. redouter	ombre	15
14. sentier	raconter	3
15. ténèbres	semblable	12
16. vaincre	tempête	1

B. Use five of the above words (from the left-hand column) in sentences of your own making.

178 PREMIÈRES DÉCOUVERTES LITTÉRAIRES

C. Study the following example.

Huit et huit font seize.

Now say out loud and write out the following sums:

```
   2 +   2 =   4      3 +   3 =   6      7 +    7 =   14
  16 +  16 =  32     60 +  15 =  75     54 +   40 =   94
 230 + 182 = 412    350 + 599 = 949   2993 + 1011 = 4004
```

D. Ask the questions which might be answered by the following sentences, substituting an interrogative word or phrase for the underlined expression.

Example: *Un homme est là.*
Qui est là?

1. Mon nom est Majorien.
2. Je veux la paix.
3. Il me faudra une semaine.
4. Les Romains nous ont chassés.
5. La tempête nous a dispersés.
6. Nous redoutons Attila.
7. Nous détestons la guerre.
8. Nous allons à Rome.
9. Nous dansons le soir.
10. Deux et deux font quatre.

ANDRÉ ROUSSIN
(1911–   )

Born in the southern city of Marseilles (French spelling: Marseille), Roussin is one of the most successful of contemporary French playwrights. Despite box-office triumphs, however, he is unlikely to achieve greatness any more than is an American writer of Broadway comedies. Yet we cannot refrain from giving you the following play. A parallel will explain our purpose: The American "Western" movie is a special creation of the culture of the United States, and even though it does not reflect contemporary reality, it would be hard to understand our artistic and social traditions without it. Similarly, since the death of English Restoration comedy, the boudoir farce or triangle play has been considered the property of the French (and it bears as little relationship to their daily life as the Western does to ours). This type of play serves rather as a vehicle for sprightly maxims about people and on the eternally fascinating phenomenon of love. The French are specialists in literature of the art of kiss and tell. The play was first performed in 1949.

The title of the play recalls Molière's famous comedy L'École des femmes *(1662), and one may compare it also with Sheridan's eighteenth-century* School for Scandal.

L'École des dupes

Personnages   *Distribution° à la création°*   cast   opening performance

COLETTE   Jacqueline Gauthier
LUCIE   Jandeline
PHILIPPE   Jean Hebey

Un petit salon.°   parlor

COLETTE. Ah! c'est atroce!
LUCIE. Que se passe-t-il°?   Que...= Qu'est-ce qui se passe?
COLETTE. Tu n'imagines pas ce qu'on° peut souffrir!   ce... how one
LUCIE. Tu as une rage de dents°?   rage... acute toothache
5 COLETTE. Ah! il s'agit bien d'une rage de dents°!   il... some toothache! (*sarcastic*)
LUCIE. Je voyais ton mouchoir serré contre la joue...
COLETTE. Je le serre où je peux! Tu ne sais pas ce que c'est de souffrir comme ça! On pleure, on sèche° ses yeux et on mord°   dries   bites
son mouchoir pour ne pas crier! On devient folle! C'est bien
10 simple, on devient folle! On ne peut plus penser, on ne peut
plus avaler°...   swallow
LUCIE. Mon Dieu! mais dis-moi! Parle!
COLETTE. Parler! On ne peut pas parler non plus! Si tu
t'imagines qu'on peut articuler un mot! On a la gorge° contractée,   throat
15 la bouche sèche, on a les yeux hors de la tête et la tête complètement à l'envers° : comment veux°-tu qu'on parle!   backward   expect
LUCIE. Essaie quand même°!   quand... just the same
COLETTE. Ça ne sort pas.

182   PREMIÈRES DÉCOUVERTES LITTÉRAIRES

LUCIE. Veux-tu que je t'aide?

COLETTE. Comment dis-tu?

LUCIE. Je dis : veux-tu que je t'aide?

COLETTE. À quoi faire?

5 LUCIE. Eh bien... à parler!

COLETTE. Ah!... Oh! tu n'arriveras à rien! Ne te fatigue pas. Autant vaut que° je dise tout immédiatement : Philippe me trompe,° ma chérie!

    Autant... I might as well
    is deceiving

LUCIE. Ah! tu vois! Te voilà soulagée°!

    relieved

10 COLETTE. Oui! Ça fait du bien! Mais tu as entendu ce que je t'ai dit?

LUCIE. Je ne veux pas le croire!

COLETTE. Moi non plus!

LUCIE. Alors ne le crois pas!

15 COLETTE. Comment faire°?

    Comment... How can I do that?

LUCIE. Tu en es sûre?

COLETTE. Non.

LUCIE. Alors ce n'est pas vrai!

COLETTE. Mais oui, c'est vrai!

20 LUCIE. Qu'en sais-tu?

COLETTE. J'ai son carnet de poche.°

    carnet... pocket notebook

LUCIE. Ce n'est peut-être pas le sien!

COLETTE. Comment, pas le sien!

LUCIE. Enfin je ne sais pas... je cherche° à te faire plaisir.

    am trying

25 COLETTE. Ne cherche pas. Ce qui est fait est fait!

LUCIE. Mais tu n'en es pas sûre?

COLETTE. Comment veux-tu que je n'en sois pas sûre?

LUCIE. C'est toi qui me l'as dit!

COLETTE. Parce que je suis folle! Mais je viens de feuilleter° son agenda,° je te répète. Il l'avait oublié dans une poche.

    leafed through
    engagement book

30

LUCIE. Pourquoi l'as-tu ouvert, aussi? Ouvrir un agenda! C'est vraiment se mettre dans la gueule du loup,[1] écoute!

COLETTE. Mais jamais je ne me serais attendue° à ça!

    expected

LUCIE. Avoue que tu l'as cherché!

35 COLETTE. Je n'ai rien cherché du tout!

---

[1] **se mettre ... loup** jumping into the lion's (*literally, wolf's*) mouth.

ANDRÉ ROUSSIN 183

LUCIE. Tu as ouvert son agenda! C'était imprudent.

COLETTE. Je l'ai ouvert... par curiosité, quoi!

LUCIE. Tu serais bien tranquille si tu n'avais pas eu cette curiosité-là, tu vois!

5 COLETTE. Tranquille! je serais trompée, je ne serais pas tranquille! J'aime cent fois mieux tout savoir! Et je n'ai pas fini de fouiller° ses poches maintenant, je te le jure, et de feuilleter ses autres agendas!   °go through

LUCIE. Il en a plusieurs!

10 COLETTE. Ben°... depuis quatre ans, il en a eu quatre! Je lui en ai offert un moi-même chaque année! Si j'avais su qu'il s'en servait pour ça!   °Well (colloq., bien)

LUCIE. Pour quoi?

COLETTE. Pour noter ses rendez-vous, parbleu! Quand je pense
15 que jamais, jamais, je n'ai feuilleté un seul de ses agendas! Il m'a trompée peut-être depuis le début! Et moi je vivais! Bien tranquille! Complètement aveugle!

LUCIE. Tu vois!

COLETTE. Quoi?

20 LUCIE. Que tu étais tranquille quand tu ne savais rien!

COLETTE. Oui, eh bien! J'aime mieux tout savoir! La lumière est une belle chose.

LUCIE. Mais oui! C'est comme cela qu'il faut être.

COLETTE. Comment : mais oui? Te rends-tu compte de ce que
25 je passe° en ce moment?   °Te... Do you realize what I am going through

LUCIE. Ma chérie, calme-toi, pourtant. Calme-toi et raconte-moi tout.

COLETTE. Quoi, tout? Ça ne te suffit pas?

LUCIE. Mais enfin quels détails? Que sais-tu?

30 COLETTE. Tu n'as pas fini d'en apprendre°!   °Tu... You've got lots more to hear about

LUCIE. À ce point-là!

COLETTE. Je croyais avoir un mari à moi° et j'appartenais à Don Juan[2], à Barbe-Bleue[3]!   °un... a husband of my own

---

[2] **Don Juan** traditional seducer of women.

[3] **Barbe-Bleue** Bluebeard (*who lured women to his castle in order to kill them*).

184 PREMIÈRES DÉCOUVERTES LITTÉRAIRES

LUCIE. Allons donc! Philippe?

COLETTE. Philippe! Cette sainte nitouche°! Enfin, tu le connais comme moi! Eh bien! ce bon gros, avec son air doux et endormi, ce Philippe souriant à qui on donnerait le Bon Dieu sans confession,[4] je viens de découvrir ce qu'il est : un monstre, un avaleur de femmes, un Landru,[5] un séducteur en série.°

LUCIE. Comment en série? Que me racontes-tu là? Tu as découvert qu'il a une autre femme que toi dans sa vie. Il n'est pas un monstre pour ça, ma chérie!

COLETTE. Oui, un monstre! Un monstre de douceur et de dissimulation! Il n'a pas une autre femme dans sa vie, il en a sept!

LUCIE. Sept?

COLETTE. Sept!

LUCIE. Philippe?

COLETTE. Oui!

LUCIE. Il exagère.

COLETTE. Tu trouves aussi°? Je ne te le fais pas dire.

LUCIE. Mais c'est une histoire insensée°! Comment cela a-t-il commencé? Tu as des noms?

COLETTE. J'ai ceux de ce trimestre.°

LUCIE. Ah! oui?

COLETTE. J'ai sept noms.

LUCIE. Des rendez-vous?

COLETTE. Un nom chaque jour.

LUCIE. Et toujours les mêmes?

COLETTE. Comment toujours les mêmes?

LUCIE. Chaque semaine il recommence? Il a un roulement°?

COLETTE. L'ordre change.

LUCIE. Mais les noms ne varient pas?

sainte... hypocrite

séducteur... mass seducer

Tu... Do you think so too?
crazy

ce... the last three months

regular rotation

---

[4] **à ... confession** who would be given communion without confession (*i.e., who looks so innocent that the priest would not ask him to confess his sins before taking communion*).

[5] **Landru** a famous murderer, guillotined in 1922 after being convicted of mass killing of women whom he had promised to marry, then strangled and burned in the kitchen stove. A "carnet de poche" figured prominently in his trial.

ANDRÉ ROUSSIN

COLETTE. Pas pendant ce trimestre, en tout cas.

LUCIE. Mais alors°?   *Mais... And so?*

COLETTE. Quoi?

LUCIE. Rien ne dit que c'étaient les mêmes noms, le trimestre dernier ou il y a un an?

COLETTE. Eh bien : merci!

LUCIE. Non, non. Reste calme. Raisonnons. C'est le meilleur moyen de retrouver toute ta lucidité et peut-être celui de ne pas souffrir. Car ça change tout!

COLETTE. Ça change tout?

LUCIE. Si Philippe au lieu de sept avait eu quinze, trente maîtresses, tu ne trouves pas que ce serait mieux?

COLETTE. Ah! ça,° mais tu deviens folle!   *come on!*

LUCIE. Pas du tout. Tu ne souffrirais plus. Tu ouvrirais les yeux sur quelqu'un que tu croyais connaître et dont tu ignorais tout.[6] Tu t'apercevrais que Philippe est un malade, un grand malade,° peut-être un phénomène, un être exceptionnel, et tu le regarderais tout à coup avec des yeux neufs, avec les yeux de celui qui découvre une curiosité de la nature. Et même sans avoir à imaginer qu'il change de lot chaque trimestre tu peux commencer à ouvrir les yeux et à regarder lucidement les choses. Tu dis qu'il a sept maîtresses?   *un... a very sick man*

COLETTE. Regarde : janvier. Du Ier au 7 : 5 heures. Une petite croix, Gilberte. Même le Ier janvier! Le 2 : 5 heures. Une petite croix, Yvonne. Le 3 : Suzanne. Le 4 : Gaby. Le 5 : Yolande. Le 6 : Jannine. Et une petite croix, naturellement. Et tu n'as qu'à feuilleter au hasard.° Tiens : du 7 au 17 février : Yvonne, Gilberte, Gaby, Suzanne, Jannine, Yolande.   *au... at random*

LUCIE. Et la petite croix.

COLETTE. Oh! on est méthodique et précis!

LUCIE. Et ça dure pendant trois mois?

COLETTE. Tu vois.

LUCIE. Eh bien! qu'est-ce qu'il te faut de plus°!   *qu'est-ce... what more do you need?*

COLETTE. De plus? Pour quoi?

LUCIE. Mais pour être tout à fait calme. Pour comprendre ce

---

[6] **dont tu ignorais tout** whom you knew nothing about.

que je te disais tout à l'heure : Philippe n'est pas un coureur°; Philippe ne te trompe pas au sens banal du mot. Philippe n'a pas d'aventures; il a sept maîtresses. C'est un malade. Sept liaisons, et non pas quinze ou trente femmes de passage. Sept maîtresses qui occupent sa vie, ses pensées et dont tu n'avais jamais soupçonné l'existence. Tu me diras ce que tu voudras : tu as un mari pas ordinaire!

COLETTE. Et c'est cela que tu trouves à me dire pour me calmer!

LUCIE. Mais oui, naturellement. Tu ne peux pas une seconde continuer à te plaindre comme une femme trompée. Tu n'as pas une rivale — tu en as sept. Ça n'a plus de sens! Il n'y a plus de quoi s'inquiéter.° Philippe est un anormal, c'est tout. Si tu découvrais brusquement qu'il aime les hommes...

COLETTE. Quoi?

LUCIE. Ou qu'il est fou. Tu serais jalouse?

COLETTE. Jalouse! Je ne sais pas...

LUCIE. Non. Tu le regarderais d'un autre œil. Tu penserais : « Comment ai-je pu m'attacher à lui? » Tu le découvrirais comme un étranger, comme un homme que tu vois pour la première fois. Eh bien : regarde. Regarde Philippe. Fais-toi à cette idée° : c'est un anormal. Un fou. Un monstre. Il est tout cela en même temps. Personne n'a une femme et sept maîtresses. Comment est-il avec toi?

COLETTE. Comment? Charmant!

LUCIE. Mais je veux dire...

COLETTE. Ah! Parfait.

LUCIE. Parfait?

COLETTE. Mais oui!

Regard de Lucie.

Tout ce qu'il y a de plus.°

LUCIE. Eh! bien tu vois!

COLETTE. Quoi?

LUCIE. C'est un phénomène, par-dessus le marché.°

Un temps.

ANDRÉ ROUSSIN

COLETTE. Tu es très forte,° Lucie.

LUCIE. Quoi?

COLETTE. Pas un muscle de ta figure n'a bougé. Tu es très forte.

LUCIE. Mais enfin explique-toi?

COLETTE. M'expliquer! Moi! Ce serait assez joli! Ainsi toi, ma seule, ma véritable amie — toi! tu es la maîtresse de Philippe?

LUCIE. C'est maintenant que tu deviens folle, ma chérie?

COLETTE. Ah! je te dispense de « ma chérie »! Le carnet que je viens de te montrer est faux. C'est moi qui ai mis tous ces noms sur un agenda avec une petite écriture en pattes de mouches[7] comme celle de Philippe. Pour voir si tu pâlirais, si tu perdrais le souffle° toi aussi comme je l'ai perdu tout à l'heure quand j'ai ouvert et feuilleté son véritable agenda, — celui-là — le sien, qu'il a effectivement° laissé traîner° et que j'ai regardé de près. Ce n'est pas Gilberte, Yvonne, Suzanne et Gaby que j'ai vues inscrites chaque jour; c'est toi, Lucie, trois fois par semaine, à 5 heures et avec une petite croix.

LUCIE. Ah! çà, Colette, est-ce que tu me joues encore une comédie° en ce moment?

COLETTE. J'ai l'air de jouer la comédie?

LUCIE. Tu ne vas pas me dire que tu me soupçonnes, moi, d'être la maîtresse...

COLETTE. Je n'ai pas à soupçonner : je sais! La vérité est là. Mais j'étais tellement folle quand je l'ai découverte que j'ai voulu te voir toi-même et te confondre. J'ai voulu te voir blêmir° quand je t'apprendrais que, toi aussi, tu étais trompée. Si j'avais eu encore le moindre doute tu me l'aurais ôté° : je sais maintenant que tu es la personne la plus froide, la plus dissimulatrice° que j'aie jamais rencontrée. Tu n'as pas sourcillé°. Tu n'as pas eu la moindre rougeur au front, tu es restée l'amie intime dans chacune de tes phrases et de tes intonations. Tu es très forte. — Et tu oses me regarder avec dans tes yeux le même calme et la même innocence maintenant que tu me sais au courant de tout°?

---

[7] **en pattes de mouches** scrawled (*literally, fly tracks*).

forte (here) clever (ironic)

perdrais... would gasp

effectivement really *laissé...* left lying around

est-ce... are you putting on an act for me again

blêmir turn pale
ôté removed
dissimulatrice hypocritical
sourcillé flinch

tu... you are aware I know everything

LUCIE. Comment pourrais-je ne pas te regarder, ma chérie, je n'en crois pas mes yeux.

COLETTE. Tu n'en crois pas tes yeux!

LUCIE. Ni mes oreilles. Ce que tu dis est honteux.

5 COLETTE. C'est admirable!

LUCIE. Absolument honteux. Et de ta part, révoltant.

COLETTE. C'est le comble° : elle m'attrape°!   **limit blames**

LUCIE. Je n'irai pas jusqu'à cette extrémité ridicule. Je me demande seulement si je suis victime d'une hallucination ou
10   d'une farce.° Je me demande si c'est toi qui parles, et dans ce   **practical joke**
cas quelle bête t'a mordue.[8]

COLETTE. Vas-tu continuer à te payer ma tête°? Philippe me   **te... pull my leg**
trompe avec toi et je dois t'entendre me dire que j'ai été mordue par une bête?

15 LUCIE. Colette, je m'en vais. Tu ne me reverras jamais.

COLETTE. Non, tu ne t'en vas pas! Ce serait trop facile.

LUCIE. Veux-tu me dire ce que je fais ici?

COLETTE. Tu avoues!

LUCIE. Je ne t'adresse plus la parole.°   **Je... I'll never speak to you again**

20 COLETTE. Tu oses nier?

LUCIE. Je ne nie même pas. Je me refuse à nier. Je ne te parlerai plus de ma vie.° Laisse-moi partir.   **de... as long as I live**

COLETTE. C'est ça. Devant l'évidence tu ne peux que te taire et t'enfuir.

25 LUCIE. Quelle évidence?

COLETTE. Cet agenda.

LUCIE. C'est ce que tu appelles l'évidence?

COLETTE. Et toi comment l'appelles-tu? Parle! Explique-toi.

LUCIE. Si je parle je te dirai d'abord ceci : tu es une folle. Tu pars
30   sur n'importe quel prétexte et tu bats la campagne à tort et à   **bats... wander around without rhyme or reason**
travers.° Moi, par contre — tu viens de me le dire il n'y a pas longtemps — je me contrôle assez bien, j'ai la tête à sa place et je ne prends pas des vessies pour des lanternes.[9] Le jour où

---

[8] **quelle bête t'a mordue** what's got into you (*literally, what animal bit you*).

[9] **je ... lanternes** I don't think the moon is made of green cheese (*literally, take bladders for lanterns*).

ANDRÉ ROUSSIN

tu me prouveras que cet agenda est *une preuve* je ne dirai plus un mot et accepterai tout ce que tu exigeras.

COLETTE. Quoi? Mais tu ne vas tout de même pas nier ce qu'il y a là-dedans?

5 LUCIE. Qu'est-ce qu'il y a?

COLETTE. Il y a « Lucie » trois fois par semaine — à 5 heures!

LUCIE. Et avec une croix, je sais. Et alors?

COLETTE. Comment : et alors?

LUCIE. Je ne suis pas la seule femme au monde à m'appeler
10 Lucie, je suppose?

COLETTE. Mais... tu es la seule qui soit mon amie!

LUCIE. Merci pour cette logique!

COLETTE. Mais... si ce n'est pas toi, qui veux-tu que ce soit°? qui... who *could* it be?

LUCIE. Comment veux-tu° que je le sache! do you expect

15 COLETTE. Il ne m'a jamais parlé d'une autre Lucie!

LUCIE. Réfléchis une seconde, veux-tu°! will you

COLETTE. À quoi?

LUCIE. Mais à ce que tu dis! Tu penses bien que si Philippe a une maîtresse qui s'appelle Lucie et que° tu ne la connaisses = si
20 pas il ne va pas te donner de ses nouvelles° trois fois par te... tell you about her
semaine en la quittant.

COLETTE. C'est vrai, oui.

LUCIE. Tu dis n'importe quoi, Colette. Tu pars, tu t'emballes° get carried away
et tu te fais en ce moment une montagne d'une aventure qui
25 n'existe peut-être même pas.

COLETTE. Comment veux-tu[10] qu'elle n'existe pas? La preuve est là, il me semble!

LUCIE. Comme pour moi? Quelle preuve encore une fois? Lucie est peut-être sa secrétaire.

30 COLETTE. Elle s'appelle Berthe.

LUCIE. Alors je ne sais pas, moi... une dactylo° à qui trois fois par typist
semaine à 5 heures il dicte un courrier° spécial. mail

COLETTE. Un courrier spécial! Tu as de ces mots°! — En tout Tu... You think up the funniest
cas, Lucie est une femme! Ça, tu ne diras pas le contraire! words

---

[10] **Comment veux-tu** How can you say (*note various idiomatic meanings of veux-tu in this text*).

190 PREMIÈRES DÉCOUVERTES LITTÉRAIRES

LUCIE. Oui... disons que Lucie est une femme, si ça peut te faire plaisir.

COLETTE. Ça ne me fait aucun plaisir, mais c'est un fait. Tu ne vas pas me dire que Philippe note « Lucie » trois fois par semaine à 5 heures — avec une croix — pour se rappeler un rendez-vous avec son notaire. Enfin! Tout de même! Et d'abord on ne voit pas un notaire trois fois par semaine, à 5 heures pendant trois mois : ça n'est pas vrai! Qu'on ne me raconte pas° d'histoires!

LUCIE. Eh bien! justement, tiens°!

COLETTE. Quoi? Tu vois ton notaire trois fois par semaine, toi?

LUCIE. Mais non!

COLETTE. Remarque bien que, toi encore, tu pourrais avoir un amant notaire, — mais pas Philippe!

LUCIE. Écoute-moi un peu au lieu de dire des bêtises à tout bout de champ.°

COLETTE. Je ne dis pas de bêtises : je réfléchis. Je réfléchis tout le temps, ce n'est pas ma faute si j'ai tant d'idées. Je bouillonne.°

LUCIE. Eh! bien réfléchis d'abord à ceci, veux-tu, et cesse de bouillonner deux secondes.

COLETTE. Ma pauvre chérie, j'ai été ignoble° avec toi, je te demande pardon.

LUCIE. Nous parlerons de ça plus tard. Écoute. Je crois que « Lucie » veut tout dire, sauf° que Philippe a une maîtresse.

COLETTE. Tu crois?

LUCIE. Mais voyons!

COLETTE. Pourquoi?

LUCIE. Parce qu'un homme qui a rendez-vous trois fois par semaine avec sa maîtresse n'éprouve pas le besoin de le noter dans son agenda — avec une croix par-dessus le marché! Sois un peu sur la terre,° Colette. Crois-tu qu'un homme ait besoin de son agenda pour se rappeler qu'à 5 heures la femme qu'il aime l'attend? Voyons! Il y est à 5 heures moins 20 à son rendez-vous! et il n'a pas besoin d'écrire le nom de cette femme en toutes lettres° sur son carnet! Avoue qu'il faudrait être vraiment le dernier des imbéciles?

COLETTE. Dis donc, je te défends° d'insulter Philippe!

LUCIE. Tu vois! Ce serait absurde! Restes-en là,° crois-moi. Et

Qu'on... Don't anybody tell me
Eh... Well, precisely!

à... at every turn

am boiling over

same as "atroce"

except

° woman's lover = son amant

Sois... Come down to earth for a while

écrire... en toutes lettres spell out

forbid
Restes... Stop right there

ANDRÉ ROUSSIN 191

si j'étais toi je ne chercherais même pas à savoir. Dis-toi que
« Lucie » est probablement le nom d'un bar ou d'un thé°... je ne
sais pas, moi, un endroit quelconque° où il donne probablement
des rendez-vous d'affaires. Si au lieu de « Lucie » tu avais lu
« Fouquet's »[11] ou « Calavados[11] » tu n'aurais pas fait cette crise,°
n'est-ce pas?

COLETTE. Tu connais un bar qui s'appelle Lucie?

LUCIE. Mais non, je n'en connais pas! mais ça me suffirait très
bien comme explication; que ce soit° une explication ou une
autre c'est sans importance. La seule qui soit absurde — et
certainement fausse — c'est celle à laquelle tu as pensé. Je suis
en tout cas très touchée de la promptitude et de la sûreté de ta
réaction en ce qui me concernait.

COLETTE. Mets-toi à ma place. Je lis « Lucie »! Je pense à toi!

LUCIE. Justement! Il existe entre deux femmes qui sont vraiment des amies de toujours° quelque chose qui aurait dû
t'interdire° cette pensée-là. Et c'est la première — la seule que
tu aies eue. Tu m'as fait beaucoup de peine.

COLETTE. Tu es un amour et je suis une folle. Je te demande
pardon.

LUCIE. Non, je te répète : J'en suis tout émue.° C'est... Je ne sais
pas quel mot employer... c'est « laid », que veux-tu! Ça me
blesse.

COLETTE. Embrasse-moi, Lucie, et n'en parlons jamais plus.

LUCIE. Tu me le jures?

COLETTE. Quoi?

LUCIE. Que tu ne recommenceras jamais!

COLETTE. Je te le jure.

LUCIE. Il va rentrer?

COLETTE. Philippe? Quelle heure est-il?

LUCIE. 7 heures.

COLETTE. Je ne sais pas son emploi du temps°! Tiens, nous allons
regarder...

Elle ouvre l'agenda.

---

[11] **Fouquet's, Calavados** names of bars.

Mercredi 21... 5 heures : Lucie!!!

LUCIE. Eh bien, tu vois! S'il y en avait une ce ne serait pas moi, en tout cas!

COLETTE. Il faudra que je remarque s'il rentre plus tard les jours où il est chez Lucie à 5 heures. Quels jours déjà? Vendredi, lundi, mercredi... Mon Dieu! Mais, j'ai dit que nous étions mercredi°?

LUCIE. Oui, pourquoi?

COLETTE. Et Paul!

LUCIE. Quoi, Paul?

COLETTE (*Elle la regarde*). Je t'ai fait de la peine tout à l'heure?

LUCIE. Oui, beaucoup. Je te l'ai dit.

COLETTE. Je vais te prouver que tu es ma seule amie et que je ne te cache jamais rien : Paul et moi...

LUCIE. Non! Paul Gerbault?

COLETTE. Oui.

LUCIE. Mais depuis quand?

COLETTE. Quelque temps.

LUCIE. Et tu ne m'en avais rien dit?

COLETTE. Je n'en étais pas sûre.

LUCIE. Ah! tu n'étais pas sûre — de quoi?

COLETTE. Que ce serait sérieux.

LUCIE. Et c'est sérieux?

COLETTE. Oui.

LUCIE. Mais... pourquoi?

COLETTE. Comment pourquoi? Parce que je l'aime!

LUCIE. Mais alors... Philippe?

COLETTE. Quoi, Philippe? Tu ne voudrais tout de même pas que je renonce à Paul à cause de Philippe! D'ailleurs ça n'a pas de rapport°! — Mais je suis folle! il m'attend depuis 5 heures. J'étais dans un tel état tout à l'heure que j'ai tout oublié. — Mon Dieu! j'entends l'ascenseur°! C'est Philippe. Je passe dans ma chambre, je mets mon chapeau et je sors par la porte de service.° Jamais Paul ne m'aura attendue! Je fais un saut quand même ; il habite à deux pas.°

LUCIE. Tu me laisses?

COLETTE. Dis à Philippe que tu étais venue en passant,° que tu

ANDRÉ ROUSSIN 193

avais envie de me voir! Tiens! rends-lui son agenda! Non!
si tu ne m'as pas vue tu n'as aucune raison d'être au courant!°
Je t'embrasse. Si Paul est sorti je reviens tout de suite!
LUCIE. Mais que veux-tu que je dise à Philippe, moi?
5 COLETTE. Fais-lui une scène à ma place! Raconte-lui tout, ça m'est
égal.° Ça te sera plus facile qu'à moi! — Ah! non, c'est vrai :
tu ne m'as pas vue! — Je suis folle! — Je vais vite!

Elle sort.
Presque aussitôt paraît Philippe.
Philippe parlera tout le temps avec une extrême lenteur. Il doit paraître d'une mollesse inimaginable° et certainement dans l'impossibilité ou d'élever jamais la voix ou d'accélérer son débit.° Et de cette diction très particulière doit peu à peu émaner un charme, celui d'un homme extrêmement doux et délicat, au calme envoûtant et efficace.° On doit comprendre que cette particularité presque comique au début est précisément ce qui le rend séduisant et probablement irrésistible. En voyant Lucie il dit très calmement :

PHILIPPE. Ah! tu en as de bonnes, toi°!

Lucie, un doigt sur les lèvres, lui fait signe d'attendre pour parler.
Il reprend plus bas :

Tu en as de bonnes. Je t'attends depuis 5 heures.

Même jeu° de Lucie.

10 Qu'est-ce qu'il y a? Colette est malade?

Lucie fait signe « non ».

Elle dort?
LUCIE (*qui tendait l'oreille*).° Elle est sortie. Ça y est.°
PHILIPPE. Quoi?
LUCIE. Colette.

PHILIPPE. Qu'est-ce que tu fais ici? Je t'attends depuis 5 heures.

LUCIE. Colette sait tout.

PHILIPPE. Quoi?

LUCIE. Enfin, non : elle ne sait plus rien. J'ai tout arrangé. Mais je t'assure que j'ai passé un quart d'heure° charmant! Toi aussi, tu en as de bonnes! Bravo!

quart... (colloq.) moment

PHILIPPE. Qu'est-ce que j'ai fait, mon chéri°? Qu'est-ce que tu as?

mon... = ma chérie (masc. for fem., used for endearment)

LUCIE. Tu as simplement laissé traîner ton agenda.

PHILIPPE. Pourquoi parles-tu si doucement? Tu dis qu'elle est sortie.

LUCIE. C'est vrai, au fait°!... Tu as simplement laissé traîner ton agenda et Colette l'a ouvert et elle a vu que trois fois par semaine, à 5 heures, une certaine Lucie en toutes lettres avait un intérêt pour toi, d'autant plus que tu soulignais° cet intérêt par une petite croix à côté de son nom. Écoute, vraiment, je me demande à quoi tu penses!

au... after all

underlined

PHILIPPE. Bonjour, mon amour.

LUCIE. Oui, bonjour.

PHILIPPE. Et alors?

LUCIE. Et alors j'ai reçu tout à l'heure un coup de téléphone° affolé° de Colette — je partais pour te rejoindre — me suppliant de venir la voir tout de suite, et avec un ton! J'ai été affolée moi-même. J'ai sauté dans un taxi et je suis arrivée. Depuis j'ai réparé ta gaffe.° Mais j'ai passé un bon moment, je te le répète!

coup... telephone call
frantic

blunder

PHILIPPE. Elle a cru que c'était toi?

LUCIE. Comment « cru »? Elle a compris!

PHILIPPE. Que Lucie, c'était toi?

LUCIE. Tu trouves ça extraordinaire?

PHILIPPE. Oui, c'est insensé. Ça me renverse.°

floors

LUCIE. Eh bien, toi aussi tu me renverses!

PHILIPPE. Pourquoi?

LUCIE. Mais enfin, Philippe, ne sois pas toujours dans les nuages°! Où as-tu la tête? Réfléchis une seconde. Colette ouvre ton agenda et trouve mon nom toutes les deux pages, à 5 heures, et avec une croix. À qui veux-tu qu'elle pense?

dans... daydreaming

PHILIPPE. Tu n'es pas la seule femme au monde qui s'appelle Lucie, je suppose.

ANDRÉ ROUSSIN

LUCIE. Mais je suis son amie, enfin! Il est tout de même normal qu'elle ait eu cette idée-là, la malheureuse!

PHILIPPE. Eh bien! tu vois : ça me choque.

LUCIE. Tu es exquis.

5 PHILIPPE. Ça me choque et ça me fait beaucoup de peine. Je n'aurais vraiment jamais cru que Colette puisse avoir une pensée aussi vulgaire.° Et d'autant plus, vois-tu, que je l'avais fait exprès.°

LUCIE. Quoi? D'oublier ton agenda?

10 PHILIPPE. Non, d'inscrire ton nom à toi au lieu d'un faux nom ou d'une initiale. C'était un calcul,° justement. À partir du moment où tu as été ma maîtresse, j'ai volontairement écrit ton nom en toutes lettres à chacun de nos rendez-vous. Et tu comprendras facilement pourquoi. Je sais que je suis très

15 distrait° : donc d'abord j'inscrivais nos rendez-vous...

LUCIE. Je te remercie infiniment.

PHILIPPE. Pourquoi?

LUCIE. Parce que tu pourrais me faire la grâce° de te les rappeler sans avoir besoin d'un carnet. Passons.

20 PHILIPPE. Mon chéri, tu te vexes° au lieu de m'écouter. Ce que tu dis n'a pas de sens parce que le fait de l'étourderie° est précisément d'oublier — de ne pas se rappeler, si tu préfères — enfin... de ne plus avoir présent à l'esprit en somme — pendant quelques secondes — une chose à quoi l'on tient

25 beaucoup.°

LUCIE. N'insiste pas. J'avais compris.

PHILIPPE. Mon agenda, — par exemple. Il est justement très important de ne pas le laisser traîner ici puisque Colette est indiscrète — eh bien! tu vois : je l'ai oublié. Je suis distrait!

30 Alors donc, pour ne pas oublier nos rendez-vous, je les inscrivais, et pour que Colette ne puisse former aucun soupçon sur ton compte si jamais j'oubliais mon carnet et qu'elle l'ouvre, j'écrivais justement ton nom. Parce que j'étais certain qu'elle penserait à tout — mais pas à toi! Non, ça, vraiment, je n'en

35 reviens pas.°

LUCIE. Eh bien! fais un effort, reviens-en° et dis-toi que j'ai essuyé° une scène qui n'a pas été drôle.

° on purpose

un... planned that way À... From the

absent-minded

me... do me the favor

get angry
absent-mindedness

à... which one values highly

je... I can't get over it
° get over it
been through

196 PREMIÈRES DÉCOUVERTES LITTÉRAIRES

PHILIPPE. Mon pauvre amour. Et pendant ce temps je m'énervais° à t'attendre rue de Berry.
LUCIE. Tel que je te connais je ne m'inquiète pas pour ton énervement et il vaut mieux que tu aies été là-bas qu'ici, tout compte fait.°
PHILIPPE. Et Colette où est-elle? Elle a compris finalement que ce n'était pas toi?
LUCIE. Tu as des mots charmants. Oui, enfin... elle a compris! J'ai nié, quoi! Je me suis fâchée et je lui ai dit aussi qu'elle m'avait fait beaucoup de peine.
PHILIPPE. Bien sûr, voyons!...
LUCIE. Mais tu n'imagines pas ce qu'elle avait inventé! — Elle m'a fait promettre de ne pas te le dire. Quand je suis arrivée elle m'a montré un agenda avec un nom de femme à chaque page et m'a joué une scène déchirante en m'annonçant qu'elle venait de découvrir ce carnet et que tu avais sept maîtresses.
PHILIPPE. Sept?
LUCIE. Sept. C'était pour voir ma réaction; elle me l'a avoué un moment plus tard en me montrant le véritable agenda.
PHILIPPE. C'est de la folie.
LUCIE. Je me demandais vraiment ce qui se passait, je t'assure!
PHILIPPE. Tu es devenue verte°?
LUCIE. Je n'ai pas sourcillé.
PHILIPPE. Tu n'en as pas cru un mot.
LUCIE. Il m'a semblé qu'il y avait là-dessous° quelque chose de louche.°
PHILIPPE. Mais l'idée que je pouvais te tromper t'a effleurée°?
LUCIE. Écoute, franchement, non.
PHILIPPE. Merci, mon amour.
LUCIE. J'ai l'impression que je viens de faire une réponse bien imprudente et prétentieuse.
PHILIPPE. Lucie... Tu plaisantes,° j'espère?
LUCIE. Oui, mon chéri, je plaisante.
PHILIPPE. Tu doutes de moi?
LUCIE. ... Non. Tu es un amour. Et tu as les yeux les plus francs du monde.

ANDRÉ ROUSSIN

PHILIPPE. Enfin, avec Colette, tout est rentré dans l'ordre°? Elle n'y pense plus?

LUCIE. Oui... tout va bien maintenant. Je ne t'ai rien dit naturellement. Elle t'en parlera ou elle ne t'en parlera pas, mais si elle t'en parle tu ferais bien de trouver tout de même une explication valable.

PHILIPPE. À quoi?

LUCIE. Eh bien! à tes « Lucie — 5 heures » avec une croix, que veux-tu! Je lui ai dit que c'était peut-être le nom d'un bar où tu donnais des rendez-vous d'affaires.

PHILIPPE (*rit*). Mais non, voyons!

LUCIE. Je ne sais pas, moi! Trouve quelque chose de mieux!

PHILIPPE. Bien sûr!

LUCIE. Quoi, par exemple?

PHILIPPE. C'est très facile. Je dirai à Colette que pour la faire rougir de son indiscrétion possible je lui avais ménagé° cette farce, cette duperie.

LUCIE. Et tu penses qu'une femme croirait ça?

PHILIPPE. Qu'elle le croie ou non, peu importe°; mais que veux-tu qu'elle y réponde? C'est sans réplique possible. Personne ne peut m'empêcher d'écrire gratuitement sur un carnet un nom de femme à chaque page. Et s'il m'a fait plaisir de choisir le tien, ma femme elle-même n'a rien à y dire.

LUCIE. Mais je te découvre, dis-moi. Je ne te connaissais pas sous ce jour-là.° Tu es un dangereux personnage.

PHILIPPE. Très dangereux, mon chéri.

LUCIE. Mais on ne peut être sûr de rien avec toi.

PHILIPPE. Tu es sûre que je t'aime, pourtant?

LUCIE. Je commence à me le demander.

PHILIPPE. Si je t'aime?

LUCIE. Si j'ai raison d'en être sûre.

PHILIPPE. Tu m'imagines peut-être avec cinq ou six autres femmes que toi dans ma vie?

LUCIE. Je m'aperçois qu'avec toi on peut s'attendre à tout. Tu mens d'une façon abominable. Avec un sang-froid, une lucidité!

PHILIPPE. Et toi?

tout... everything has been put right

arranged

peu... it doesn't matter

sous... in that light

198 PREMIÈRES DÉCOUVERTES LITTÉRAIRES

LUCIE. Moi? Je suis incapable de mentir!
PHILIPPE. Tu as manqué de sang-froid° avec Colette?   manqué... lost your self-control
LUCIE. Il a bien fallu que j'en aie. Mais autrement je suis incapable.
5 PHILIPPE. Tu ne m'as jamais trompé?
LUCIE. Tu sais bien que non.
PHILIPPE. Moi peut-être. Mais toi?
LUCIE. Pourquoi plaisantes-tu?
PHILIPPE. Parce que je parle sérieusement.
10 LUCIE. Je m'en vais.
PHILIPPE. Tu fuis le débat?
LUCIE. Je le refuse. Je t'ai dit que je ne sais pas mentir. Si tu me questionnes je vais me troubler° — tu comprendras tout!   me... get confused
15 PHILIPPE. On se voit vendredi?
LUCIE. Note-le bien sur ton carnet.
PHILIPPE. Maintenant ça n'aurait plus de sens.
LUCIE. Et si tu « m'oublies »?
PHILIPPE. Je noterai « Fouquet's » pour m'en souvenir.
20 LUCIE. Mufle.°   You beast
PHILIPPE. Je t'aime.
LUCIE. Ah! je te préviens qu'à partir de maintenant tu es surveillé les lundi, mercredi et vendredi. Colette a l'intention de voir si tu rentres plus tard ces jours-là. C'est charmant.
25 PHILIPPE. Alors, mon chéri, changeons de jour.
LUCIE. Tu veux?
PHILIPPE. Viens demain. Ah! non. Demain, j'ai un Suisse de passage° avec qui j'ai rendez-vous à 4 heures et demie. Je ne pourrai pas le lâcher avant le dîner.   un... a Swiss passing through
30 LUCIE. Tu t'en souviens sans ton carnet de celui-là?
PHILIPPE. Il m'a téléphoné il y a une heure.
LUCIE. Il y a une heure tu m'attendais rue de Berry.
PHILIPPE. Enfin... avant que j'y aille, si tu préfères. Alors samedi, veux-tu?
35 LUCIE. Pas vendredi?
PHILIPPE. Plus de vendredi! Nous brouillons les cartes.°   Nous... We are shuffling the cards
LUCIE. Mais dis-moi... J'y pense tout à coup : nous ne nous

ANDRÉ ROUSSIN   199

voyons jamais avec cette précision de machine. Où as-tu pris° que nous nous rencontrions à jour fixe? Nous n'avons jamais eu cette régularité. Comment est-ce que je n'y ai pas pensé plus tôt? Je suis folle, moi aussi!

5 PHILIPPE. À quoi n'as-tu pas pensé, mon chéri?

LUCIE. Ne fais pas le distrait,° veux-tu. — À ce que je te dis : nous ne nous sommes jamais vus trois fois par semaine comme des automates. Où as-tu pris ça? Et lundi, mercredi et vendredi ne sont pas invariables, que je sache. Tiens, mercredi
10 dernier tu étais au Havre!

PHILIPPE. Eh bien?

LUCIE. Eh bien! quand nous ne nous voyons pas tu inscris quand même nos rendez-vous?

PHILIPPE. Naturellement.

15 LUCIE. Tu trouves ça naturel? Tu as besoin de savoir au Havre que si tu te trouvais à Paris à 5 heures nous serions ensemble?

PHILIPPE. Mais pas du tout!

LUCIE. Mais alors explique-toi! Qu'est-ce que ça veut dire? Tu sais que je ne supporte pas° le mystère et cette atmosphère de
20 mensonge. Je veux savoir! Si tu me trompes je te serai infiniment obligée de me prévenir parce que je ne l'accepterai pas.

PHILIPPE. Mais, mon chéri, tu me joues la comédie?

LUCIE. J'ai l'air de jouer la comédie en ce moment?

25 PHILIPPE. Mais tu ne te vois pas. Je n'en crois pas mes yeux, je t'assure, — ni mes oreilles. Calme-toi! Pourquoi trouves-tu extraordinaire que j'inscrive ton nom sur mon agenda quand nous n'avons pas de rendez-vous? Je te répète que ton nom inscrit tous les deux jours — et sans défaillance° justement —
30 faisait partie d'une tactique pour éviter tout soupçon de la part de Colette. Il m'aurait suffi de rire et de lui demander s'il était normal que nos rendez-vous aient cette régularité chronométrique. C'était une raison de plus pour la confondre et la rendre honteuse de son indiscrétion.

35 LUCIE. Mais ce que tu me dis là c'est le mensonge que tu lui aurais fait?

---

get the idea

Ne... Don't pretend to be absent-minded

je... I can't stand

sans... without fail

PHILIPPE. Oui.

LUCIE. Alors ne me le fais pas à moi!

PHILIPPE. Quoi?

LUCIE. Ne me dis pas à moi ce que tu lui aurais dit pour la tromper, voyons!

PHILIPPE. Mais je ne te dis pas la même chose.

LUCIE. Si!

PHILIPPE. Je t'explique pourquoi j'ai écrit ton nom même quand nous ne nous voyions pas.

LUCIE. Oui, mais ton explication était faite pour convaincre Colette qu'il n'y avait rien entre nous.

PHILIPPE. Alors?

LUCIE. Alors comment veux-tu que je te croie?

PHILIPPE. Mais, mon chéri, que veux-tu au juste que je te prouve?

LUCIE. Oh! je ne veux plus rien! J'ai horreur de tout cela, simplement.

PHILIPPE. De quoi donc?

LUCIE. De ce jeu de passe-passe° avec la vérité.   jeu... sleight of hand

PHILIPPE. Mais je ne comprends pas quelle mouche t'a piquée° tout à coup.   quelle... what's gotten into you

LUCIE. N'en parlons plus.

PHILIPPE. On se voit vendredi?

LUCIE. Non.

PHILIPPE. Tu as raison. Pas vendredi puisque je serai surveillé ce jour-là. Samedi.

LUCIE. On verra.

PHILIPPE. Ce sera noté.

LUCIE. Tu m'agaces.

PHILIPPE. Tu n'es pas gentille avec moi, mon chéri.

LUCIE. Je n'en ai pas envie.

PHILIPPE. Et Colette, alors? Où est-elle allée?

LUCIE. Elle avait une course° dans le quartier. Elle est partie comme une folle pour essayer de trouver encore un magasin ouvert.   errand

PHILIPPE. Telle que je la connais elle est capable — s'il était fermé — de l'avoir fait rouvrir. Pourquoi me regardes-tu comme ça? Tu as encore des questions bizarres à me poser? Tu me fais beaucoup de peine, tu sais.

LUCIE. Toi aussi.

PHILIPPE. Quoi?

LUCIE. Je te regarde et tu me fais aussi un peu de peine.

PHILIPPE. Eh bien! tu vois, notre entretien° se terminera sur une note touchante.   *conversation*

LUCIE. 7 heures et demie! Mon Dieu! Charles doit être rentré, le pauvre, avec son furoncle°!   *boil*

PHILIPPE. Il a un furoncle?

LUCIE. Il est très malheureux. Un furoncle dans le cou qui lui fait très mal.

PHILIPPE. Va vite alors et dis-lui qu'il se fasse faire° de la pénicilline. C'est très douloureux dans ces conditions-là, mais radical.° Pauvre Charles! Dis-lui que j'irai le voir s'il est obligé de garder le lit.°   *qu'il... (here) to have a shot / gets to the root of things / garder... stay in bed*

LUCIE. Embrasse-moi. Je t'adore.

PHILIPPE. Moi aussi, mon amour. Ta mauvaise humeur est passée?

LUCIE. Oui!

PHILIPPE. À samedi°!   *À... See you Saturday*

Il l'a accompagnée et revient. Il jette un coup d'œil sur sa montre et compose un numéro de téléphone.

Allô? C'est vous, Simone? Bonsoir, mon ange. C'est moi. Ma femme n'est pas encore rentrée : je vous appelle pour vous dire que je pense à vous. — Et aussi pour vous demander une grande faveur. Je serai libre demain et vendredi à 5 heures... Tu peux? — Ça ne change pas trop tes projets? — Alors, mon chéri, tu ne sais pas comme je suis heureux. — Moi je t'adore, mon amour. — Je crois que j'entends l'ascenseur. Je te quitte. Je vous embrasse, mon amour. — À demain. J'y serai à moins le quart.°   *à... at quarter to*

202 PREMIÈRES DÉCOUVERTES LITTÉRAIRES

Il raccroche° et va ouvrir une porte. Il s'adresse à Colette encore dans l'entrée de l'appartement.

Tu as trouvé ce que tu voulais?
COLETTE (*entrant et l'embrassant*). Quoi donc? Oui, oui. — Pourquoi? Je viens de rencontrer Lucie dans l'escalier : elle m'a dit que vous aviez bavardé un long moment. Je suis navrée° de l'avoir manquée.
PHILIPPE. Oui, Charles a un furoncle dans le cou, il paraît. Il doit beaucoup souffrir. J'ai dit à Lucie que les piqûres° de pénicilline sous le furoncle sont douloureuses mais radicales. L'année dernière, tiens, Paul Gerbault avait eu un furoncle lui aussi...
COLETTE. Paul?
PHILIPPE. Oui, Paul Gerbault — un énorme furoncle, je me rappelle, le pauvre vieux, eh bien!...
COLETTE. Écoute, je t'en supplie, changeons de conversation!
PHILIPPE. Pourquoi?
COLETTE. Mais parce que c'est dégoûtant! J'arrive et tu commences à me parler de furoncles. Tu pourrais trouver autre chose.
PHILIPPE. C'est à cause de celui de Charles... Je t'explique que Paul en avait un.
COLETTE. Oui, eh bien! Charles se soignera, que veux-tu, et son furoncle guérira! Qu'est-ce que tu as fait d'intéressant?
PHILIPPE. Moi? Rien d'extraordinaire. Depuis 4 heures et demie j'étais collé° avec un Suisse de passage à Paris. Il ne me lâchait plus. Je le quitte à la minute.° Ce que ces gens-là peuvent être lents° dans tout ce qu'ils font! Il voulait que nous passions la soirée ensemble, je n'en ai vraiment pas eu le courage.
COLETTE. Tu as l'air vanné,° mon pauvre chou!
PHILIPPE. Et toi? Tu es bien?
COLETTE. Très bien, mon chéri, ça va très bien.
PHILIPPE. Tu as fait ce que tu voulais?
COLETTE. Quand ça?

ANDRÉ ROUSSIN 203

PHILIPPE. Eh bien... aujourd'hui!
COLETTE. Oui, enfin...
PHILIPPE. Tu as l'air toute contente?
COLETTE. Tant mieux si j'en ai l'air.
5 PHILIPPE. Tu n'es pas contente?
COLETTE. Mais oui, je le suis!
PHILIPPE. Alors, tout va bien, mon chéri.
COLETTE. Je me tue à te le dire.
PHILIPPE. Tu n'as pas trouvé mon agenda par hasard? J'ai dû
10 l'oublier quelque part, je le cherche partout depuis midi. Je l'avais ce matin...
COLETTE. Je me demande ce que tu n'oublieras pas! Un jour tu sortiras sans cravate. Oui, je l'ai trouvé justement. Il est là.
PHILIPPE. Ah! tu es gentille. Merci.
15 COLETTE. C'est imprudent, mon ami, de laisser traîner son agenda. Imagine que tu aies des aventures et que je sois une femme indiscrète!
PHILIPPE. Tu saurais tout! Mais si j'avais des aventures, comme tu dis, je pense que je ne serais pas assez stupide pour les
20 inscrire sur mon agenda, et dans ce cas, assez étourdi pour te le laisser entre les mains.
COLETTE. Les femmes sont si bêtes, tu sais.
PHILIPPE. Non.
COLETTE. Tu ne trouves pas que les femmes soient bêtes?
25 PHILIPPE. Non.
COLETTE. Tu es le premier homme à qui j'entends dire ça. Au fond, c'est sûrement toi qui as raison. À croire les hommes en général, on dirait toujours que nous sommes des gourdes.°
PHILIPPE. C'est que tu dois voir des mufles, mon chéri.
30 COLETTE. Cette supériorité d'intelligence. Ça n'est pas vrai!
PHILIPPE. Bien sûr, ça n'est pas vrai. La supériorité des hommes sur les femmes, c'est seulement de mieux mentir qu'elles.
COLETTE. Pourquoi dis-tu ça?
PHILIPPE. Je dis ça parce que tu parles de la supériorité des
35 hommes. Je te dis ce que j'en pense.
COLETTE. Que vous mentez mieux que nous?
PHILIPPE. Oui.

204 PREMIÈRES DÉCOUVERTES LITTÉRAIRES

COLETTE. Où as-tu pris ça?

PHILIPPE. Partout!

COLETTE. Que vous êtes plus forts que nous parce que vous mentez mieux? Ça, je te prouverai le contraire quand tu voudras!

PHILIPPE. Tu ne me prouveras rien du tout, mon chéri. Je suis dans les affaires toute la journée : mon opinion est faite depuis longtemps. On ment et on entend mentir du matin au soir; un bon homme d'affaires est quelqu'un qui sait mieux mentir que les autres simplement. Au théâtre on nous propose des Célimènes[12] comme exemples de duplicité. Mais, mon chéri, j'ai affaire tous les jours à des hommes auprès de° qui Célimène est une petite fille. Il n'y a pas une Célimène qui arrive à la cheville[13] d'un gros monsieur à lunettes derrière son bureau. Et nous en voyons vingt par jour. Les hommes sont infiniment plus exercés° au mensonge que vous. Les femmes mentent aux hommes quand elles les retrouvent : à 6 heures ou à 9 heures. Mais eux, mentent depuis 8 heures du matin! Et ils mentent entre menteurs! C'est bien plus difficile.

COLETTE. Tu mens toute la journée, toi?

PHILIPPE. Forcément! Seulement, moi, je fais l'inverse° des femmes. Je m'arrête de mentir en quittant mon bureau.

Il lui baise une main.

COLETTE. Tu es un amour. Et d'ailleurs ici tu ne saurais plus mentir.

PHILIPPE. J'en ai peur. Tu ne ferais de moi qu'une bouchée.°

COLETTE. Je te connais bien. Tu es la franchise même.°

PHILIPPE. Tu me connais très bien.

COLETTE. Tiens, imagine — je n'en sais rien, je ne l'ai pas ouvert! — mais imagine que j'aie feuilleté ton agenda — que tu avais

auprès... in comparison with

practiced

opposite

Tu... You could eat me up in one mouthful
la... the essence of frankness

---

[12] **Célimènes** Célimène, a character in Molière's *Le Misanthrope*, is the type of the coquettish, faithless woman.

[13] **arrive à la cheville** can hold a candle to (*literally,* comes up to the ankle of).

ANDRÉ ROUSSIN 205

laissé traîner — et que j'y aie vu inscrits des rendez-vous avec
des femmes — ou même avec une femme — avec une amie à
moi — Lucie, tiens, si tu veux...

PHILIPPE (*riant*). Lucie!...

5 COLETTE. Eh bien! toi, je ne t'aurais soupçonné de rien!

PHILIPPE. Merci, mon amour.

COLETTE. C'est vrai. Ça ne me serait pas venu à l'esprit.

PHILIPPE. Tu en aurais pensé quoi?

COLETTE. Je ne sais pas! Je crois que je n'aurais même pas
10 cherché une explication.

PHILIPPE. C'est comme ça qu'il faut être, mon chéri.

COLETTE. C'est vrai! Regarde-moi. Si tu avais une maîtresse, crois-tu que je ne le comprendrais pas tout de suite?

PHILIPPE. Je t'en offre autant.° Si tu avais un amant, crois-tu   **Je...** Same here
15 que je ne le sentirais pas immédiatement?

Ils s'embrassent.

RIDEAU

Guillaume Apollinaire
(1880–1918)

One of the great poets of the early twentieth century, Apollinaire was an important figure in the development of surrealism. He died of influenza after having been seriously wounded in World War I. "Les Cloches" (taken from his collection of poems, Alcools, *1913) has been chosen not because of any surrealism (the poem is not surrealistic) but to show another treatment of the theme of love.*

Les Cloches°   Bells

    Mon beau tzigane° mon amant   gypsy
    Écoute les cloches qui sonnent
    Nous nous aimions éperdument°   madly
    Croyant n'être vus de personne°   **Croyant...** Thinking no one saw us

5   Mais nous étions bien mal cachés
    Toutes les cloches à la ronde°   à... around
    Nous ont vus du haut des clochers°   belfries
    Et le disent à tout le monde

    Demain Cyprien et Henri
10   Marie Ursule et Catherine
    La boulangère° et son mari   baker's wife
    Et puis Gertrude ma cousine

    Souriront quand je passerai
    Je ne saurai plus où me mettre°   **Je...** I won't know where to hide
15   Tu seras loin Je pleurerai
        J'en mourrai peut-être

QUESTIONS

Roussin

1. Quels sont les deux personnages sur la scène quand le rideau se lève?
2. Qu'est-ce qui se passe?
3. Pourquoi Colette est-elle agitée?
4. Comment s'appelle son mari?
5. Pourquoi Colette croit-elle qu'il la trompe?
6. Qu'est-ce qu'il y a de remarquable dans cette histoire?
7. Comment Lucie essaie-t-elle de calmer Colette?
8. L'histoire que raconte Colette est-elle vraie?
9. Pourquoi croit-elle que Philippe la trompe avec Lucie?
10. Quelle défense Lucie trouve-t-elle?
11. Est-ce que Lucie réussit à rassurer Colette?
12. Quelle surprise avons-nous après ce premier épisode?
13. Que fait alors Colette?
14. Qui entre après son départ?
15. Que lui dit Lucie?
16. Lucie est-elle inquiète?
17. Lucie explique-t-elle où Colette est allée?
18. Après le départ de Lucie que fait Philippe?
19. Quand Colette rentre, que discutent-ils?
20. Quelle position Philippe prend-il dans la discussion?
21. À la fin, qu'apprenons-nous?

Apollinaire

22. Sur quel contraste de mots ce poème est-il construit?
23. Pourquoi choisir les cloches comme instrument révélateur de l'amour de cette femme?
24. La femme accepte-t-elle le jugement de l'église et de la société?

EXERCISES

A. Give the French equivalent of the English expressions in parentheses.

1. J'ai (a severe toothache).
2. Tu es (relieved).
3. Il a (an appointment).
4. Mon mari m'a (deceived).
5. Elle est (jealous).
6. Ce que tu dis est (shameful).
7. Tu ne vas pas (deny it).
8. Je ne sais pas (his schedule).

9. J'entends (the elevator). *l'ascenseur*
10. J'ai reçu (a telephone call). *coup de fil, de téléphone*
11. Je l'avais fait (on purpose). *exprès*
12. Tu (are joking)? *blague, veux rire*

B. Write a short dialogue, working in as many as possible of the following expressions.

1. Ce qui est fait est fait.
2. C'est se mettre dans la gueule du loup.
3. Je n'en crois pas mes yeux.
4. Qui veux-tu que ce soit?
5. Ça n'a pas de rapport.
6. Quelle mouche t'a piqué?

C. Restore the appropriate preposition, if any, in the blanks in the following sentences.

1. Jamais je ne me serais attendu __à__ cela.
2. Je croyais avoir un mari __à__ moi.
3. Tu regarderais _____ Philippe __d'un__ autre œil.
4. Réfléchis une seconde __à__ ce que tu dis.
5. Il doit se rappeler _____ un rendez-vous avec son notaire.
6. C'est moi qui ai mis tous ces noms *dans* un agenda.
7. Je ne sais pas quel mot _____ employer.
8. Tu ne voudrais tout de même pas que je renonce __à__ Paul.
9. C'est une chose __à__ laquelle on tient beaucoup.
10. J'étais certain qu'elle penserait __à__ tout.
11. Tu doutes __de__ moi?
12. Personne ne peut m'empêcher d'écrire __dans__ un carnet un nom de femme __à__ chaque page.
13. Tu mens __d'__ une façon abominable.
14. Tu as manqué __de__ sang-froid avec Colette.
15. Tu te souviens sans ton carnet __de__ celui-là.
16. Alors, mon chéri, changeons __de__ jour.
17. Tu n'es pas gentille __avec__ moi.
18. Je viens de rencontrer Lucie __dans__ l'escalier.
19. Je ne serais pas assez stupide __pour__ les inscrire __dans__ mon agenda.
20. C'est un gros monsieur __à__ lunettes.

D. Note that *ne pas* come together before an infinitive, as in the following examples.

Comment pourrais-je ne pas te regarder?
Pour ne pas oublier nos rendez-vous, je les inscrivais.

Make the underlined infinitives in the following sentences negative.

1. Je m'en vais pour vous déranger.
2. Le ciel est couvert, mais il pourrait pleuvoir.
3. J'essaierai de lui faire mal.
4. J'aimerais être obligé de suivre ce cours.
5. Il est très important de manquer ce train.

lardon – baby   salaud (m.) une peste
môme – kid   salope (f.) une garce bitch

210 PREMIÈRES DÉCOUVERTES LITTÉRAIRES

E. Study the following examples:

— *C'est sérieux?* — *Oui.*
— *Je ne te dis pas la même chose.* — *Si.*

Note that *si* must be used to contradict a previous negative statement or to answer "yes" to a negative question. Reply to the questions or statements below with *oui* or *si*, as appropriate.

1. Tu t'en vas maintenant? — Oui
2. Ce n'est pas possible! — Si
3. Elle ne t'a pas trompé? — Si
4. Tu es sûr de ce que tu dis? — Oui
5. Tu ne souffres pas, au moins? — Si
6. Est-ce que tu m'as menti? — Oui

vocabulary

The following vocabulary is not quite like a regular dictionary. First, we have omitted the definite articles, perfect cognates (e.g., nation), *regular adverbs in* -ment *whose adjectival equivalent is listed, and many words so like the English that they will cause the student no difficulty (e.g.,* insecte *and* téléphoner). *Second, although in the majority of cases the meanings given are indeed the standard ones, the English equivalent provided here has been tailored to the meaning in the passage from which the word was taken.*

The abbreviations used in this vocabulary are listed alphabetically below.

adj.	adjective	*intr.*	intransitive
adv.	adverb	*inv.*	invariable
arch.	archaic	*lit.*	literally
cap.	capital	*m.*	masculine
condtl.	conditional	*n.*	noun
exclam.	exclamation	*p.p.*	past participle
f.	feminine	*pl.*	plural
fam.	familiar	*prep.*	preposition
fig.	figuratively	*pron.*	pronoun
impers.	impersonal	*rel.*	relative
inf.	infinitive	*tr.*	transitive
interrog.	interrogative		

A

à *prep.* in, at, to, on, with
abandon *m.* surrender, abandonment
abandonner to abandon
s'abattre to collapse
abbaye *f.* abbey
abbé *m.* (*general designation and mode of address for Roman Catholic priest*) priest, Father
ablette *f.* bleak (*fish*)
abolir to abolish
d'abord *adv.* first
aboutir to lead to, end at, arrive at
abri *m.* shelter; **à l'——** sheltered, protected; **se mettre à l'——** to take shelter
abriter to shelter
absinthe *f.* absinthe
absolu absolute
s'abstenir to abstain
accabler to overwhelm
accélérer to accelerate, quicken
acceptation *f.* acceptance
accommoder to reconcile; **s'—— à** to adapt to
accompagner to accompany
accord *m.* accord, agreement; **d'——** in agreement
accorder to grant, bestow
s'accouder to lean on one's elbow(s)
accourir to run up
s'accrocher to cling
accroire: faire —— to delude into believing, fool
s'accroître to grow
accueillir to receive, greet
accumuler to accumulate
acheter to buy
achever to finish, complete
acteur *m.* actor
admettre to admit
administrer to administer
adorable adorable, wonderful
s'adoucir to soften, mellow
adresse *f.* address
adresser to address; **—— la parole à** to speak to; **s'—— à** to address, apply to

adverse opposing; **la partie ——** the other side, the opposing party, opponent
adversité *f.* adversity
affaiblir to weaken
affaire(s) *f.* business
affamer to starve
affecter to pretend, feign, simulate
affinité *f.* affinity
affirmer to assert
affliger to distress, hurt
affolé frantic
affranchi freed
afin que so that
agacer to annoy, irritate
âge *m.* age; **un peu sur l'——** getting along in years
agence *f.* agency, bureau; **—— d'information** press services
agenda *m.* engagement book
agir to act; **De quoi s'agit-il?** What is it all about?; **il s'agit de savoir si** the question is whether
agiter to agitate, shake; excite, perturb
s'agrandir to expand, become greater
agréer to please
agrément *m.* grace, charm
ahurir to dumbfound, bewilder
aide *f.* help, assistance
aider to help
aïeule *f.* grandmother
aigle *m.* eagle; *f.* she-eagle; standard
aigre harsh, sharp; peevish
aile *f.* wing
ailleurs elsewhere; **d'——** besides, moreover, anyway; **par ——** in other respects
aimable likeable, amiable, agreeable
aimer to love, like; **—— mieux** to prefer
aînée *f.* elder (*girl*)
ainsi so, in that way; like; **—— que** like; **pour —— dire** so to speak
air *m.* air, appearance; **au grand ——** in the fresh air; **avoir l'——** to look, seem; **d'un —— sévère** severely

aisance *f.* ease; **avec ——** in a natural way
aise *f.* ease; **à leur ——** well-off, comfortable; **être fort ——** to be very happy, pleased
aisé comfortable
aisément easily
ajouter to add
alcool *m.* alcohol
Alger *m.* Algiers
Algonquin *m.* Algonquin (*Am. Indian*)
allée *f.* path, walk
allégorie *f.* allegory
allemand German
aller to go; **—— bien (à)** to be becoming (to); **s'en ——** to go away, disappear; **allons!** come on!
allongé stretched out
allumer to light
alors *adv.* then
altérer to spoil, change (*for the worse*), weaken
alternativement alternately, in turn
amant *m.* lover
amasser to pile up, hoard
ambitieux ambitious
âme *f.* soul
amélioration *f.* betterment, amelioration, improvement
améliorer to improve
amener to bring
amer, -ère bitter
américain *adj.* American
Amérique *f.* America
amertume *f.* bitterness
ami *m.* friend; **—— de toujours** very old friend
amitié *f.* friendship; **se prendre d'—— pour** to take a liking to
amour *m.* love
amoureux *m.* lover; (*adj.*) in love, amorous
amuser to amuse, entertain
an *m.* year; **une fois par ——** once a year; **l'âge de vingt-cinq ans** the age of twenty-five
analogue analogous
anarchie *f.* anarchy
ancien old; (*before noun*) former

214 VOCABULARY

ancré anchored
ange *m.* angel
angélique angelic
Anglais *m.* Englishman; **anglais** (*adj.*) English
Angleterre *f.* England
anglican Episcopalian, Anglican
angoisse *f.* anguish
animer to animate, endow with life
année *f.* year
annoncer to announce
annulation *f.* annulment
ânon *m.* ass's colt
anormal abnormal
antiquité *f.* antiquity
anxieux, -se anxious
août *m.* August
apercevoir to perceive, see; **s'——** perceive, realize
apôtre *m.* apostle
apparaître to appear
apparemment apparently
apparence *f.* appearance, show
appartement *m.* apartment
appartenir to belong; be normal
appel *m.* appeal; **faire —— à** to have recourse to
appeler to call, call for; **s'——** be called, named
appétit *m.* appetite
applaudir to applaud
appliquer to apply
apporter to bring
apprendre to learn; inform, teach
(s')approcher to approach; **n'approchait pas d'elle** was not her equal
approuver to approve
appuyer to lean, rest, support
après *prep.* after; **d'après** according to; **et puis ——?** so what?
après-midi *m. and f.* afternoon
arbre *m.* tree
ardent ardent, passionate
ardeur *f.* ardor, eagerness
argent *m.* money
argenté silvery
aristocratie *f.* aristocracy

arme *f.* arm, weapon
armé armed
arranger to arrange, contrive
arrêt *m.* judgment
arrêter to stop; fix, solidify; **s'——** stop
(en) arrière behind, backward
arriver to arrive, reach; happen; **n'—— à rien** get nowhere
arsenal *m.* naval shipyard
articuler to articulate, utter
ascenseur *m.* elevator
assemblée *f.* assembly
s'assembler to meet, gather
asseoir to seat, put down; **s'——** to sit down
asservir to subject
assez enough, quite, quite well, rather
assiduité *f.* assiduousness
assis (*p.p.* of *asseoir*) seated
assurément assuredly
assurer to assure, insure
astre *m.* heavenly body
atroce atrocious, terrible
attacher to fasten, tie up; **s'——** to cling, attach oneself to (*à*), fasten upon
attaquer to attack
atteindre to reach
atteinte *f.* reach
attendre to wait for, await; expect; **s'—— à qch.** to expect something; **en attendant** meanwhile, in the meantime
s'attendrir to be moved
attendrissant touching, affecting
attendu que inasmuch as
atterré stunned
atterrir to land, touch the ground
attirer to attract
attitude *f.* attitude, posture
attraper to catch; scold, blame
aube *f.* dawn
auberge *f.* inn
aubergiste *m. and f.* innkeeper
aucun any, anyone; (*with negative*) none, not any
au-dedans inside, within
au-dehors outside

au-delà beyond
au-dessus (de) above
au-devant (de) in front of
aujourd'hui today
auparavant first, at first
auprès de near to, beside, in comparison with
auront *see* **avoir**
aurore *f.* daybreak
aussi also; so, as; therefore
aussitôt immediately
autant as much; **—— vaut que je** I might as well; **d'—— plus** (*all*) the more, the more so
autel *m.* altar
automate *m.* automaton
automne *m.* autumn
autoriser to authorize
autour around; **—— de** around
autre other, another; **les uns aux ——s** one to another
autrefois formerly, in the past
autrement in a different way, otherwise
autrui others, other people
avaler to swallow
avaleur *m.* swallower
d'avance beforehand
avancer to bring forward; **s'——** to advance
avant before; **—— que** before
avantage *m.* advantage
avant-garde *f.* van, vanguard, advanced guard
avant-hier the day before yesterday
avant-poste *m.* forward outpost
avec *prep.* with
avenir *m.* future
aventure *f.* adventure; quick affair
s'aventurer to venture
avertir to warn, advise, inform
avertissement *m.* warning
aveugle blind
aveuglément blindly
avis *m.* opinion; **être d'——** to believe
avocat *m.* lawyer
avoir to have; **Qu'avez-vous?** What's the matter with you?
avorter to abort, fail

VOCABULARY 215

avouer to acknowledge, confess; **s'——** to admit to being
ayez see **avoir**

B

bagage *m.* baggage
bague *f.* ring
bailli *m.* bailiff
bain *m.* bath
baiser *m.* kiss; to kiss
baisser to lower; **se ——** to stoop; **le jour baissant** dusk falling
bal *m.* ball, dance
balancer to swing; **se ——** to dangle
balancier *m.* pendulum
balayer to sweep
balbutier to stammer
ballant dangling
ballon *m.* ball; **—— de football** soccer ball
bambou *m.* bamboo
banal banal, commonplace
banc *m.* bench
bande *f.* strip, belt
banquier *m.* banker
baptême *m.* baptism
baptisé *m.* baptized person
baptiser to baptize
baptismal, -aux baptismal; **fonts baptismaux** baptismal font
barbarie *f.* barbarism, barbarity
Barbe-Bleue Bluebeard
barbu bearded
barque *f.* boat
barreau *m.* bar, bolt
bas, -se (*adj.*) low; (*adv.*) softly; (*n.m.*) bottom; **à voix basse** quietly
bas-breton *m.* Breton language
Basse-Brette *f.* girl from lower Brittany
bateau *m.* boat
battant *m.* leaf, side (*of door*); **ouvrir à deux battants** to open wide

battre to beat; **—— la campagne** to wander about; **se ——** to fight
bavarder to gossip, talk
beau, bel, belle beautiful, fine; **avoir ——** *plus inf.* to do something in vain; **faire ——** to be fine weather
beaucoup much, a lot
beau-père *m.* father-in-law
beauté *f.* beauty
belle-mère *f.* mother-in-law
bénéfice *m.* living
bénir to bless
berceau *m.* cradle
berge *f.* riverbank
besoin *m.* need; **avoir —— de** to need, have need of
bête *f.* animal; (*adj.*) silly; **quelle —— t'a mordu?** what got into you?
bêtise *f.* stupidity, foolish thing
beurre *m.* butter
bien (*adv.*) well; (*n.m.*) good; **—— du** much, many
bien-aimé beloved
bien-être *m.* well-being
bienséance *f.* propriety
bientôt soon
bienveillance *f.* good will
bijou *m.* jewel
bijoutier *m.* jeweler
billet *m.* ticket, note
bimbeloterie *f.* novelty goods
bizarre strange, bizarre
blanc, -che white
blanchir to whiten; **blanchi à la chaux** whitewashed
blêmir to grow pale
blesser to wound, offend, afflict, hurt
bleu blue; (*n.m.*) blue
bloqué blockaded
blottir to huddle, crouch down
boire to drink
bois *m.* wood
boîte *f.* box; **—— en fer-blanc** tin can
bombe *f.* bomb
bon, bonne good; **tu en as de bonnes, toi** you've got a nerve
bondir to leap

bonheur *m.* happiness; **faire le —— de qn.** to be the source of someone's happiness
bonjour hello, good-bye, greetings
bonsoir good evening, good night
bonté *f.* kindness
bord *m.* edge, side
border to border, (*grow*) along the edge
borné limited, narrow-minded, of limited intelligence
bottine *f.* (*ankle-*) boot
bouche *f.* mouth
bouchée *f.* mouthful; **tu ne ferais de moi qu'une ——** you could eat me up in one mouthful
boucle *f.* curl
bouger to move
bouillon *m.* bubble
bouillonner to bubble, boil over
boulangère *f.* baker's wife
boulet *m.* cannonball
bouleversé overthrown, upset
bourgeois middle-class
bourgeoisie *f.* middle class
bourrasque *f.* gust of wind
bousculade *f.* crowding, jostling
bousculer to jostle
bout *m.* end, tip, piece; **à tout —— de champ** at every turn; **au —— de (deux heures)** (*two hours*) later
bouteille *f.* bottle
boutique *f.* shop
boutiquier *m.* shopkeeper
brancard *m.* litter, stretcher
bras *m.* arm
brave brave, bold
bravoure *f.* bravery
Breton Breton (*from Brittany*)
brillant dazzling
briller shine
brise *f.* breeze
broder to embroider
brosser to brush
brouiller to shuffle (*cards*)
broyer to crush
bruit *m.* noise, sound; rumor
brûler to burn
brûlure *f.* burn (*on the body*)

brun brown, dark
brusque sudden
brutalité *f.* brutality, brutishness, savagery
buée *f.* vapor
buisson *m.* bush
but *m.* goal

C

ça that; —— **y est** OK; That's that
çà come on!
cabinet *m.* small room, study
cacher to hide
cadeau *m.* gift
caduc obsolete
café *m.* coffee; café
calcul *m.* calculation, planning
calme calm, still; (*n.m.*) calmness
calmer to calm; **se** —— to become calm
camarade *m.* and *f.* comrade
cambré arched, shapely
campagne *f.* country(*side*); **battre la** —— to wander about; **en pleine** —— in the midst of the country
canapé *m.* sofa, couch
canne *f.* cane, sugar cane
canon *m.* gun, cannon
canton *m.* district
cap *m.* (*arch.*) head; **de pied en** —— from head to toe
capacité *f.* ability, capability
capitaine *m.* captain
capituler to capitulate
car *conj.* for
caractère *m.* character
carafe *f.* decanter
caresser to caress, stroke
carmélite Carmelite
carnet *m.* notebook; —— **de poche** pocket notebook
carrière *f.* career, road
carte *f.* card
cas *m.* case; **en tout** —— in any case; **faire plus de** —— have a higher opinion of
casque *m.* helmet

casquette *f.* cap; —— **plate** flat cap (*helmet*)
casser to break; **voix cassée** broken voice
catéchumène *m.* catechumen (*candidate for baptism*)
catégorique categorical
cause *f.* cause; **à** —— **de** because of
causer to chat, talk
ce, cet, cette, ces this, that, he, she, it; **ce que** what; **ce qui** what
ceci this
céder to give up, turn over, surrender
ceinture *f.* belt, waist
cela that
célèbre celebrated
célébrer to celebrate
celui, celle, ceux, celles he, the one, that; —— **-ci** the latter; —— **-là** the former
cent a hundred
centaine *f.* about a hundred
centre *m.* center
cependant nevertheless
cercle *m.* circle
cérémonie *f.* ceremony
cerisier *m.* cherry tree
cerner to surround; **avoir les yeux cernés** to have rings under the eyes
certitude *f.* certainty
cervelle *f.* brain(s)
César *m.* Caesar
cesse *f.* cease, respite; **sans** —— unceasingly
cesser to stop
chacun everyone
chaîne *f.* chain
chair *f.* flesh
chaise *f.* chair
chaleur *f.* heat
chambre *f.* room
champ *m.* field; **à tout bout de** —— at every turn
chance *f.* luck
chanceler to stagger, fail
changer to change; —— **qch. de place** to move something
chanson *f.* song

chant *m.* song; —— **du coq** cock's crow (*dawn*)
chanter to sing
chaotique chaotic
chapeau *m.* hat
chaque each, every
charger to burden, load; charge
char *m.* chariot
chariot *m.* wagon
charité *f.* charity; **en être aux** ——**s** to be reduced to taking charity
charmant charming, delightful
charmer to charm, dispel
charnel carnal
chasse *f.* hunting
chasser to hunt, chase
chasseur *m.* hunter
chatouiller to caress, tickle
chaud hot
chef *m.* chief, leader
chemin *m.* road, way; —— **de fer** railroad; **en** —— halfway
chemise *f.* shirt; shift
chêne *m.* oak
chenille *f.* caterpillar
cher, chère dear
chercher to look for, try (*to*)
chéri dear; **mon** —— my darling
cheval *m.* horse; **être à** —— **sur qch.** to sit astride something
chevelure *f.* hair
cheveux *m.pl.* hair
cheville *f.* ankle; **arriver à la** —— **de** to hold a candle to
chevrotant quavering
chez *prep.* at the home of, at the place of business of, with, among
chien *m.* dog
chignon *m.* chignon, knot of hair
choisir to choose
choix *m.* choice
choquer to shock
chose *f.* thing; **autre** —— something else
chrétien Christian
chrétiennement in a Christian way
christianisme *m.* Christianity
chronométrique chronometrical
chute *f.* fall
ciel *m.* sky, heaven

VOCABULARY 217

cime *f.* top
cimetière *m.* cemetery
cinq five
cintres *m.pl.* the flies (*above the stage*)
circonstance *f.* circumstance
circulaire circular, round; **voyage** —— loop trip
circuler to circulate, move about
ciseaux *m.pl.* scissors; —— **de tailleur** tailor's shears
citer to cite, name
citoyen *m.* citizen
civil civil; lay, secular, civilian
clair clear, bright, light; **au** —— **de lune** in the moonlight; **il fait** —— it is light
clairvoyance *f.* perspicacity, clear-sightedness, shrewdness
clandestinement clandestinely
clarté *f.* light
clef, clé *f.* key
clergé *m.* clergy
cligner to blink
climat *m.* climate
clin *m.* —— **d'œil** wink
cloche *f.* bell
clocher *m.* belfry
cloison *f.* partition, (*interior*) wall
clos closed
cocotier *m.* coconut tree
cœur *m.* heart
coiffer to cover the head
coiffeuse *f.* hairdresser
coin *m.* corner; patch, plot (*of land*); **au** —— **du feu** by the fireside
col *m.* collar
colère *f.* anger
collège *m.* boarding-school; —— **électoral** electoral college; voting place
coller to stick, press
colline *f.* hill
combat *m.* fight, battle
combattre to combat
comble *m.* limit
comédie *f.* comedy; **jouer une** —— **à** to put on an act for
comme like, as, as if; —— **si** as if
commencement *m.* beginning
commencer to begin

comment how; ——! well! of all things!
commentaire *m.* commentary
commerce *m.* commerce, trade, business
commettre to commit
commis *m.* clerk
commisération *f.* commiseration, pity
commun common; **consentement** —— mutual consent; **sens** —— common sense
compagnie *f.* company; **de** —— together; **la bonne** —— well-bred people
compagnon *m.*, **compagne** *f.* companion; —— **de route** traveling companion
comparaison *f.* comparison
compartiment *m.* compartment
compère *m.* confederate, crony
compliqué complicated
comporter to call for, require
composer to compose; —— **un numéro** to dial a number; **se** —— **de** to be composed, consist (of)
comprendre to understand
compte *m.* account; **rendre** —— to account for; **se rendre** —— **de** to realize; **tout** —— **fait** all things considered
compter to count (*up*), include; **sans** —— **que** not to mention that; **y** —— to count on it
comptoir *m.* counter
conception *f.* understanding
concert *m.* concert, chorus
concevoir to conceive
concilier to conciliate, reconcile
conclure to decide
concours *m.* cooperation, assistance
condition *f.* condition, rank, social standing
conduire to lead
conduite *f.* conduct, behavior
confédération *f.* confederation, confederacy
conférer to confer
confesser to confess, admit; **se** —— to confess (*to a priest*)

confessionnal *m.* confessional
confiance *f.* confidence
confidence *f.* confidence; **faire une** —— **à qn.** to tell a secret to someone
confident *m.* confidant
confondre to confuse, mistake; disconcert; **se** —— **avec** to be identified with
confrère *m.* colleague
confus confused, obscure
congrès *m.* congress; general meeting
connaissance *f.* knowledge, acquaintance; **faire la** —— **de** to become acquainted with; **sans** —— unconscious
connaître to know, be acquainted with
conquérir to win
conquête *f.* conquest
consacrer to consecrate, dedicate, devote
conscience *f.* conscience; consciousness
conscient conscious
conseil *m.* advice
consentement *m.* consent; —— **commun** mutual consent
consentir to agree
conservateur *m.* guardian
conservation *f.* conservation, preservation
conserver to keep
considérer to consider; **à tout bien** —— considering everything
consolider to strengthen
consommer to consummate, accomplish
constance *f.* constancy, steadfastness
constant steadfast, constant
constater to note, ascertain (*fact*)
consterné dismayed; **d'un air** —— in dismay
constituer to constitute
construire to build
se consumer to waste away
conte *m.* tale

218 VOCABULARY

contempler to contemplate, gaze at, meditate on
contenir to contain
content *m.* glad, happy
contenter to satisfy, content
conter to tell
continu continuous, sustained
continuellement continually
contraire *m.* contrary; **au ——** on the contrary
contrariété *f.* annoyance, contrariness
contrat *m.* contract
contre against
contredit: sans —— assuredly
contrée *f.* region
contrôle *m.* control, inspection
se contrôler to control oneself
convaincre to convince
convenir to agree
conversation *f.* conversation; **changer de ——** to change the subject
convertir to convert
convié *m.* invited guest
convier to invite
convive *m.* and *f.* guest (*at table*)
coq *m.* rooster, cock; **le chant du ——** cock's crow (*dawn*)
corde *f.* rope
cordialité *f.* cordiality
corps *m.* body; **prendre ——** to take shape
correspondre to correspond
corvée *f.* disagreeable task
côte *f.* rib; **—— à ——** side by side
côté *m.* side, direction; **à —— de** beside; **aux ——s de** beside; **de notre ——** in our direction; **du —— de** in the direction of
côtelette *f.* chop
cou *m.* neck; **tordre le ——** to strangle
couchant setting; **soleil ——** setting sun
coucher to put to bed, lay down; **se ——** to go to bed, lie down
coude *m.* elbow

couler to flow, run; pour; **se —— to slip**
coulisse *f.* wing (*off-stage*)
coup *m.* blow, shot; **—— de feu** shot; **—— de téléphone** telephone call; **—— de tonnerre** thunderclap; **—— d'œil** glance, look; **—— sur ——** one after the other, time after time; **—— après** after the event; **mauvais ——** evil deed; **tout à ——** suddenly; **tout d'un ——** all at once, suddenly
coupable guilty
couper to cut
cour *f.* court; **faire sa —— à** to court
courant *m.* current, stream; (*adj.*) running; **être au —— de** to know all about; **eau courante** running water
courbe *f.* curve
courber to bend; **courbé en deux** bent double
coureur *m.* womanizer, rake
courir to run; **—— le monde** to get around, gad about
courrier *m.* mail
course *f.* errand; race; **—— folle** mad rushing about
court short
cousin, -ine cousin
coût *m.* cost
coutelier *m.* cutler, knife-merchant
coutume *f.* custom, habit
couvent *m.* convent
couvert *see* **couvrir**
couverture *f.* blanket
couvrir to cover
cracher to spit (*out*)
craie *f.* chalk
craindre to fear
crainte *f.* fear
craquer to fall to pieces, crumble
cravate *f.* tie
créateur *m.* creator
crédit *m.* influence; **interposer son ——** to use one's influence
créer to create
créneau *m.* battlement
crêpe *f.* pancake

crêperie *f.* restaurant specializing in pancakes
crépuscule *m.* dusk
creuser to dig
crever to burst, split
cri *m.* cry; **jeter un ——** to utter a cry
crier to cry, shout
crise *f.* crisis; **faire une ——** to throw a tantrum
cristal *m.* crystal
critique *f.* criticism
croire to believe, think
croiser to cross
croix *f.* cross
cruauté *f.* cruelty
cube *m.* cube, block
cueillir to pick
cuire to cook, bake
cuisine *f.* kitchen, cooking
cultivé cultivated
curieux curious; **d'un air ——** curiously
curiosité *f.* curiosity

D

dactylo *f.* typist
dalle *f.* paving stone, floor tile
dame *f.* lady
se damner to be damned
dangereux dangerous
dans *prep.* in, into
danser to dance
danseuse *f.* dancer
davantage more, further
de *prep.* of, on, from
débandade *f.* confusion, maze
se débarrasser to get rid of
débat *m.* debate, dispute, issue
débit *m.* delivery, speed of utterance
debout standing
débris *m.pl.* debris, remains, fragments
débrouiller to clear up; unravel
début *m.* beginning
décadence *f.* decline, decadence
décence *f.* propriety, decorum
déchirant heart-rending, harrowing

déchirement *m.* tearing, rending
déchirer to tear (*apart*)
décider to decide; **se —** to make up one's mind
déclamer to rant
déclencher to set off
déclin *m.* waning
décombres *m.pl.* ruins
découler to result, follow
découragé discouraged
découverte *f.* discovery
découvrir to discover
décréter to decree
décrire to describe
dedans in it, on it; **en — de** within
défaillance *f.* faint feeling; failing, weakness; **sans —** without fail
défaire to destroy, undo
défaite *f.* defeat
défaut *m.* fault, shortcoming
défendre to defend, forbid; **se —** to refrain from, defend oneself
défier to defy
définir to define
définitif final
dégager to bare
dégoût *m.* disgust, distaste
dégoûtant disgusting
dégoutter to drip
degré *m.* degree
dehors *m.* outside; **en —** outside
déjà already
déjeuner *m.* breakfast, lunch
délaissé abandoned
délicat delicate, tactful; discerning; touchy, particular; dainty, refined
délicatement delicately, carefully
délicatesse *f.* tact, subtlety, delicacy
délicieux delightful, delicious
demain tomorrow
demande *f.* request
demander to ask; **se —** to wonder
démêler to understand, fathom
démence *f.* insanity

demeurer to live, remain
demi half; **à —** half
démission *f* resignation
démocratie *f.* democracy
demoiselle *f.* unmarried woman, spinster
démolir to demolish
démonter to take apart
démontrer to demonstrate
dénier to deny
dénombrer to count
dent *f.* tooth; **rage de —s** severe toothache
dénûment *m.* destitution
départ *m.* departure
se dépêcher to hurry
dépendance *f.* dependence, subjection
dépendre to depend
dépense *f.* expense
dépenser to spend
déplaire to displease
déplier to unfold
déployer to spread out
déposer to put down, leave
depuis since, for
déraisonnable unreasonable
dernier, -ière last
déroute *f.* rout; **mettre en —** to put to flight, rout
derrière behind
dès as of, as early as, from
désabusement *m.* disillusionment
désapprouver to disapprove
désastre *m.* disaster
descendre to get off (*vehicle*); **— à** register at, stay at (*hotel*); come, go down, descend
désert *m.* wilderness, deserted place; (*adj.*) deserted, empty
désespérant heart-breaking, that drives one to despair
désespéré in despair, hopeless, desperate
se désespérer to despair
désespoir *m.* despair
déshonneur *m.* dishonor
désigner to point out, point to
désintéressé unprejudiced, unbiased; unselfish

désintéressement *m.* disinterestedness; lack of selfishness
désir *m.* desire
désirer to desire, want
désobéir to disobey
désolé very sorry
désoler to distress
désordonné disordered, disorderly
désordre *m.* disorder
désormais henceforth
se dessiner to stand out, take shape
dessus (*up*)on it, them
destin *m.* destiny, fate
désunion *f.* disunion
détachement *m.* detachment, indifference
se détendre to become slack, be loosened
détériorer to make worse, spoil
détour *m.* evasion, detour; **un long —** the long way round, a roundabout way
(se) détourner to turn away
détruire to destroy
deux two; **tous les —** both
deuxième second
devant before, in front of
développer to develop
devenir to become
deviner to guess
dévoiler to unmask, to reveal
devoir to have to; must; to owe; (*n.m.*) duty
dévorer to devour
dévote *f.* pious woman
dévotion *f.* piety
dévouement *m.* self-sacrifice, devotion to duty
diable *m.* devil; **que —** what the devil!
diamant *m.* diamond
dictature *f.* dictatorship
dicter to dictate
Dieu *m.* God; **manger le bon —** to take communion
difficile difficult
difficulté *f.* difficulty, objection
digne worthy
dignité *f.* dignity
dimanche *m.* Sunday

diminuer to diminish
dîner to have dinner, dine; (*n.m.*) dinner
dire to say, tell; **à vrai ——** to tell the truth; **pour ainsi ——** so to speak
direction *f.* guidance, direction
diriger to direct
discours *m.* talk, words, speech
discuter to discuss
disparaître to disappear
dispense *f.* dispensation
dispenser to dispense, excuse
se disperser to disperse
dispersion *f.* dispersion, scattering
disputer to argue
dissertation *f.* dissertation, essay
dissimulateur, -trice deceitful, hypocritical
dissimulation *f.* dissimulation, deceit
dissimuler to conceal, cover up
dissiper to dissipate, disperse
distinguer to distinguish
distrait absent-minded
divers different, diverse
divin divine
diviniser to make divine
dix ten
doigt *m.* finger
domestique *m.* servant
dominer to dominate, tower above
dompter to subdue
donc then
donner to give
dont of which, whose
dormir to sleep
dos *m.* back
doucement quietly
douceur *f.* pleasantness, gentleness, mildness; **avec ——** gently
douleur *f.* suffering, sorrow, distress
douloureux, -se sad, sorrowful, painful
doute *m.* doubt; **sans ——** undoubtedly, without a doubt

douter to doubt; **se —— de** to suspect
doux, -ce sweet, pleasant; soft
douzaine *f.* dozen
douze twelve
drame *m.* drama
droit *m.* right, law
droit *adj.* right, straight
droite *f.* right (*direction*); **à ——** on the right
drôle funny
duc *m.* duke
dupe *f.* dupe, sucker
duperie *f.* deception
dur hard; unkind
durable lasting
durer to last, go on

E

eau *f.* water; **—— de Barbados** rum
éblouir to dazzle
s'ébranler to start up, give a shake
écarlate scarlet
échafaud *m.* gallows
échanger to exchange
échantillon *m.* sample
échapper to escape; **laisser ——** to utter; **s'——** to break loose, fly away, escape
s'échauffer to get excited
échelon *m.* level
écheveau *m.* skein
échouer to fail
éclair *m.* lightning
éclairage *m.* lighting, light
éclairer to light, illuminate; enlighten
éclat *m.* burst; **rire aux ——s** to roar with laughter, laugh heartily
éclater to explode; shine, blaze out
école *f.* school
écolier, -ière schoolboy, -girl
écouter to listen (*to*)
écraser to crush
s'écrier to cry (*out*), exclaim
écrire to write
écriture *f.* writing

s'écrouler to crumble, collapse
l'Éden *m.* the Garden of Eden
édition *f.* : **—— spéciale** extra, special issue
s'effacer to be erased, disappear
effaré frightened
effet *m.* effect; **en ——** as a matter of fact, indeed
efficace effective
effleurer to cross someone's mind; touch lightly
s'efforcer to strive, endeavor, attempt
égal equal; **ça m'est ——** it's all the same to me
également as well; equally, alike
égalité *f.* equality
égayer to amuse
église *f.* church
égoïste selfish
élevé high, exalted, lofty
élever to raise; **s'——** to rise; **bien élevé** well brought up, refined; **mal élevé** ill-bred
élire to elect
s'éloigner to go away, depart
émaner emanate, proceed
s'emballer to be carried away (*fig.*)
embarras *m.* difficulty, awkwardness
embarrasser to perplex
embellir to improve in looks
embrasser to kiss, embrace, take in
s'embrouiller to get confused, mixed up
émerveiller to amaze
emmener to take, take away
s'émousser to be blunted
s'émouvoir to get excited
empêcher to prevent
empire *m.* empire, dominion, authority
s'emplir to fill up
emploi *m.* use; **—— du temps** schedule
employer to use
emporter to carry away; **l'—— sur** to prevail over, gain the upper hand

VOCABULARY 221

empourprer to tinge with crimson
empressement *m.* urging
s'empresser to hasten
emprunter to borrow
ému moved, touched, worked up
en *prep.* on, in; (*pron.*) of it, of them, at it
enchanter to enchant, charm
encore still, yet, again
encre *f.* ink
s'endormir to fall asleep; **endormi** sleepy, asleep
endroit *m.* place
énergie *f.* energy
énergique drastic; energetic, forcible
énervement *m.* state of nerves
s'énerver to get irritated, get worked up
enfance *f.* childhood
enfant *m.* and *f.* child
enfanter to give birth
enfer *m.* hell
enfermer to shut in, up
enfin at last, finally; in a word, after all
enflammer to inflame, set ablaze
s'enfoncer to plunge
s'enfuir to run away
engagement *m.* engagement, obligation
engager to induce, urge; begin, involve; **engagé** encumbered, caught; **la partie est engagée** the contest is begun
enlacer to embrace
enlever to carry away, take away, off
ennemi *m.* enemy
ennui *m.* boredom; worry
ennuyer to bore, annoy; **s'**—— to be bored
ennuyeux tedious, tiresome
enragé fanatic
enregistrer to register, record
enrouler to roll up
ensanglanté blood-stained
enseigner to teach
ensemble together; (*n.m.*) whole

ensuite then, afterward
entendre to hear, understand; intend; —— **parler de** hear of; **s'**—— to get along, understand each other; **bien entendu** of course
enterrement *m.* burial
entêtement *m.* stubbornness
enthousiasme *m.* enthusiasm
enthousiaste enthusiastic
entier entire, whole; **dans son** —— entirely
entièrement completely
entourer to surround
entraîner to draw away, drag down, lead to
entre between, among; —— **les mains de** into the hands of; **d'**—— among, of
entrée *f.* entry, entrance
entreprendre to undertake
entreprise *f.* enterprise
entrer to enter, come in, go in
entretien *m.* conversation
entrevoir to half see, make out
entrevue *f.* interview
envahir to invade
envelopper to envelop, cover
envergure *f.* wing-spread
envers toward; **à l'**—— from the wrong end, backward
envie *f.* desire, longing; envy; **avoir** —— **de** to want, feel like
environ about
environner to surround
envoûtant fascinating, spellbinding
envoyer to send
épaisseur *f.* thickness, depths
épanouissement *m.* glory, blossoming
épargne *f.* thrift
épargner to spare
épaule *f.* shoulder
éperdument madly
épître *f.* epistle
époque *f.* period, era
épouse *f.* wife
épouser to marry
épousseter to dust
épouvantable frightful
épreuve *f.* ordeal

éprouver to test; experience, feel
épuiser to exhaust; **s'**—— to be exhausted
épuré purified
équilibre *m.* equilibrium
équilibrer to balance
équipage *m.* carriage and horses; crew
équité *f.* equity, fairness
équivoque *f.* misunderstanding
errant wandering
errer to wander
erreur *f.* error
esclave *m.* and *f.* slave
espagnol Spanish
espèce *f.* kind, species
espérance *f.* hope
espérer to hope
espion *m.* spy
espoir *m.* hope
esprit *m.* mind, intelligence, wit, spirit; **avoir de l'**—— to be clever, witty
esquiver to avoid, get around
essayer to try
essor *m.* rise, progress
essuyer to wipe; go through
esthétique aesthetic
estimer to esteem, have a high opinion of
estomac *m.* stomach
et and
établir to establish
établissement *m.* establishment
état *m.* state, condition; profession
États-Unis *m.pl.* United States
été *m.* summer
éteindre to put out, turn off (*light*), extinguish
s'étendre to stretch, extend
étendue *f.* extent
éternel eternal, endless
éternité *f.* eternity
étiquette *f.* label
étoffe *f.* stuff, constitution, makings
étoile *f.* star
étoilé starry
étonnement *m.* astonishment, amazement

étonner to astonish, surprise; **s'——** to be surprised
étouffer to stifle
étourderie *f.* thoughtlessness, absent-mindedness
étourdi giddy, dizzy; scatter-brained, foolish
étrange strange
étranger, -ère foreign; (*n.m.* or *f.*) stranger, foreigner
étrangler to strangle
être to be; (*n.m.*) being
étroit narrow, close
étudier to study
eunuque *m.* eunuch
eux (*emphatic pron.*) them, they
s'éveiller to waken
événement *m.* event
éventail *m.* fan
évêque *m.* bishop
évidence *f.* obviousness; **de toute ——** obviously
évident evident, obvious
éviter to avoid
exagérer to exaggerate
exaspéré exasperated
excédé worn out
excepté except
exceptionnel exceptional
exclusif, -ve exclusive; **esprit d'exclusive** spirit of intolerance
exemple *m.* example
exercé practiced
exercer to practice, exercise
exercice *m.* exercise; **exercices de piété** devotional exercises
exigence *f.* unreasonable claim, demand
exiger to exact, require
expérience *f.* experience; experiment
explication *f.* explanation
expliquer to explain; **s'—— avec** to explain oneself, have it out with
exprès on purpose
s'exprimer to express oneself
exquis delicious, exquisite
extérieur exterior, outer, outside
extorquer extort
extraordinaire extraordinary
extrémité *f.* extremity, end

F

fabrique *f.* factory, cannery
face *f.* face; **—— à** facing; **en ——** opposite; **en —— de** across from
fâcher to anger; **se ——** to become angry
facile easy
facilité *f.* ease, facility, pliancy, complaisance
façon *f.* way; **de toute ——** in any case
faible weak
faiblesse *f.* weakness
faim *f.* hunger
faire to make, do, be (*of weather*); **—— rire** to make laugh; **se ——** to follow, ensue; become; **se —— à une idée** to get used to an idea
fait *m.* fact; **au ——** after all; **mettre qn. au ——** to explain things to someone
falaise *f.* cliff
falloir (*impers.*) to be necessary, need, have to ; **comme il faut** proper, respectable
familial *adj.* pertaining to family
familier familiar
famille *f.* family
fanatique fanatical
fantaisie *f.* fancy; **à leur ——** as they like
farce *f.* practical joke
fatigant tiring, wearisome
fatigué tired
se fatiguer to get tired, tire oneself out
faubourg *m.* suburb, outskirts
faudra *see* **falloir**
faut *see* **falloir**
faute *f.* fault
fauteuil *m.* armchair
faux, -sse false
faveur *f.* favor
favoriser to favor
fécondité *f.* fecundity, fertility
fédératif federative
féliciter to congratulate
femme *f.* woman, wife
fenêtre *f.* window

fer *m.* iron
ferme firm
fermer to close
fermeté *f.* firmness
féroce wild
ferraille *f.* scrap-iron
festin *m.* feast
feu *m.* fire
feuillage *m.* leaves, leafy branches
feuille *f.* leaf
feuilleter to leaf through
ficher : **—— le camp** to get out, take off, leave (*fam.*)
fidèle faithful
fidélité *f.* fidelity, integrity
fier, -ère proud
fierté *f.* pride
fièvre *f.* fever
figé solidified
figure *f.* figure, face, form, shape
se figurer to imagine
fil *m.* thread, wire
filer to go off (*fam.*)
filet *m.* net
fille *f.* daughter, girl
filleul *m.* godson
fils *m.* son
fin fine
fin *f.* end; **à la ——** finally; **la —— du jour** nightfall
finalement at last, in the end
finir to finish, end; **—— par faire qch.** to do something finally, eventually
firmament *m.* firmament, sky
fixe fixed, firm; **à jour ——** on stated days
fixer to fix; **—— les yeux sur qch.** to gaze, stare at something
flamme *f.* flame
flanc *m.* side
flâner to stroll
flatter to flatter; **se —— de** to be sure of
fléau *m.* scourge
fleur *f.* flower
fleuve *m.* river
flotter to float
flotteur *m.* float
foi *f.* faith; **de bonne ——** in good faith

VOCABULARY 223

fois *f.* time; **à la ——** at the same time, at once, simultaneously; **d'autres ——** at other times; **deux ——** twice; **une —— de plus** once more; **une —— par an** once a year; **une bonne ——** once and for all; **une nouvelle ——** once again
folie *f.* madness, folly, silliness; **à la ——** madly
fond *m.* bottom, back(*ground*); **au ——** fundamentally, at bottom; **fin ——** farthest depths
fondamental fundamental, basic
fondation *f.* foundation
fonder to found, base
fonts *m.pl.* font; **—— baptismaux** baptismal font; **présenter (tenir) qn. sur les ——** to stand godfather to
football *m.* soccer
force *f.* strength, force; **—— publique** police
forcément necessarily, inevitably
forêt *f.* forest
former to form, shape
formidable formidable, fearful
formule *f.* formula
formuler to formulate
fort *adj.* strong, clever; (*adv.*) very, loudly, much
forteresse *f.* fortress
fortifié fortified
fosse *f.* grave
fou, folle crazy
foudre *f.* thunderbolt
fouiller to go through, search
foule *f.* crowd, masses, multitude
fourmi *f.* ant
fourneau *m.* stove
fournir to furnish
fourrage *m.* fodder
foyer *m.* hearth
fraction *f.* fraction, (*political*) group
fragile fragile, weak
fraîcheur *f.* freshness, bloom
frais, fraîche fresh, cool
franc, -che frank, candid

français *m.* French (*language*); (*cap.*) Frenchman; (*adj.*) French
franchement frankly
franchir to pass, cross
franchise *f.* frankness; **la —— même** the essence of frankness
frapper to knock; impose (*tax*), strike; **frappant** striking
frémir to shiver
fréquenter to frequent
frère *m.* brother
frétiller to wriggle
frire to fry
frissonner to shiver, quiver
friture *f.* fried fish
froid cold; **avoir ——** to be cold
front *m.* forehead, brow
frontière *f.* frontier, border
fructifier to bear interest
fuir to flee
fumée *f.* smoke
fumer to smoke
fumeux smoking, smoky
funeste fatal, disastrous
fureur *f.* fury
furoncle *m.* boil
fusil *m.* gun
fusillé *m.* executed man
fusiller to shoot, execute

G

gaffe *f.* blunder, gaffe
gagner to win, gain; reach
gai bright, cheerful
gaiement gaily
gaieté, gaîté *f.* gaiety, cheerfulness
galanterie *f.* compliment
galerie *f.* tunnel, gallery
gallican Gallican
gamin *m.* little boy
gant *m.* glove
garantie *f.* guarantee
garantir to guarantee
garçon *m.* boy, bellboy, waiter
garde *f.* care; **prenez ——!** take care
garder to keep; **—— le lit** to stay in bed
gare *f.* station

gauche *f.* left; **à ——** on the left
gaz *m.* gas
géant *m.* giant
gémir to groan, moan, wail
gêné embarrassed
gêner to be in the way, hinder
générateur fundamental
génie *m.* genius
genou, -x *m.* knee
genre *m.* kind; **le —— humain** mankind
gens (*m* and *f. pl.*) people; servants; **—— du monde** society people
gentil, -ille nice
Germanie *f.* Germania
geste *m.* gesture
glisser to slip, creep, lurk
gloire *f.* glory, honor
glorieux glorious, proud
goguenard *m.* mocker; (*adj.*) mocking
gonfler to swell
gorge *f.* throat
goujon *m.* gudgeon (*kind of fish*)
gourde *f.* (*fig.*) fool, idiot
gourmer to thrash
goût *m.* taste
goutte *f.* drop
gouvernant *m.* governing power
gouverné governed
gouvernement *m.* government
gouverner to govern, rule, control
grâce *f.* grace, favor; **—— à** thanks to; **faire —— à qn.** to spare someone, let someone off; **faire une —— à qn.** to do someone a favor; **se faire —— de** to spare oneself
graduellement gradually
grand large, great
grandeur *f.* greatness, size, largeness
grandir to grow (*up*), increase
grand-père *m.* grandfather
grand-route *f.* highway
gratter to scratch
gratuit free
gratuité gratuitousness
grave important, solemn, serious
graver to engrave

224 VOCABULARY

gravité *f.* gravity
grêle *f.* hail
grenier *m.* granary, storehouse
gris gray
griser to make tipsy, intoxicate
grommeler to mutter, grumble
gronder to rumble, growl
gros, -se big, coarse, rough
grosseur *f.* size
grossier gross, crude
guère : ne... —— scarcely, hardly
guérir to cure, heal
guerre *f.* war
guerrier warlike
guetter to watch
gueule *f.* mouth; **la** —— **du loup** the lion's (*lit., wolf's*) mouth
guide *m.* guidebook

H

habile skillful
(s')habiller to dress
habitant *m.* inhabitant
habitation *f.* dwelling (*-place*)
habiter to live
habits *m.pl.* clothes
habitude *f.* habit, custom, practice; **d'**—— usually
haie *f.* hedge
haine *f.* hatred
harmonie *f.* harmony
hasard *m.* chance; **au** —— at random; **par** —— by chance
hâte *f.* haste
se hâter to hasten
hausser to raise, shrug
haut (*adj.*) high, lofty; (*adv.*) loudly; (*n.m.*) top, height; **en** —— above
hauteur *f.* height
hébété dazed
hein! eh!
herbe *f.* grass
hérétique *m.* heretic
héritage *m.* inheritance
héros *m.* hero
hésiter to hesitate

heure *f.* hour, o'clock; **de bonne** —— early; **dès huit** ——**s** as early as eight o'clock; **tout à l'**—— immediately; a little while ago; in a little while
heureusement fortunately
heureux, -se happy, fortunate; **heureuse chance** good luck
hier yesterday
histoire *f.* history; story
historique historical
homme *m.* man
honnête honest, honorable
honnêteté *f.* honesty
honneur *m.* honor
honte *f.* shame
honteux shameful, ashamed
hôpital *m.* hospital
horloge *f.* clock
horloger *m.* clock and watchmaker
horreur *f.* horror; **avoir** —— **de** to hate
hors de out of
hospitalité *f.* hospitality
hôtesse *f.* hostess, landlady
huguenot Huguenot
huit eight; —— **jours** one week
humain human
humanité *f.* humanity, mankind
humeur *f.* humor, mood
humoristique humorous
hurlement *m.* howl
hurler to howl
Huron *m.* Huron (*Am. Indian*); **huron** (*adj.*) Huron
Huronie *f.* the land of the Hurons

I

ici here; **par** —— in this direction
idée *f.* idea
identique identical
ignoble ignoble, vile
ignorant ignorant, illiterate
ignorer not to know, be unaware of
île *f.* island
illimité unlimited
illuminé illuminated

illustre famous
imbécile imbecile, fool
imbu de steeped in
immaculé immaculate, unstained
immédiatement immediately
immense great
immensité *f.* immensity, infinity, vastness
immobile motionless, immobile
s'immobiliser to become still
immobilité *f.* immobility
imperfection *f.* imperfection, fault
impérieux imperious, pressing
importance *f.* size, importance
importer to be of importance, matter; **n'importe quel** just any kind of, some . . . or other; **n'importe quoi** anything at all; **peu importe** it doesn't matter
imposant dignified, imposing
impossibilité *f.* impossibility
impôt *m.* tax(es)
imprudence *f.* imprudence; **faire des** ——**s** to act rashly
imprudent imprudent, unwise, rash
impuissant powerless
impulsion *f.* impulse, impetus
imputer to ascribe
incertitude *f.* uncertainty
incliner to be disposed; **s'**—— to bend, bow down
incommode inconvenient, awkward
inconnu unknown
inconstance *f.* inconstancy
inconvénient *m.* disadvantage
incorporation *f.* incarnation
s'incorporer to be incorporated, unite
incroyable unbelievable, incredible
indécence *f.* indecency
indécis vague, indistinct
indifférent indifferent; immaterial, unimportant
indiquer to indicate, point out
individu *m.* individual
ineffablement ineffably

VOCABULARY 225

inégalement unequally
inépuisable inexhaustible
infaillible infallible
infâme infamous
infime lowly, tiny
infini infinite
infinité f. infinity
information f. inquiry, information, news
s'informer to make inquiries, inquire about (*de*)
infortuné unfortunate, unlucky
ingénieux ingenious
ingénu artless, unsophisticated, simple; (*n.m.*) naïve person
inhumanité f. inhumanity
inimaginable unbelievable
inique base, wicked, iniquitous
injure f. wrong, insult; **faire —— à** to insult
injuste unjust
inlassable tireless
inquiet restless, anxious
inquiéter to worry; **s'—— to worry
inquiétude f. anxiety; **avec ——** anxiously
insanité f. insanity
inavoué unavowed, unacknowledged
inscrire to write down
insensé senseless, mad, insane
insister to insist, dwell on
instaurer to found, set up; **s'—— to set in
instruire to instruct; **s'—— to educate oneself; **instruit de** acquainted with, aware of
instrument m. instrument, tool
insurgé m. rebel
intact intact, untouched, unblemished
intelligence f. understanding, intelligence, intellect, brainpower
intelligiblement intelligibly
intention f. intent, purpose; **avoir l'—— de** to intend
interdire to prevent
intéressant interesting
intéresser to interest; **s'—— à** to be interested in
intérêt m. interest

intérieur interior, inside, internal; (*n.m.*) interior
interpeller to question
interposer to interpose; —— **son crédit** to use one's influence
interrogant inquisitive
interroger to question
interrompre to interrupt
intervalle m. interval; **par ——s** at intervals
intervenir to intervene
intime intimate, close
intimider to intimidate
intransigeance f. intransigence
introduire to introduce, insert
inutile useless
inutilité f. futility, uselessness
invariable unvarying, invariable
inventeur m. inventor
inverse m. contrary, opposite
invincible invincible, unconquerable
invité m. guest
invoquer to invoke, call upon
ironie f. irony
irrémédiable irremediable
isolé isolated
itinéraire m. itinerary

J

jaillir to spring forth
jaloux jealous
jamais ever, never; **ne... ——** never
jambe f. leg
janvier m. January
japonais Japanese
jardin m. garden
jésuite Jesuit
jet m. jet; burst; —— **d'eau** fountain
jeter to throw, cast; —— **un coup d'œil sur** to take a look at; —— **un cri** to utter a cry; —— **un regard sur** to cast a glance over
jeu m. play, acting
jeun : à —— fasting, on an empty stomach
jeune young

jeunesse f. youth
joie f. joy
joint (*p.p. of joindre*) joined, folded, clasped
joli pretty
joue f. cheek; **tenir en ——** to aim at
jouer to play, gamble
jouissance f. pleasure
jour m. day; **à —— fixe** on stated days; **de nos ——s** in our day; **huit ——s** a week; **le —— baissant** dusk falling; **prendre ——** to fix a date; **sous ce ——-là** in that light; **tous les ——s** every day
journal m. newspaper
journée f. day; **toute la ——** all day long
journellement daily
juge m. judge
juger to judge
jumelle f. twin
jurer to swear
jusque *prep.* as far as, up to; **jusqu'à** as far as, until; **jusqu'où** how far
juste right, fair; exactly
justement precisely; properly, rightly

L

là there; **par ——** in that direction
là-bas over there, yonder
labourer to till
lâcher to let go, abandon, put down
lâcheté f. cowardly act
là-dessous beneath that
laid ugly, mean, shabby
laisser to leave, let, allow; —— **échapper** to utter; —— **la place à** to yield to
laissez-passer m. pass
laiteux milky
lame f. blade
lancer to throw
langage m. language
langue f. language

226 VOCABULARY

lapin *m.* rabbit
largement widely
larme *f.* tear
las, lasse tired
léger, -ère light, slight
légèrement slightly
législateur *m.* legislator
législatif legislative
législation *f.* legislation, (*set of*) laws
légitime legitimate
lendemain *m.* the next day
lent slow
lenteur *f.* slowness
lequel, laquelle, lesquels, lesquelles (*interrog. pron.*) which; (*relative pron.*) which, that, who, whom
lettre *f.* letter; **écrire en toutes ——s** to spell out
leur (*adj.*) their; (*pron.*) to them; **le ——** theirs
lever to raise; **se ——** to get up, rise
lèvre *f.* lip
liaison *f.* liaison
liberté *f.* liberty
libre free
lien *m.* bond
lier to bind, tie up
lieu *m.* place; **au —— de** instead of; **tenir —— de** to take the place of
lieue *f.* league (*4 kilometers, 2½ miles*)
lièvre *m.* hare
ligne *f.* line
limité limited
linge *m.* linen, underclothing
lire to read
lis *m.* lily
lit *m.* bed; **garder le ——** to stay in bed
livide livid, pale
livre *m.* book
livrée *f.* livery
livrer to deliver, betray, give up, surrender; **se —— à** to give oneself to, indulge in
loger to lodge, put up
logique *f.* logic
loi *f.* law

loin far; **de ——** from afar, in the distance
lointain distant
loisir *m.* leisure
long, longue long; (*n.m.*) length; **à la longue** in the long run; **le long de** along, beside
longtemps long, for a long time
lorsque when
lot *m.* lot, batch
louche fishy (*fam.*)
louer to praise; rent
louis *m.* louis (*gold coin of the Ancien Régime*)
loup *m.* wolf; **la gueule du ——** the lion's mouth
lourd heavy
loyalement honestly
loyauté *f.* honesty
lucidement clearly
lucidité *f.* lucidity
lueur *f.* light
lui to her, to him, to it; he, him; himself
lui-même himself
lumière *f.* light; intelligence
lundi *m.* Monday
lune *f.* moon; **—— de miel** honeymoon; **au clair de ——** in the moonlight
lunettes *f.pl.* (*eye*)glasses
lutte *f.* struggle
lutter to struggle, fight

M

machine *f.* machine
madame *f.* Mrs., Madam
mademoiselle *f.* Miss; **—— sa sœur** his sister
magasin *m.* store
magie *f.* magic
magistrat *m.* magistrate, judge
magnificence *f.* splendor, pomp
magnifique magnificent
maigre thin
maille *f.* stitch; **filet à ——s serrées** small mesh net
main *f.* hand; **entre les ——s de** into the hands of
maint many
maintenant now

maintenir to maintain, support
mais but
maison *f.* house; business
maître *m.* master, teacher
maîtresse *f.* mistress
majorité *f.* majority
mal *m.* evil, bad things, bad; (*adv.*) badly; **faire —— à** to hurt; **se trouver ——** to be ill
malade sick; **un grand ——** a very sick man
maladie *f.* disease, illness
maladif ailing
maladroit clumsy, awkward
malentendu *m.* misunderstanding
malgré in spite of
malheur *m.* misfortune; **porter —— à** bring bad luck to
malheureux unfortunate, poor, wretched, unhappy
malin smart, shrewd
malle *f.* trunk
maltraiter to mistreat
maman *f.* Mama
mammifère *m.* mammal
manger to eat
manguier *m.* mango tree
manière *f.* way, manner
manque *m.* lack
manquer (de) to lack, fail, miss; **—— à une promesse** to break a promise
manteau *m.* coat
maraud *m.* rascal
marchand *m.* merchant
marche *f.* march, movement, walking, course, operation; **en ——** in motion
marché *m.* market; **par-dessus le ——** to boot, on top of that
marcher to walk
marcheur *m.* walker
mare *f.* pond
mari *m.* husband
mariage *m.* marriage
marié *m.* married (*person*); **nouveaux ——s** newlyweds
marier to marry off; **se ——** to get married
marque *f.* mark
marquer to mark

VOCABULARY 227

marquis *m.* marquis, marquess
marquise *f.* marchioness
marraine *f.* godmother
masqué masked, wearing a mask
massacrer to massacre, slaughter
massue *f.* club
matériel, -elle material
matière *f.* matter
matin *m.* morning
maudit accursed
mauvais bad, evil; —— **coup** evil deed
maxime *f.* maxim
mécanique *f.* mechanism, machinery; (*adj.*) mechanical
méchanceté *f.* spitefulness, wickedness, meanness
méchant bad
mécompte *m.* miscalculation, disappointment
méconnu misunderstood, unappreciated
médiocrité *f.* mediocrity
méditer to meditate, ponder
Méditerranée *f.* Mediterranean
méfiance *f.* distrust
méfiant distrustful, suspicious
meilleur better, best
mélancolique melancholy
mêler to mix
membre *m.* limb
même (*adv.*) even; (*adj.*) same (*before noun*), itself (*after noun*); **en** —— **temps** at the same time; **il n'en est pas de** —— such is not the case; **quand** —— just the same
mémoire *f.* memory
menace *f.* threat
menacer to threaten
ménage *m.* household; **jeune** —— young couple
ménager to arrange
mener to lead, take, conduct, carry on
mensonge *m.* lie, falsehood
menteur *m.* liar
mentir to lie, tell lies
mépris *m.* contempt
mer *f.* sea
merci thank you; no, thank you

mercier *m.* dealer in notions (*thread, buttons*)
mercredi *m.* Wednesday
mère *f.* mother
mérite *m.* merit
mériter to deserve
merle *m.* blackbird
merveille *f.* marvel
mesquinement stingily
messe *f.* mass
mesure *f.* measure; **sans** —— priceless
mesurer to measure
métamorphose *f.* metamorphosis
méthodique methodical
métier *m.* trade, profession
mètre *m.* meter (*3.281 ft.*)
mettre to put, place, put on; —— **à part** to set apart; —— **au courant** to acquaint, tell about; —— **au fait** to explain things; **se** —— **à** *plus inf.* to start to; **se** —— **à l'abri** to take shelter; **se** —— **à table** to sit down at table
meubler to furnish
meurtre *m.* murder
midi *m.* noon
le mien, la mienne mine
mieux better; **il vaut** —— it is better
mijoter to simmer
milieu *m.* middle
mille a thousand
mince thin
ministère *m.* ministry
ministre *m.* minister
minorité *f.* minority
minute *f.* minute; **à la** —— just now
miraculeux, -euse miraculous
misérable miserable, unfortunate, despicable
misère *f.* extreme poverty; misery
missionnaire *m.* missionary
à mi-voix in an undertone
modestement modestly
modestie *f.* modesty, unpretentiousness
modifier to modify
moelle *f.* marrow

mœurs *f.pl.* morals, manners, customs; **avoir des** —— to have principles
moi me, I (*emphatic*); —— **-même** myself; **un mari à** —— a husband of my own
moindre least
moine *m.* monk
moineau *m.* sparrow
moins less; **à** —— **de** unless, barring; **à** —— **le quart** at quarter to; **à** —— **que** unless; **du** —— at least; **pour le** —— at least
mois *m.* month
moisson *f.* harvest
moitié *f.* half; **à** —— half
mollesse *f.* softness, indolence
moment *m.* moment; **au** —— **où** at the moment (*when*); **du** —— **que** (*from*) the moment (*when*)
momie *f.* mummy
mon, ma, mes my
monde *m.* world, people; **gens du** —— society people; **tout le** —— everybody
mondiale : guerre —— world war
monotone monotonous
monsieur, (*pl.* **messieurs**) *m.* gentleman, Mr.
monstre *m.* monster
montagne *f.* mountain
monter to rise, mount, get in, get on
montrer to show; —— **du doigt** to point out
monument *m.* monument, historic building
monumental monumental, huge
se moquer (de) to make fun of, not care about
morale *f.* moral, (*sense of*) morality
morbleu good heavens
morceau *m.* piece
mordre to bite
se morfondre to catch a chill
morne *adj.* gloomy
morne *m.* (*Caribbean word*) hill (*of rounded shape*)

mort dead; **la morte** the dead girl; **les morts** the dead
mort *f.* death
mot *m.* word; —— **d'ordre** password; **bon** —— witty remark; **dire deux** ——**s à qn.** to have a word with someone
mouche *f.* fly; **quelle** —— **t'a piqué?** what's gotten into you?
mouchoir *m.* handkerchief
mourir to die
mouvement *m.* movement
moyen *m.* way, means; (*adj.*) middle, average
muet, -ette mute, silent
mufle *m.* cad; ——! you beast!
mugir to bellow
se multiplier to multiply
munir to provide; **muni de** bearing
mur *m.* wall
musée *m.* museum
musique *f.* music
mystère *m.* mystery

N

naïf, -ve ingenuous, naïve
naissance *f.* birth
naître to be born, arise
naïvement naïvely
natal native (*country*)
naturel *m.* nature, character
navré terribly sorry
néant *m.* nothing, nothingness
nécessaire necessary
nécessité *f.* necessity
Nègre *m.* Negro, black
nerveux, -se nervous
net clear-cut, distinct, bright; **s'arrêter** —— to stop dead
nettement clearly
neuf nine; new
neveu *m.* nephew
nez *m.* nose
ni nor; **ne ... ni ... ni** neither ... nor
nier to deny
nitouche *f.*: **sainte** —— hypocrite
noce *f.* wedding
nœud *m.* knot

noir black
nom *m.* name
nombre *m.* number; **sans** —— countless, numberless
nombreux numerous
nommer to name, call; **se** —— to be called, named; **Comment vous nommez-vous?** What's your name?
non no, not; —— **point** not (*at all*); —— **seulement** not only
nostalgie *f.* nostalgia
notaire *m.* lawyer
noter to jot down, make a note of
notre, nos our; **le nôtre** ours
nourrice *f.* nurse
nourrir to feed
nourriture *f.* food
nouveau, -elle new; **de** —— again
nouveauté *f.* novelty, newness
nouvelle *f.* news
nu bare
nuage *m.* cloud; **dans les** ——**s** daydreaming; **sans** —— unclouded
nuit *f.* night, darkness; **la** —— at night
nul no one
numéro *m.* number; **composer un** —— to dial a number
nuque *f.* nape of the neck

O

obéir to obey
objectif objective
objectivité *f.* objectivity
objet *m.* object
obliger to oblige, compel
obscur dark, obscure
obscurité *f.* obscurity, darkness
obséder to obsess
observateur *m.* observer
observation *f.* observation, remark
observer to observe; **faire** —— to point out
obstination *f.* obstinacy, stubbornness

obstiné obstinate, stubborn, dogged
obtenir to obtain, get
occasion *f.* opportunity, chance
occuper to occupy; **s'** —— to keep busy, **s'** ——**de** to attend to; **occupé** busy
odieux, -se odious, hateful
œil *m.* eye; **clin d'** —— wink; **coup d'** —— glance, look
œuf *m.* egg
œuvre *f.* work
œuvrer to work
officier *m.* officer
offre *f.* offer
offrir to offer
oiseau *m.* bird
oiseau-lyre *m.* lyre-bird
ombre *f.* shade, shadow
on, l'on one, they, people
oncle *m.* uncle
ondulation *f.* winding
ongle *m.* fingernail
onze eleven
opérer to work, accomplish work, operate; **s'** —— to take place
opinion *f.* opinion, public opinion
s'opposer (à) to oppose
or now, so
ordinaire ordinary, habitual
ordonner to arrange, direct, regulate
ordre *m.* order; **d'** —— **pratique** of a practical nature; **mot d'** —— password; **rentrer dans l'** —— to put right; **aux** ——**s de qn.** at someone's disposal; **les** ——**s** holy orders
oreille *f.* ear
organe *m.* organ (*sight, hearing, etc.*)
orner to embellish, adorn
os *m.* bone
oser to dare
ôter to take off, remove
ou or; —— ... —— either ... or
où (*interrog. adv.*) where; (*rel. adv.*) where, when; **par** —— which way
oubli *m.* forgetfulness, forgetting
oublier to forget

VOCABULARY 229

oui yes
ours *m.* bear
ouvert *see* **ouvrir**
ouvrier, -ière (*adj.*) working-class; (*n.*) worker
ouvrir to open

P

pacifique pacific, peaceful
paiement *m.* payment
pain *m.* bread
paisible peaceful
paix *f.* peace
palais *m.* palace
pâlir to turn pale
palme *f.* palm (*branch*)
palper to feel
pantoufle *f.* slipper
pape *m.* Pope
papillon *m.* butterfly
Pâques *f.pl.* Easter
par *prep.* by, for, in; —— **où** which way; **trois fois** —— **semaine** three times a week
paradoxal paradoxical
paraître to appear, seem
parbleu! really!
parce que because
parcimonieux parsimonious
parcourir to travel (*through*), cover, search
par-dessus over (*the top of*); —— **le marché** to boot, on top of that
pardon *m.* pardon; **je te demande** —— I beg your pardon
pardonner to pardon, forgive
pareil, -lle like, such (*a*), similar
parent *m.* parent, relative
parer to adorn
paresseux lazy
parfait perfect
parfois sometimes
parler to speak, talk
parmi among
parole *f.* word; **adresser la** —— **à** to speak to
part *f.* part, share; **d'autre** —— on the other hand; **de ta** —— from you; **mettre à** —— to set apart; **nulle** —— nowhere; **pour notre** —— as for us

partager to share
parti *m.* alternative; (*political*) party
particularité *f.* peculiarity, characteristic
particulier particular, special; (*n.m.*) individual
partie *f.* part, party, game; **faire** —— **de** to be part of; **la** —— **adverse** the opposing party; **la** —— **est engagée** the contest is begun
partir to leave; **à** —— **de** from
partout everywhere
parvenir to succeed, attain
pas not; —— **du tout** not at all; —— **un bruit** not a sound
pas *m.* step, pace; **à deux** —— right nearby
passage *m.* passage; **de** —— passing through; **femmes de** —— temporary liaisons
passant *m.* passer-by
passé *m.* past
passe-passe *m.* sleight of hand, hocus-pocus
passer to pass, go past, proceed, spend (*time*), go down (*food*); carry over; undergo, pass through; —— **par-dessus** to overlook; **cela leur passerait** they would get over it; **en passant** on the way by; **se passer** to happen; **se passer de** to do without
passif passive
passionné passionate
pathétique *m.* pathos
patriarche *m.* patriarch
patrie *f.* country of birth, homeland
patron *m.* patron saint
patte *f.* paw; **en** ——**s de mouches** scrawled
pauvre poor
pauvrement wretchedly
pauvreté *f.* poverty
pavillon *m.* flag
payer to pay (*for*); **se** —— **la tête de qn.** to pull someone's leg
pays *m.* country, district, homeland

paysage *m.* landscape, scenery
paysan *m.* peasant
peau *f.* skin
péché *m.* sin
pêche *f.* fishing
pécher to sin
pêcher to fish
pêcheur *m.* fisherman
peindre to paint
peine *f.* trouble, penalty, sorrow; **à** —— scarcely, hardly; no sooner; **ça vaut la** —— it is worthwhile; **faire de la** —— **à** to distress; **mettre fort en** —— to give much trouble; **sans** —— easily
pelouse *f.* lawn
pencher to lean over, bend
pendant during, for; —— **que** while
pénétré penetrated, imbued, full (*of*)
pénétrer to enter
péniblement with difficulty
pensée *f.* thought
penser to think; **ne savoir qu'en** —— not to know what to think about it
Pentateuque *m.* Pentateuch (*first five books of the Old Testament*)
pente *f.* slope
percer to pierce, go through
perdre to lose, ruin, destroy
père *m.* father
péril *m.* peril, danger
périmé out-of-date
périr to perish
permettre to permit, allow; **se** —— to venture
personnage *m.* character
personnalité *f.* personality, individuality
personne *f.* person; (*with negative*) no one
personnel personal
perte *f.* loss
pervers perverse
peser to weigh
petit little
petite-fille *f.* granddaughter

petitement to a limited extent, in a small way
petitesse *f.* smallness, littleness
peu little, few; not very, un-; —— à —— little by little; —— **de chose** very little, not very much; à —— **près** almost; **en** —— **de temps** quickly, in no time
peuple *m.* people, nation
peur *f.* fear; **avoir** —— **de** to fear, be afraid; **de** —— **de** for fear of
peut-être maybe, perhaps
phénomène *m.* phenomenon
philosophe *m.* philosopher
philosophie *f.* philosophy
phrase *f.* sentence
physique physical
pièce *f.* room, play
pied *m.* foot; ——s **nus** barefoot; à —— on foot; **de** —— **en cap** from head to toe; **sur** ——s on (*their*) feet
pierre *f.* stone
pierreries *f.pl.* precious stones, gems
piété *f.* piety, devotion; **exercices de** —— devotional exercises
piller to pillage
pincer to pinch
piqué piqued, annoyed
piquer to sting, bite; **Quelle mouche t'a piqué?** What's gotten into you?
piqûre *f.* injection, prick
pire worst
pis worse
pitié *f.* pity
pitre *m.* clown; **faire le** —— to act like a clown
pittoresque picturesque
pivoter to pivot, turn
place *f.* place, seat; square; **changer qch. de** —— to move something; **faire** —— à to give way to, make room for
placement *m.* investment
plaider to plead
se plaindre to complain
plaine *f.* plain
plainte *f.* complaint

plaire to please
plaisanter to joke
plaisir *m.* pleasure; **faire** —— à to please
plancher *m.* floor
plante *f.* plant
plein full
pleur *m.* tear
pleurer to cry
plier to fold; **se** —— conform
plonger to dive, plunge
pluie *f.* rain
plume *f.* feather, quill (*pen*)
plupart *f.* majority, most
plus more, most; —— ... —— the more ... the more; —— **de** more than; no more; **d'autant** —— (*all*) the more; **de** —— else, in addition; **de** —— **en** —— more and more; **ne** ... —— no longer, not any more; **une fois de** —— once more
plusieurs several
poche *f.* pocket
poétique poetical
poindre to dawn; arise
poing *m.* fist, hand
point *m.* point; —— **du tout** not at all; **à ce** —— -là as much as that; **ne** ... —— not; not; **non** —— not
pointu angular
poisson *m.* fish
poitrine *f.* chest, breast
polémique *f.* polemics
polir to polish
politesse *f.* politeness, courtesy; **faire des** ——s to be polite
politique political; (*n.f.*) policy, politics
pompeux pompous
porcelaine *f.* porcelain, china
porche *m.* porch (*of church*)
porte *f.* door; —— **de service** back door
portée *f.* bearing; **sans** —— meaningless
porte-plume *m.* penholder
porter to carry, bring; —— **malheur** to bring bad luck; **porté à** inclined to; **se** —— to be (*of health*)

porteur *m.* carrier, bearer
poser to put, place, state, pose; **se** —— perch (*as a bird*)
positif positive
posséder to possess
postérité *f.* posterity
pot-au-feu *m.* stew
poudre *f.* powder, dust
poule *f.* chicken, hen
pour *prep.* for, in order to; —— **que** so that
pourquoi why
poursuite *f.* pursuit
poursuivre to hunt, pursue
pourtant however
pourvu que provided that
pousser to push, close; utter
poussière *f.* dust
pouvoir to be able; can; (*n.m.*) power; **il se peut que** it is possible that
prairie *f.* meadow
pratique practical
précédemment previously, before
précédent preceding, previous
se précipiter to jump in, rush, throw oneself
précis precise, accurate
précisément precisely
préciser to specify, state precisely, make explicit
précision *f.* precision, accuracy; **apporter des** ——s **sur** to give precise details about
prédire to predict
préjugé *m.* prejudice
premier, -ère first, primordial, original
prendre to take, get; —— **corps** to take shape; —— **jour** to fix a date; **se** —— **d'amitié pour qn.** to take a liking to someone; **s'en** —— à to lay the blame on; **s'y** —— to go about it
préoccuper to preoccupy
près near, close; —— **de** near, almost; **de** —— closely; **à peu** —— nearly, almost
présent *m.* present; **à** —— now

VOCABULARY 231

présenter to present, introduce; —— **qn. sur les fonts** to be godfather to someone
presque almost
presse *f.* press
pressé pressing, urgent
prêt ready
prétendant *m.* pretender
prétendre to claim (*as a right*); —— **à** to aspire to, seek
prétentieux pretentious, conceited
preuve *f.* proof; **faire** —— **de** to display; **faire ses** ——**s** to prove oneself
prévaloir to prevail
prévenir to forewarn
prévoir to foresee
prévoyant provident
prier to ask, request; pray; **je vous en prie** please, I beg you
prière *f.* prayer
prieur *m.* prior
prieuré *m.* priory
principal principal, chief
principe *m.* principle, beginning
printanier springlike
printemps *m.* spring
prisonnier *m.* prisoner
priver to deprive
privilégié privileged
prix *m.* value, worth, price; prize; **à tout** —— at any price; **n'avoir pas de** —— to be priceless
procédé *m.* action
procéder to proceed
procès *m.* case, lawsuit
prochain next; (*n.m.*) fellow-man
proche near; **de** —— **en** —— step by step
prodigieux prodigious
produire to produce
professer to profess
professeur *m.* teacher
profiter to take advantage (*of*)
profond deep, complete
profondément profoundly
progrès *m.* progress
proie *f.* prey
projet *m.* plan

projeter to throw, fling, cast
promenade *f.* walk
se promener to go for a walk
promesse *f.* promise; **manquer à une** —— to break a promise
promettre to promise
prompt prompt, quick, ready
promptitude *f.* promptness, quickness
prononcer to pronounce, make (*speech*)
se propager to be propagated, spread
propre (*before n.*) own; (*after n.*) proper, nice; clean
propriété *f.* ownership, property
prospérité *f.* prosperity
protéger to protect
prouver to prove
provoquer to provoke, induce
prudemment cautiously
pruderie *f.* prudishness
publier to publish
puis then; **et** —— **après?** so what?
puisque since
puissance *f.* power, authority; —— **de fait** de facto authority, real authority
puissant powerful; **tout-** —— all-powerful
puisse *see* **pouvoir**
punir to punish
pupitre *m.* desk
pur pure
pureté *f.* purity

Q

quai *m.* quay, platform
qualité *f.* quality
quand when, whenever; —— **même** just the same
quant à as for
quart *m.* quarter; **à moins le** —— at quarter to
quartier *m.* neighborhood, quarter
quatre four
quatre-vingts eighty; **quatre-vingt-dix** ninety

que that, what; whether, whom; how!; **ce** —— what; **ne ...** —— only
quel, quelle, quels, quelles what, which
quelconque any old
quelque some; **quelques** some, a few; **quelque ... que** whatever, however
quelque chose *pron. m. inv.* something
quelquefois sometimes
quelqu'un someone
querelle *f.* quarrel
questionner to question
questionneur *m.* inquisitive person
qui which; who, whom; he who; **ce** —— what
quincaillier *m.* hardware merchant
quinze fifteen; —— **jours** two weeks
quitter to leave
quoi what; —— **qu'il en soit** in any case; **n'importe** —— anything at all
quoique although
quotidien daily

R

se rabattre to fold back
raccourcir to shorten, abbreviate
raccrocher to hang up
racine *f.* root
raconter to tell
radical radical, going to the root
se radoucir to relent, calm down
rage *f.* anger, rage
raisin *m.* grape
raison *f.* reason; **avoir** —— to be right
raisonnement *m.* reasoning
raisonner to reason, consider
rajeuni rejuvenated
ramasser to pick up
ramener to bring back
ramper to crawl
rang *m.* rank; **prendre** —— to rank
rangé ordered

rapidité *f.* speed, rapidity
rappeler to remind; **se —** to remember
rapport *m.* connection; **ça n'a pas de —** that has nothing to do with it
rapporter to carry back; report
se rapprocher to draw near, come close
rare rare, few
rarement rarely, seldom
raser to raze
se rassurer to feel reassured
rattraper to catch up with
ravine *f.* mountain torrent
se raviser to change one's mind
ravissant lovely, ravishing
rayon *m.* ray
rayonner to beam
réaliser to realize, carry out
réalité *f.* reality
receveur *m.* collector
recevoir to receive
recherche *f.* search, quest
réciproque mutual
récit *m.* tale
recoite (*arch.*) peaceful
récollet *m.* Recollect friar
recommander to recommend, enjoin
recommencer to begin again
reconduire to escort, take
reconnaître to recognize
recouvrer to recover
recruter to recruit
reculé remote
reculer to back up, recoil
(à) reculons backwards
rédacteur *m.* editor
redevenir to become again
redouter to fear
redresser to straighten out, correct; **se —** to straighten up again
réduire to reduce, convert, subdue
refaire to remake
réfléchir to reflect
réflexion *f.* reflection, thought; **faire —** to observe
se réformer to reform, mend one's ways

réfugié *m.* refugee
se réfugier to take refuge
refus *m.* refusal
refuser to refuse, deny; **se — à** to refuse to
regard *m.* look, gaze; **— fixe** fixed stare; **jeter un — sur** to glance over
regarder to look at, watch
régénérer to regenerate
règle *f.* rule
régler to regulate, adjust, settle, take care of
régner to reign, hold sway, prevail
régularité *f.* regularity
reine *f.* queen
réitéré reiterated
rejaillir to spurt up
rejeter to throw back, reject
rejoindre to meet
réjouir to make glad, delight; **se — de** rejoice
relèvement *m.* recovery
se relever to get up
remarquer to notice, point out; **se —** to be seen
remercier to thank
se remettre à to start again
remonter (*tr.*) to bring up(stairs); (*intr.*) go up again, go back
remplacer to replace
remplir to fill, fulfil
remuer to move
renaître to be reborn
rencontrer to meet
rendez-vous *m.* appointment, meeting
rendre to make, give back, return, restore; **— compte** to account for; **se — compte (de)** to realize
renfermer to lock up, contain
renforcer to reinforce, strengthen
renommé famous, renowned
renommée *f.* reputation
renoncer to renounce
renouveler to renew
renouvellement *m.* renewal
rentes *f.pl.* (*unearned*) income

rentrer to come, go in again; return; **— dans l'ordre** to put right
renverser to knock over
renvoyer to send back
se répandre to spread, launch into (*speech*); **répandu** shed
reparaître to reappear
repartir to reply, retort
répartir to divide, leave, **se —** to be distributed
repas *m.* meal
(se) repentir to repent
répéter to repeat
se replier (sur) to retire (*within*)
réplique *f.* retort, rejoinder
réponse *f.* reply
reporter to bring back, turn
repos *m.* rest
se reposer to rest, be based
reprendre to resume, go on, revive, put on
représenter to represent; **se — be manifested
reprise *f.* : **à plusieurs —s** several times
reproche *m.* reproach
reprocher to find wrong
reproduire to reproduce
repu full, satiated
répugner to feel repugnance, loathing, dislike
réserve *f.* reservation
réserver to reserve; **réservé** reserved
résider to reside, lie, consist
résigner to resign, cede
résoudre to resolve
respectueux respectful
respirer to breathe
ressemblance *f.* resemblance, likeness
ressembler to resemble
se resserrer to be tightened
restaurer to restore, re-establish
reste *m.* rest, remainder; **au —** besides, moreover
rester to remain, stay; **en — là** to stop right there
restituer to restore
résultat *m.* result
résumer to recapitulate, sum up

VOCABULARY 233

retarder to delay
rétif reluctant
retentir to resound
réticence *f.* reticence
retirer to take away; **retiré** in retirement; **se retirer** to retire, leave (*room*)
retomber to fall down again
retour *m.* return, recurrence
retourner to go back, return; **se** —— to turn around
retraite *f.* retirement
retrouver to find again, meet again
réunir to join, bring together
réussir to succeed
rêve *m.* dream
(se) réveiller to awaken
révélateur revealing
révéler to reveal
revenir to come back, return, hark back to; —— **à dire** to amount to saying; **je n'en reviens pas** I can't get over it
rêver to dream
révérence *f.* bow
revêtu (de) invested (*with*)
rêveur musing
revoir to see again
révoltant revolting, outrageous
se révolter to revolt, rebel
révolu completed, elapsed (*time*)
rez-de-chaussée *m.* ground floor
rhum *m.* rum
richesse *f.* wealth
rideau *m.* curtain
ridicule ridiculous
rien nothing, anything; —— **que** just
rigueur *f.* rigor, severity
rire to laugh; (*n.m.*) laugh, laughter; —— **aux éclats** to roar with laughter, laugh heartily
rivage *m.* shoreline
rive *f.* bank
rivière *f.* river
robe *f.* dress
roi *m.* king; **les trois** ——**s** the three wise men
romain Roman

roman *m.* novel; —— **d'anticipation** novel about the future
rompre to break
rond round; **à la ronde** around
ronger to eat away, erode
rose pink, rosy
roseau *m.* reed
rouge red
rougeur *f.* redness
rougir to blush
roulement *m.* regular rotation
route *f.* highway; **en** —— let's go
rouvrir to open again
rue *f.* street
ruiner to ruin
ruisseau *m.* stream
rumeur *f.* murmur
ruse *f.* ruse, trickery, guile

S

sable *m.* sand
sac *m.* sack
sacré sacred
sacrifier to sacrifice
sage good, wise
sagesse *f.* wisdom
saillant sharp
sain healthy, sound, sane
saint holy; (*n.m.*) saint
saisir to seize
saison *f.* season
salaire *m.* wages, pay
sale dirty, unclean, nasty, obscene
salle *f.* room, audience
Salomon Solomon
salon drawing room, parlor
saluer to greet
salut *m.* salvation
samedi *m.* Saturday
sanctuaire *m.* sanctuary
sang *m.* blood
sang-froid self-control, composure, coolness
sanglant bloody
sanglot *m.* sob
sans without
santé *f.* health
satisfaire to satisfy
sauf except, other than
saule *m.* willow-tree

saut *m.* jump; **faire un** —— to run over
sauter to jump
sauvagerie *f.* savagery
sauver to save; **se** —— to run away
savant *adj.* learned
savoir to know; (*condtl.*) **saurait** can, could
scène *f.* stage, scene
sceptique *m.* skeptic
science *f.* knowledge, science
scrupuleux scrupulous
se (*reflexive*) oneself; himself, herself, itself, themselves
sec dry
sèchement dryly
sécher to dry
sécheresse *f.* harshness, barrenness; —— **de cœur** unfeelingness
seconde *f.* second (*time*)
seconder to second
secouer to shake
secours *m.* help, assistance
secrétaire *f.* secretary
secrètement secretly
séducteur *m.* seducer
séduction *f.* seduction, charm
séduisant fascinating, attractive
seigneur *m.* lord
sein *m.* breast
seize sixteen
séjour *m.* stay
selon with, according to
semaine *f.* week; **trois fois par** —— three times a week
semblable like, similar; **son** ——. his fellow(-*man*)
semblant: **faire** —— **de** to pretend to
sembler to seem
semer to sow
sens *m.* sense, meaning; **bon** —— common sense
sentier *m.* path
sentiment *m.* feeling, sentiment
sentir to feel
se séparer to separate; **séparé** separated
sept seven
septième seventh
serein serene, calm

sérénité *f.* serenity
série *f.* series; **en ——** mass, assembly-line
sérieux, -se serious; (*n.m.*) seriousness
seront *see* **être**
serpent *m.* serpent, snake
serré closely woven, tight
serrer to squeeze, shake (*hands*), press; **se ——** to stand, sit close together, press close
serrure *f.* lock; **trou de la ——** keyhole
servante *f.* servant girl
service *m.* service, course (*of a meal*); **rendre ——** to do a good turn
servir to be useful, serve; **—— de** to serve as; **il ne sert à rien** it is no use; **se —— de** to use
serviteur *m.* servant
servitude *f.* servitude, slavery
seuil *m.* sill, threshold
seul alone, only, single
seulement only; **pas ——** not even
sévère severe; **d'un air ——** severely
si if; so, as; suppose
siècle *m.* century
le sien, la sienne his, hers; **faire sien** to adopt as its (*or* one's) own
sieste *f.* siesta, nap
signe *m.* sign; **faire —— à** to motion to
signifier to mean
silencieux silent
simplicité *f.* simplicity
simplifier to simplify
simuler to simulate, feign
sincérité *f.* sincerity
singe *m.* monkey, ape
singularité *f.* eccentricity
singulier uncommon, singular
sinon if not
sirène *f.* siren
sitôt so soon
société *f.* society
sœur *f.* sister
soi himself, oneself; **——-même** oneself

soie *f.* silk
soif *f.* thirst
se soigner to take care of oneself
soigneusement carefully
soin *m.* care; **avoir —— to take care to**
soir *m.* evening; **le ——** in the evening
soirée *f.* evening
soit *see* **être**
sol *m.* ground
soldat *m.* soldier
soleil *m.* sun, sunshine
solidarité *f.* solidarity
solliciter to solicit, beg for
sombre gloomy, grim
somme *f.* total, amount, sum; **en ——** in short
sommeil *m.* sleep
sommeiller to doze
sommet *m.* summit, top
son, sa, ses his, her, its
son *m.* sound
songer à to think of, contemplate
sonner to ring
sonore sonorous
sort *m.* fate
sorte *f.* kind; **de —— que** in such a way that; **de la ——** like that
sortir to go out, come out; **au —— de** on coming out of
sot *m.* fool
sottise *f.* foolishness, stupidity
souci *m.* care, worry, regard (*for*)
soucier to care
soudain *adv.* suddenly; (*adj.*) unexpected
souffle *m.* breath
souffler to blow
souffrance *f.* suffering
souffrir to suffer
souhaitable desirable
souhaiter to wish
soulager to relieve
soulever to pull up
souligner to underline
se soumettre to submit; **soumis** (*p.p.*) subject
soumission *f.* submission, submissiveness

soupçon *m.* suspicion
soupçonner to suspect
souper to have supper
soupir *m.* sigh
source *f.* source, spring
sourciller to flinch, to frown
sourd deaf, muffled; **rage sourde** suppressed rage
sourire to smile
sous under, in
sous-diacre *m.* sub-deacon
sous-sol *m.* cellar, basement
soutenir to support, maintain, uphold
souvenir *m.* memory
se souvenir de to remember
souvent often
souverain sovereign
souveraineté *f.* sovereignty
soyons *see* **être**
spectacle *m.* spectacle, sight
spiritualisé rendered spiritual
spirituel spiritual; witty
splendeur *f.* splendor
stabilité *f.* stability
strictement strictly, exactly
stupéfait amazed, aghast
sucre *m.* sugar
sucrerie *f.* sugar-refinery
suffire to suffice
suffoquer to suffocate
suggérer to suggest
Suisse *f.* Switzerland; **suisse** (*adj.*) Swiss
suite *f.* : **tout de ——** immediately, at once
suivant following
suivre to follow
sujet *m.* subject; **au —— de** about
superbe proud, haughty, arrogant; superb
supérieur higher, superior
supériorité *f.* superiority
superstitieux superstitious
supplier to plead with
supportable endurable, tolerable
supporter to bear, stand
sur on, upon, of, in
sûr sure; **bien ——** of course
sûreté *f.* sureness, safety
sur-le-champ immediately

surnaturel supernatural
surprendre to surprise
surpris surprised
surprise *f.* surprise
sursauter to jump up (*involuntarily*)
surtout particularly
surveiller to watch (*over*)
sympathie *f.* sympathy; instinctive attraction

T

tabac *m.* tobacco
table *f.* table; —— **d'hôte** hotel dining table
tableau *m.* picture
tablier *m.* apron
tâche *f.* task
tâcher to try
tactique *f.* tactics
taille *f.* tax, toll; figure; —— **cambrée** shapely figure
tailler to cut, trim
tailleur *m.* tailor
se taire to be silent
talon *m.* heel
talus *m.* slope, hillside
tandis que while
tant so many, so much, as much; —— ... **que** both ... and; —— **que vous pourrez** as long as you can
tante *f.* aunt
tard late; **tôt ou** —— sooner or later
tas *m.* pile
teint *m.* complexion
tel, telle such; —— **que** as
tellement so, so much
témoigner to aver, bear witness, show
témoin *m.* witness
tempête *f.* storm, tempest
temporel temporal, earthly
temps *m.* time; **combien de** —— **faut-il?** How long does it take? **de** —— **en** —— from time to time; **de tout** —— always; **du** —— **de qn.** in someone's day; **en même** —— at the same time; **un peu de** —— in no time

tendre tender
tendre to hold out, extend; tend; —— **l'oreille** listen hard; **l'oreille tendue** with ear cocked; **se** —— to become taut
tendresse *f.* fondness, love
ténèbres *f.pl.* darkness
tenir to hold, keep; speak; —— **beaucoup à** to value highly; —— **dans** to lie in; —— **en joue** to aim at; —— **lieu de** to take the place of; —— **sur les fonts** to be godfather; —— **un commerce** to run a business, carry on a trade; **tiens!** Well, here, to be sure; **se** —— **de** to keep from, resist
tentation *f.* temptation
tentative *f.* attempt
tenter to tempt; attempt
terme *m.* end, term
terminer to finish
terrasser to fell, knock down
terre *f.* earth; **par** —— on the ground
terreur *f.* terror
terrible terrible, dreadful
terrifiant terrifying
tête *f.* head; **se mettre en** —— to take into one's head; **se payer la** —— **de qn.** to pull someone's leg
tête-à-tête *m.* private conversation
têtu stubborn
thé *m.* tea, tearoom
théorique theoretical
thésauriser to collect, hoard
tiède mild, warm
le tien yours (*familiar*)
tiers *m.* third
tirer to pull (*out*); draw; conclude
titre *m.* title
toi you, yourself
toile *f.* linen, cloth
toit *m.* roof
tolérable bearable
tolérer to tolerate, allow
tomber to fall
ton *m.* tone
tonner to thunder, boom

tordre to twist, wring; —— **le cou** to strangle
tort *m.* wrong; **à** —— **et à travers** without rhyme or reason; **avoir** —— to be wrong
tôt soon; —— **ou tard** sooner or later
totalement totally
touchant touching, moving
toucher to touch
touffe *f.* tuft
toujours always; still; anyway; **pour** —— forever
tour *m.* turn, shape, direction
tour *f.* tower
tourmenter to torment
tourner to turn
tournoyer to swirl about
tousser to cough
tout, toute, tous, toutes all, every, quite; (*m.s.*) everything; **tout à coup** suddenly; **tout à fait** completely; **tout à la fois** at once; **tout à l'heure** a little while ago, in a little while, immediately; **tout ce qu'il y a de bon** everything that is good; **tout de suite** immediately; **tout d'un coup** all at once, suddenly; **tout en** while; **tout le monde** everyone; **tous les deux** both of them; **en tout et pour tout** first and last; **pas du tout** not at all
tout-puissant all-powerful
traditionnel traditional
traduire to translate
trahison *f.* treachery, treason
train *m.* train; **en** —— **de** in the midst of
traîner to drag; **laisser** —— to leave lying around; **se** —— to move with difficulty, drift, drag
trait *m.* feature
traité *m.* treaty
tranchant *m.* cutting edge; sharp contrast
tranquille quiet, tranquil, at ease
tranquillité *f.* tranquillity
transaction *f.* compromise
transformer to transform, change

travail *m.* work, labor
travailler to work
travers *m.* breadth; **à —— across through**; **à tort et à ——** without rhyme or reason; **en ——** crosswise
traverser to cross
trébucher to stumble
tremblement *m.* trembling
trembler to tremble
trembloter to tremble slightly, flicker
tremper to soak, dip, drip
trente thirty
très very
trésor *m.* treasure
tressaillir to give a start
tribunal *m.* tribunal, law court
tricot *m.* knitting
trimestre *m.* three months; **ce ——** the last three months
triomphe *m.* triumph
triompher to triumph, to gloat
triste sad
tristesse *f.* sadness
trois three
troisième third
tromper to deceive; **se ——** to be wrong
trompeur deceitful, deceptive
tronc *m.* trunk
trop too many, too much, too
trottoir *m.* sidewalk
trou *m.* hole
trouble *m.* confusion, disorder, disturbance
troubler to upset, confuse, trouble, disturb; **se ——** to grow dim; get confused
trouver to find, think; **se ——** to be; **se —— mal** to be ill
tuer to kill; **se ——** to kill oneself; **je me tue à te le dire** I'm sick and tired of telling you
tunique *f.* tunic
type *m.* type, pattern
tyran *m.* tyrant
tyrannie *f.* tyranny
tyrannique tyrannical
tzigane *m.* gypsy

U

un a, one; **l'—— d'eux** one of them; **les ——s** some (*people*); **les ——s aux autres** one (*to*) another
unique only
uniquement only
unir to unite
unité *f.* unity
univers *m.* universe
usage *m.* custom, usage
user to wear out, down; **usé** worn-out
usine *f.* factory
utile useful
utilisation *f.* utilization, use
utopique utopian

V

va *see* **aller**
vache *f.* cow; **la vache!** the swine!
vacillant unsteady, flickering
vague *f.* wave
vaincre to defeat, conquer
vaisseau *m.* vessel
valable valid
valet *m.* valet, manservant, footman
valeur *f.* value; (*pl.*) stocks, assets
vallée *f.* valley
vallon *m.* valley
valoir to be worth, as good as; **autant vaut que je...** I might as well...; **il vaut mieux** it is better
vanné tired out
varier to vary
vaste vast, immense
vaudrait *see* **valoir**
vaut *see* **valoir**
vécu *p.p.* **vivre**
véhiculer to convey
veillée *f.* evening (*spent in company*), vigil, evening gathering; **faire la ——** to sit up at night, spend the evening
veiller to watch over, sit up (*late*)

vendange *f.* wine harvest
vendre to sell
vendredi *m.* Friday
vengeance *f.* vengeance, revenge
se venger to avenge oneself
venir to come; **—— de** (*plus inf.*) to have just; **d'où vient que** how is it that
vent *m.* wind
vente *f.* sale
ventre *m.* belly, abdomen
verdure *f.* greenness, greenery
véritable real
vérité *f.* truth
verra *see* **voir**
verrou *m.* bolt
vers *m.* verse; line of poetry
vers toward
verser to pour
vert green
vertu *f.* virtue
vessie *f.* bladder; **prendre des ——s pour des lanternes** to think the moon is made of green cheese
vêtements *m.pl.* clothing, clothes
vêtir to dress
veuve *f.* widow
se vexer to get angry
vice *m.* vice
victorieux victorious
vide empty; (*n.m.*) space
vider to empty
vie *f.* life; **de ma ——** in my life
vieillard *m.* old man
vieillesse *f.* old age
vieillir to grow old
viendra *see* **venir**
vierge *f.* virgin
vieux, vieille old; (*n.m.*) old man; (*n.f.*) old lady
vif, -ve lively
vigne *f.* vine
vigoureux vigorous, strong
villa *f.* (*detached*) house
ville *f.* city
villégiature *f.* stay in the country
vin *m.* wine
vingt twenty
vingtaine *f.* about twenty
violette *f.* violet

VOCABULARY 237

viril virile, manly
visage *m.* face
visiteur *m.* visitor
vite quickly; **au plus ——** as quickly as possible
vitre *f.* windowpane, pane of glass
vivant living, alive; **bon ——** man who enjoys life; **les ——s** the living
vivement deeply, quickly
vivre to live
voici here is, here are; **nous ——** here we are
voie *f.* track, way, route
voilà there is, that is, there are, those are
voile *m.* veil
voir to see; **voyons** come now (*exclam.*)
voisin *m.* neighbor

voisinage *m.* neighborhood
voiture *f.* vehicle, carriage, car
voix *f.* voice; **à —— basse** quietly
voler to fly; steal
volet *m.* shutter
volontairement voluntarily
volonté *f.* will, wish
volontiers gladly, willingly
volubilité *f.* volubility
vomir to vomit, spew out
voter to vote
votre your; **la vôtre** yours
voudrais *see* **vouloir**
voué doomed
vouloir to want; will, be determined, have will power, try
voyage *m.* trip, journey; **—— circulaire** loop trip; **faire un ——** to take a trip
voyager to travel

voyageur *m.* traveler
voyons *see* **voir**
vrai true; **à —— dire** to tell the truth
vraiment really
vue *f.* sight
vulgaire common, everyday

W

wagon *m.* (*railroad*) car

Y

y there, in it, about it, of it
yeux *m.pl.* of **œil** eyes; **de tous ses ——** all eyes

Z

zèle *m.* zeal

Grammatical Index

Adjectives after *quelque chose, rien*, 67
Aussi "therefore," 32
Avoir forming passé composé, 55

De: after *quelque chose, rien*, 67; replacing *des*, 54
Demonstrative pronouns, 13
D'entre, 21
Depuis with present tense, 32

Être forming passé composé, 55

Falloir in negative, 21
Feminine of nouns, 79
Future tense, 55

Il y a with present tense, 32
Imperfect tense: after *si*, 132–133; subjunctive, 82
Impersonal *il*, 21, 154
Infinitive, prepositions with, 79, 154
Interrogative pronouns, 179
Inversion: after *aussi*, 32–33; in relative clauses, 164

Ne: with *pas* before infinitive, 210; without *pas*, 101–102
Negative expression, 66–67, 101–102, 210
Nouns, feminine of, 79

Numerals, 179

On, 119, 132–133
Oui and *si*, 211

Partitive, with adjective preceding noun, 54
Pas: before infinitive, 210; omission of, 101–102
Passé composé with *avoir* or *être*, 55
Passé simple, 81–82, 100–101
Passive voice, 119
Past definite (*see* Passé simple)
Past indefinite (*see* Passé composé)
Past participle, agreement of, 119–120
Personal pronouns: *il* impersonal, 21, 154; *on*, 119, 132–133; stressed, with *d'entre*, 21; unstressed object, 14
Prepositions, 210; with infinitive, 79, 154
Present tense with *depuis*, *il y a*, 32
Pronouns (*see* Demonstrative pronouns, Interrogative pronouns, Personal pronouns, Relative pronouns)

Re- "again," 65–66
Reflexive verbs, 33, 164–165

Relative pronouns, 13, 79–80, 164

Si: and *oui*, 211; with imperfect, 132–133
Split sentences, 132
Subjunctive: imperfect, 82; irregular present, 153–154

Tenses, literary, 81–82 (*see also* Future tense, Imperfect tense, Passé composé, Passé simple, Present tense)

Venir, venir de, with infinitive, 79
Verb tenses (*see* Tenses)

About the authors

RICHARD B. GRANT, Professor of French at the University of Texas at Austin, received his M.A. from the University of Pennsylvania and his Ph.D. from Harvard University. He is a specialist in nineteenth-century French literature. As contributions to this field of study he has written three scholarly books: *Zola's Son Excellence Eugène Rougon: An Historical and Critical Study*; *The Perilous Quest: Image, Myth, and Prophecy in the Narratives of Victor Hugo*; and *The Goncourt Brothers*. He has also co-authored a textbook entitled *French Stories, Plays and Poetry: A First-Year College Reader*. Dr. Grant is also a contributor to journals such as the *PMLA*, *Esprit Créateur*, and *Symposium*.

ALEXANDER HULL, Associate Professor of Romance Languages at Duke University, received his B.A., M.A., and Ph.D. from the University of Washington. He previously taught at the Universities of Washington and Massachusetts and served as head of the French Department at St. John's College of the University of Manitoba. He has taught at several N.D.E.A. language institutes. Both French linguistics and applied linguistics are Dr. Hull's areas of specialization. He is the principal author of *Le Français: langue écrite et langue parlée* and has co-authored two other books, *La France: une tapisserie* and *La France: ses grandes heures littéraires*. Dr. Hull is a frequent contributor to both French and American journals such as *Word*, *Orbis*, and *La Linguistique*. During the 1949–1950 academic year Dr. Hull studied in France as a Fulbright scholar. He has also traveled extensively in Europe.